예수 그리스도의
고별 설교와 마지막 기도

AN EXPOSITION OF JOHN 14 - 17

예수 그리스도의
고별 설교와 마지막 기도

D. A. 칼슨 지음
김 경 신 옮김

줄과추 도서출판

**예수 그리스도의
고별 설교와 마지막 기도**

재판 1쇄 인쇄 / 1998. 9. 10.
재판 1쇄 발행 / 1998. 9. 30.

저 자 / D. A. 칼슨
역 자 / 김 경 신
발행인 / 이 원 우
발행처 / 도서출판 줄과추
주 소 / 서울시 마포구 합정동 386-12 정은 B/D 202호
전 화 / 3141-9090 팩스 / 3142-6619
공급처 / (주)기독교출판유통
전 화 / (0344)906-9191   팩 스 / 080-456-2580

등록번호 / 제10-1452호
ⓒ 1998 줄과추 Printed in Korea
값 9,000원
ISBN 89-87613-20-8
■

The Farewell Discourse and Final Prayer of Jesus

AN EXPOSITION OF JOHN 14 - 17

by

D. A. Carson

Copyright©1980 by Baker Book House Company
Grand Rapids, Michigan 49516 U.S.A.

©1998 Copyright by Jul and Chu Publishing House
Korean edition is Published by Permission
of Baker Book House
Printed in Korea

지난 8년 동안 나는 성경의 다른 어떤 책보다도 요한복음을 연구하는 데에 더욱 많은 시간을 보냈다. 이것은 겸손에 대한 교훈임을 입증해 주었다. 요한복음은 아이라도 읽을 수 있을 만큼 단순하면서도 탁월한 사람들이 정신력을 집중시켜야 할만큼 복잡한 책이기도 하다. 어떤 주석가의 말처럼 이 책은 어린아이가 건너갈 수도 있고 코끼리가 헤엄칠 수도 있는 웅덩이와도 같다. 나는 코끼리가 아니다. 그러나 나는 나의 깊이를 훨씬 넘는 여러 곳에 내가 있다는 사실을 알게 되었다.

여지껏 내가 이 복음서에 대해 쓴 것들은 잘 훈련받은 사역자나 진지하게 연구하는 학생들을 위해 마련한 것이었으며 일반 독자들이 읽기에는 부적합한 것으로 단지 잡지나 책에만 실릴 만한 것이었다. 그러나 나는 하나님의 은혜로 말미암아 성경을 연구하는 데에 많은 시간을 사용하는 특권을 지닌 우리같은 사람들이 우리 수고의 열매를 거두는 것은 학구적인 공동체에 힘입은 때문일 뿐 아니라 보편적인 교회의 덕분임을 더욱더 깨닫게 되었다. 이 연구에는 학문적 접근과 대중적인 접근이 가능하나 본서는 후자의 방법을 사용하였다. 본서는 캐나다와 미국에서 열린 여러 대회에서 필자가 강연한 내용들을 일련으로 엮은 것인데, 필자가 수필 형태로 다시 써서 하나의 설교집으로서 보다는 인쇄물에 보다 더 적합한 형식이 되도록 만든 것이다. 그러나 필자는 의도적으로 본서가 설교집의 형태를 띠는 것도 배제하지 않았다.

일부 학자들은 요한복음 14-17장에 기록된 가르침이 역사적 예수와는 무관하다는 견해를 일반적으로 지지하고 있다. 그러나 필자가 그렇게 회의적 견해에 빠져 있지 않다는 사실을 바로 분명히 알 수 있게 될 것이다. 다소간의 주저 끝에 필자는 〈산상설교 : 마태복음 5-7장의 복음선포 주해〉에서 그렇게 했던 것처럼 역사 - 비평적 질문들에 대한 필자의 접근을 설명하고자 시도한 부록편을 첨부하지 않기로 했다. 다만 드문드문 주해해 가는 과정에서 진정성의 문제들에 관해 암시하였을 뿐이다.

필자가 그러한 문제들에 어떻게 접근하는지에 대해 깊이 관심을 가지는 분들은〔Journal of Biblical Literature 97〕(1978) p. 411-429에 수록된 "제4복음서 자료 비평의 최근 동향 : 몇 가지 방법론적 질문들" 및 웬함(D. Wenham)편집,〔복음서의 전망들(Gospel Pers-pectives)〕제2권에 수록된 "제4복음서에 있어서 역사적 전통 : 도드 이후의 위상?" (1981)을 더 참고하기 바란다.

필자의 원고를 꼼꼼하게 검토해 주고 기꺼이 이에 관련된 일들을 능률적으로 도와준 르네 그램스와 카렌 지히에게 심심한 사의를 표한다.

필자는 본서를 준비하면서 많은 영적 유익들을 얻을 수 있었는데 이 책을 읽는 독자들도 그렇게 되기를 간구한다. 그러나 무엇보다도 이 책이 많은 사람들로 하여금 성경 자체로 돌아오게 하는 일에 크게 박차를 가하게 되기를 필자는 간구한다. 우리로 하여금 하나님 말씀을 보다 더 잘 이해하고 순종하며 믿도록 도와주는 것은 무엇이든지 우리의 영원한 복에 기여할 것이다. 그러나 그 복의 궁극적인 근원은 오직 하나님이실 뿐이다.

"오직 하나님께 영광을!"

"Soli Deo Gloria!"

트리니티 복음주의 신학교에서
D. A. 칼슨

D. A. 칼슨 교수는 미국의 트리니티 복음주의 신학교에서 심리학을 가르치고 있다. 그는 최근 들어 수많은 신약 성경 주석들을 펴내고 있다. 복음주의 신학자들 중에서 단연 앞서가는 열정과 역량을 보여주고 있다고 하겠다.

칼슨 교수의 주석은 섬세한 접근이 그 특징이다. 이것 또한 정직하고 겸손하다. 그는 사건들을 설명함에 있어서 더할 나위없이 명료하다. 이는 그가 원어 본문에 기초하여 주석 작업을 진행하고 있기 때문이다. 또한 그는 본문의 의미를 현대 독자들의 정황에 적확(的確)하고도 적절하게 전달, 적용한다. 그의 책들은 한결같이 짜릿하고 진한 감동을 주며 특히 이 책은 가슴을 관통하며 흐르는 따뜻한 기쁨과 같은 깨달음을 안겨준다.

칼슨 교수는 다년간의 교수 생활 속에서 갈고 닦은 예리한 통찰력으로 요한복음 전체에 대한 포괄적 이해에 도달하고 있다. 그는 일류의 학문적 감각으로 명쾌하고 예리한, 그러면서도 쉽게 전달되어 오는 설명 능력을 보여준다.

이 책은 보다 깊고 높은 지적 탐구를 지향하는 지성적 그리스도인에게 풍부하고 심원한 본문 이해의 즐거움을 선사해 줄 것이다. 그의 글들은 주석 설교의 전형을 보여준다고 해도 과언이 아니다. 이 책은 틀림없이 평신도들에게는 본문 이해의 지표를, 신학도들에게는 본문 주석의 접근방법을, 그리고 목회자들에게는 강해설교의 비결을 일깨워주리라 확신한다.

이 책을 펴냄에 있어서, 특히 편집과 간행에 힘써 주신 도서출판 줄과추의 전 직원 여러분께 깊은 감사를 드리며 아울러 이 일을 위해 내조를 아끼지 않은 나의 아내에게 존경과 사랑을 표하고 싶다.

과천 부림동 서재에서
김 경 신

1

머리말

요한복음 13장

큰 다락방의 분위기는 긴장이 흐르고 있었고 어둡고도 불확실한 조짐이 감돌고 있었다.

그날 저녁은 처음부터 좋지가 않았다. 제자들은 예수께로 모여들어 정렬한 후 식사가 이미 준비되어 있는 위층으로 올라갔다. 그들은 그들의 발을 씻겨 줄 전통적인 하인을 찾아보았으나 아무도 발견할 수가 없었고, 너무도 점잖은 나머지 그것을 언급하지 않고서 아무 말없이 그 나지막한 식탁 주변에 깔려 있는 누추한 방석에 둘러 앉았다. 예수께서는 전통적인 감사의 기도를 올렸으며 그들은 예수 께서 그의 방석을 밀어내시는 것을 주시하였다. 여전히 말은 없었다. 주님께서는 조용히 자신의 겉옷을 벗으셨다. 그들이 숨을 죽이고 있는 가운데 그는 세면대가 있는 곳으로 가서 그의 허리춤에 수건을 걸치고 물이 든 큰 대야를 들고서 가장 가까이에 있는 제자에게로 오셨다.

선생들은 그와 같은 일들을 해서는 안 된다. 동등한 위치에 있는 사람들일지라도 서로의 발을 씻겨서는 안 된다. 그것은 하인들이 해야 하는 일이며 그 하인들은 가장 낮은 지위에 있다. 그 첫번째 제자는 너무도 놀란 나머지 움직일 수가 없었다. 너무도 당황해서 무어라고 항의할 수가 없었으며 그의 신발이 벗겨지고 찬물로 씻겨진 다음 마른 수건으로 닦여지는 것을 아연히 바라볼 뿐이었다. 주님은 계속해서 두번째 제자 그리고 세번째 제자에게로 나아가셨다. 그리고 그동안에는 줄곧 침묵이 흘렀다.

대표적으로, 그 침묵을 깨뜨린 자는 시몬 베드로였다. 예수께서 그의 발을 씻기려고 접근하자 베드로는 자신의 발을 웅크리고는 약싹빠른 질문이라고 자신이 생각했던 그러한 말을 던짐으로써 주님의 행동이 부적합하다는 사실을 지적하였다 : "주여, 주께서 내 발을 씻기시나이까 ? "

예수께서는 굽혔던 허리를 펴시고 그를 응시하시면서 "네가 이제는 알지 못하나 이후에는 알리라"하고 조용히 대답하셨다.

베드로의 음성은 경직되었다. 누군가가 솔직하게 말해주어야만 했다. 그가 남자답게 처신하고 있음을 주님이 알 수 없으셨다면, 베드로는 그에게 말씀드려야만 했다. 그래서 그는 "아닙니다. 내 발을 절대로 씻기지 못하시리이다"라고 말하였다.

여전히 예수께서는 동요함이 없이 그를 응시하셨다. 그리고는 "내가 너를 씻기지 아니하면 네가 나와 상관이 없느니라"고 말씀하셨다.

공개적인 대결이었다. 잠시 그 조용한 침묵에 의혹이 스며들었다. 베드로가 사랑에서 우러난 마음으로 말한 사실을 예수께서 깨닫지 못하고 계신 것일까 ? 그러나 그와 같은 반응에 직면하자 베드로는 신속히 그 난국에 대처하였다. "주여, 내 발뿐만 아니라 손과 머리도 씻겨 주옵소서"하고 그는 대답했던 것이다.

그것은 긴장을 완화시켰을런지도 모른다. 그러나 예수께서는 몇 가지 말씀을 덧붙이셨다. 그것은 그 당시로서는 너무도 불가해한 것이었고 그 방 안에는 다시 음울한 예감이 흘렀다. "이미 목욕한 자는 발밖에 씻을 필요가 없느니라"라고 말씀하시고는 방 주위를 둘러보시면서 "너희가 깨끗하나 다는 아니니라"는 말씀을 덧붙이셨다. 그리고는 계속 엄습해 오는 깊은 침묵 가운데서 그들의 발 씻기기를 마치셨다.

제자들은 예수께서 손을 닦으시고 겉옷을 입으시고는 그의 자리로 돌아오시는 것을 주시하였다. 그들은 그들 자신들에 대해서 뿐만 아니라 그들의 주님에 대해서도 몹시 당황하여 서로 쳐다보지 못한 채, 그 에피소드가 끝난 것을 조용히 감사하고 있었다. 그런데 갑자기 분위기가 달라졌다. 예수께서 다시 말씀하기 시작하셨기 때문이다.

"내가 너희에게 행한 것을 너희가 아느냐?"하고 그가 물으셨다.

그들은 매우 잘 이해하였다. 그는 그들의 발을 씻기셨던 것이다. 그러나 그때에서야 비로소 그들은 그가 그것보다 더 깊은 대답을 기대하신다는 것을 깨닫기 시작하였다. 예수께서 그들을 위해 행하신 것은 하나의 모델을 제공한 것이었다. 조용한 질문에 의해 유도된 이 진리가 그들에게 천천히 깨달아지게 되었을 때, 그들은 그들이 찾아낸 그 대답이 예수께서 그 자신의 질문에 답하시는 가운데서 확증된 사실을 발견하였다.

그는 이렇게 말씀하셨다. "너희가 나를 선생이라 또는 주라 하니 너희 말이 옳도다 내가 그러하다 내가 주와 또는 선생이 되어 너희 발을 씻겼으니 너희도 서로 발을 씻기는 것이 옳으니라 내가 너희에게 행한 것 같이 너희도 행하게 하려 하여 본을 보였노라 내가 진실로 진실로 너희에게 이르노니 종이 상전보다 크지 못하고 보냄을 받은 자가 보낸 자보다 크지 못하니 너희가 이것을 알고 행하면 복이 있으리라."

그것이 그날 저녁에 첫번째로 당황하게 만들었던 에피소드였다. 예수께서는 배신에 관하여 그리고 그밖의 모호한 주제들에 관하여 알쏭달쏭한 표현으로 말씀하셨다. 그러나 그때에는 그가 말씀하고 계신 것이 그처럼 많은 내용을 함축하고 있는 것처럼 보이지 않았다. 대화가 점차 무르익어가고 만찬이 시작되었다. 이상하게도 분위기가 호전되어질수록 예수께서는 더욱더 낙심하며 마음에 깊은 번민을 느끼시는 것 같았다. 대화가 활기를 잃었다. 소강 상태에서 힘을 얻으신 예수께서는 이번에는 분명한 어조로 다시 말씀하셨다.

"내가 진실로 진실로 너희에게 이르노니 너희 중 하나가 나를 팔리라."

분위기는 즉시 다시 이상해졌다. 다시금 깊은 침묵이 엄습해왔고 제자들은 서로를 응시하였다. 이때에는 주님께서 무엇을 뜻하셨는지 아무도 의심하지 않았다. 그들은 시선을 식탁 주위로 떨구었다. 어떤 사람은 호기심에 찬 시선으로, 어떤 사람은 멍한 시선으로, 어떤 사람은 두려움에 차서 바라보았다. 먹는 일도 중지되었다.

혼란스러운 질문이 오가는 가운데 몇몇 사람들은 주님께서 그들을 염두에 두고 하시는 말씀인지 그리고 가롯 유다도 그 수에 포함되는지를 믿어지지 않는 어투로 물어보았다.

베드로가 제일 먼저 침착을 되찾았다. 그러나 앞에서의 그의 성급한 발설이 오히려 그로 하여금 심한 책망을 듣게 만들었다는 사실을 기억하고서는 남보다 앞서서 두드러진 질문을 해대기를 꺼려하였다. 그는 요한에게 눈짓하면서 지금 각 사람의 마음속에 있는 질문을 대신 해주기를 청하였다. "말씀하신 자가 누구인지 말하라." 그는 예수의 옆 자리에 누워 있는 요한에게 머릿짓을 하며 무언으로 이렇게 암시하였다.

왼쪽 팔을 괴고 누워 있던 요한은 천천히 몸을 뒤쪽으로 돌려 예수께 말씀드릴 수 있도록 하였다. 요한의 머리가 예수의 가슴에 기대어졌고 그때에 요한은 조용하게 "주여, 누구오니이까?"하고 물었다.

예수께서는 "내가 한 조각을 찍어다 주는 자가 그니라"하고 대답하셨다.

모든 사람이 예수를 응시하였다. 말하는 자가 아무도 없었다. 천천히 예수께서는 그의 빵을 접시에 있는 소스에 담갔다가 너무 많이 묻지 않도록 털어버린 다음 그 떡을 가룟 유다에게 내밀었다.

이제 모든 사람의 눈길이 유다에게로 쏠렸다. 그가 반역자가 될 수 있다는 것은 가능해 보이지 않았다. 그가 처음부터 그들과 함께 있으면서 그들 중 가장 훌륭하신 분과 함께 전도하고 이적을 행하지 않았는가? 그가 회계로 일할만큼 신뢰와 존경을 받아오지 않았는가? 유다가 변절자가 될 수 있다는 것은 믿기 어려웠다. 언제 이 일이 일어날 것인가? 아니면, 예수께서는 단지 경고만 하신 것이고 그 위험한 성향이 일격에 의해서, 공개적인 폭로에 의해서 그 싹이 잘라져 나가기를 원하셨던 것이 아니었을까?

아직도 예수께서는 그 빵을 유다에게 내밀고 계셨다. 유다는 뭇시선들을 느꼈다. 창피스럽기도 하고 기분 나쁘기도 해서 그는 아무 말도 하지 못한 채 자기가 다음에는 어떻게 해야 할 것인지 고심하고 있었다. 그는 예수를 배신할 절차를 이미 만들어 놓았다. 이제는 마지막 결단만 내리면 되었다. 그는 예수께서 발을 씻기신 사건이 메시아의 행위로서는 너무도 비천하고 부적합한 것이었음을 발견하고서는 예수를 배신할 생각이 더욱 커졌던 것이다. '지금이 바로 기회다! 이 뻔뻔스러운 예수같으니!' 그런데 예수는 어떻게 할 것인가? 그에게 경고하려는 것인가? 아니면, 그 빵을 받지 말라고 그에게 간청하실 것인가? 아니면, 그의 도전을 청할 것인가? 아니면, 그것으로써 그를 부끄럽게 하실 작정인가? 대경실색하여 그를 응시하는 이 사람들의 어리석은 눈빛을 보라. 이상스러울만큼 너무도 유순하고 연약해서 그 백성이 필요로 하는 지도력을 발휘하지 못하는 이 선생에 의해 그들의 활력과 독립심을 거세당하였다는 사실을 그들은 '깨달을 수 없는 것 같이 보인다.

확고하게, 단호하게 유다는 손을 내밀어 그 적셔진 빵을 받았다. 그 도전은 받아들여졌다. 아니 도전이 가해졌다. 유다는 일종의 중대결의를 하였고 사단은 그를 지배하였다.

그때에 예수께서는 유다에게 직접 말씀하셨다 : "네 하는 일을 속히 하라." 유다는 냉혹한 침묵으로 대답하였다. 그는 그의 방석을 밀고 슬그머니 일어났다. 다른 사람들은 어리둥절한 표정으로 그를 쳐다보았다. 그들은 예수께서 유다에게 실제로 배반에 관해, 그를 속히 배반하라고 말씀하시고 있다고는 생각지 않았다. 정신나간 사람이 아니고서야 어떻게 그런 말을 할 수 있겠는가? 그들은 그러한 일을 상상할 수 없었다. 그들은 그들의 주님이 자신을 잔혹한 처형으로 이끌게 될 모든 단계를 기꺼이 그리고 확고부동하게 밟고 계신다는 것을 여전히 믿을 수가 없었다. 그들은 하나님의 계획 속에 십자가가 필요한 것인지 그리고 예수께서 그 계획에 자발적으로 복종하는 일이 필요하였는지를 이 시점에서 잘 파악할 수 없었기 때문에 제자들은 예수의 언급들을 어떤 정신적인 범주 속에 넣어두어야 할지를 알지 못했고 유다에 대한 예수의 책망도 눈치채지 못하였다. 아마도 그들은 예수께서 몇 가지 새로운 과제들에 대해 말씀하시고 있다고 상상했을 것이다. 아마도 예수는 그가 하신 경고에 만족하셨을 것이며, 어떤 의미에서 그가 여전히 유다에게 회계로서의 책임을 맡기신다는 것을 유다에게 지금 알려주고 있다고 그들은 상상했을 것이다. 그것은 사실상 명백하지 않았다.

유다는 문을 열고 밖으로 나갔는데 그때는 밤이었다. 그로부터 그리 오래지 않아서 요한은 그 열려진 문으로 어두움을 본 사실을 기억하고 그것이 적합하였다고 판단했을 것이다. 참빛, 곧 세상에 와서 각 사람에게 비취는 빛이 있었나니(1:9), 악을 행하는 자마다 빛을 미워하며 빛으로 오지 아니하나니 이는 그 행위가 드러날까 함이요(3:20). 예수는 자신이 세상의 빛이심을 주장하였다(9:5). 그 빛을 배반한 자가 어두움 속으로 걸어나가야 한다는 것은 얼마나 적절한가!

유다가 나가자마자 예수께서는 나머지 제자들에게 자신의 떠나심에 대해 이야기하기 시작하셨다. 그는 영광을 얻는다는 표현과, 그들을 두고 떠난다는 표현으로 약간 애매모호하게 말씀하셨다. 그는 그들에게 서로 사랑할 것을 상기시켰으며 그들이 장차 증인이 될 것에 대해 위로의 말씀을 주셨다.

그러나 그가 말씀하신 것 대부분은 수수께끼였다. 그것은 어떤 면에서 인상적이었으며 극적이었으나 매우 잘 이해할 수 있는 것은 아니었다. 제자들이 이해할 수 있었고 또 그들을 놀라게 한 것은 예수의 떠나심에 관한 이 이야기였다. 마침내 베드로는 더 이상 참을 수가 없었다. 그는 분명한 질문에 분명한 대답을 원했으며, 그것을 지금 원했다. 그는 퉁명스럽게 질문을 던졌으며 그것을 단호하게 물었다: "주여 어디로 가시나이까?"

이렇게 해서 당혹스럽고 괴로운 세번째의 에피소드가 그날 저녁에
시작되었다. 예수께서는 강요당하시지 않았을 것이다. 그는 조용하
면서도 여전히 불가사의하게, "네가 지금은 따라올 수 없으나 후에는
따라 오리라"고 대답하셨다.

베드로는 또 질문을 던졌다 : "주여, 내가 지금은 어찌하여 따를
수 없나이까 ? " 그리고서는 아마도 그 자신의 충절이 공격당할지도
모를까봐 두려워하여, "주를 위하여 내 목숨을 버리겠나이다"하고
힘있게 단언하였다.

예수께서는 이에 대해 이렇게 대답하셨다. "네가 나를 위하여 네
목숨을 버리겠느냐 ? 내가 진실로 진실로 네게 이르노니 닭 울기
전에 네가 세 번 나를 부인하리라."

당황스러움과 슬픔과 긴장 모든 것이 신경을 날카롭게 만들 수
있으며 그 세세한 일들이 기억 속에서 지워질 수 없도록 만들 수
있다. 그 엄청난 밤은 제자들에게 영원히 생생하게 기억되어 있었
으며, 그들이 그것을 적합하게 전망할 수 있게 되고 어떠한 일이
일어났었으며 예수께서 무어라고 말씀하셨는지를 충분히 음미할 수
있게 된 부활 사건 이후에도 그것은 조금도 흐려지지 않았다. 예
수께서 주의 만찬을 제정하신 것은 그날 저녁이었다. 그러나 그것은
그 다음 3일간의 사건들을 기다리고 있었다. 발 씻기신 사건이 함
축하고 있는 최대의 의미도 역시 최고 속에서 선명하게 부각되었다.
그때에서야 제자들은, 예수께서 그의 제자들을 씻기신 사건이 도덕
적인 모본(摸本)을 제공하였을(13 : 15) 뿐만 아니라 그가 그들을 위해
이루시고자 하셨던 구속 사업과 결례 의식의 한 징표(13 : 10 이하)가
되기도 하였다는 사실을 더욱 잘 이해할 수 있었다. 그는 물로써

그들의 발을 씻기셨을 뿐만 아니라 한층 더 나아가 그 주간의 그의 사역을 통해서 그들을 완전히 씻기시고자 하였다. 그 자신은 모든 갈증을 풀어주는 "생수"(4 : 10, 7 : 37)셨으며, 각 신자들 안에 "생수"의 끊임없는 원천으로써 성령을 부어주셨다(7 : 38).

그날 밤 예수께서는 제자들의 한껏 예민해진 감각을 활용하여 마지막으로 많은 주제들에 대해 담화하셨다. 그가 부활 후에 똑같은 많은 주제들을 다시 다루셨다는 것(참조. 행 1 : 3)은 의심할 나위 없으나, 십자가에 달리시기 이전에 애매모호한 방법으로라도 이것들의 일부를 설명하는 것은 그가 방심하고 있지 않음을 그의 제자들에게 최종적으로 확신시켜 주게 될 것이다. 십자가 사건은 하나의 실수가 아니었으며 2차적인 생각도 아니었다. 그것은 그의 사역의 일부였다. 사실상 그 중심 부분이었다. "이제 일이 이루기 전에 너희에게 말한 것은 일이 이룰 때에 너희로 믿게 하려 함이라"(14 : 29)고 그는 말씀하셨다.

아마도 이른바 이 "고별담화"의 가장 놀라운 특징들 가운데 하나는 그것의 시작일 것이다. 십자가의 번민을 짊어진 자는 예수이시다. 심령이 괴로운 자는 예수이시다. 그러나 어느 날 밤보다도 그의 제자들의 격려와 도움이 필요했던 그날 밤에 우리는 그들이 단지 그들의 손실만을 볼 수 있었다는 것을 발견하게 된다. 그러므로 예수는 그들을 격려하셔야만 했다. 그가 그들을 위해 죽음을 맛보셔야 하는 바로 그날 밤에 그는 그들의 혼란스러운 당황, 변덕스러운 믿음, 희미한 이상 그리고 자기도취를 꾸짖고 계시다. 그리고 그는 "너희는 마음에 근심하지 말라 …"고 말씀하신다.

2

승리를 얻는 믿음

요한복음 14 : 1—14

"¹너희는 마음에 근심하지 말라 하나님을 믿으니 또 나를 믿으라 ²내 아버지 집에 거할 곳이 많도다 그렇지 않으면 너희에게 일렀으리라 내가 너희를 위하여 처소를 예비하러 가노니 ³가서 너희를 위하여 처소를 예비하면 내가 다시 와서 너희를 내게로 영접하여 나 있는 곳에 너희도 있게 하리라 ⁴내가 가는 곳에 그 길을 너희가 알리라"

⁵도마가 가로되 "주여 어디로 가시는지 우리가 알지 못하거늘 그 길을 어찌 알겠삽나이까"

⁶예수께서 가라사대 "내가 곧 길이요 진리요 생명이니 나로 말미암지 않고는 아버지께로 올 자가 없느니라 ⁷너희가 나를 알았더면 내 아버지도 알았으리로다 이제부터는 너희가 그를 알았고 또 보았느니라"

⁸빌립이 가로되 "주여 아버지를 우리에게 보여 주옵소서 그리하면 족하겠나이다"

⁹예수께서 가라사대 "빌립아 내가 이렇게 오래 너희와 함께 있으되

네가 나를 알지 못하느냐 나를 본 자는 아버지를 보았거늘 어찌하여 아버지를 보이라 하느냐 [10]나는 아버지 안에 있고 아버지는 내 안에 계신 것을 네가 믿지 아니하느냐 내가 너희에게 이르는 말이 스스로 하는 것이 아니라 아버지께서 내 안에 계셔 그의 일을 하시는 것이라 [11]내가 아버지 안에 있고 아버지께서 내 안에 계심을 믿으라 그렇지 못하겠거든 행하는 그 일을 인하여 나를 믿으라 [12]내가 진실로 진실로 너희에게 이르노니 나를 믿는 자는 나의 하는 일을 저도 할 것이요 또한 이보다 더 큰 것도 하리니 이는 내가 아버지께로 감이니라 [13]너희가 내 이름으로 무엇을 구하든지 내가 시행하리니 이는 아버지로 하여금 아들을 인하여 영광을 얻으시게 하려 함이라 [14]내 이름으로 무엇이든지 내게 구하면 내가 시행하리라"

그 제자들의 혼란과 근심과는 반대로 예수께서는 평온한 믿음에 관해서, 영적인 평정에 관해서 말씀하신다 : "너희는 마음에 근심하지 말라 하나님을 믿으니 또 나를 믿으라"(14 : 1). 마음의 평안을 요구하는 것(14 : 1)은, 예수께서 그의 백성들이 그러한 과업을 수행할 수 있는 유일한 근거, 즉 믿음, 아버지께 대한 믿음과 예수 자신에 대한 믿음(14 : 16)을 또한 가르치시지 않았다면, 잔인한 조롱이나 헛된 조언에 불과하였을 것이다.

그 본문이 어떻게 번역되어야 하든지 간에, "하나님을 믿고 또한 나를 믿으라" 또는 "너희는 하나님을 믿으며 또한 나를 믿는다"는 어떤 의미에서 부수적인 것이다. 이 두 경우 모두에서 예수께서는 그 자신을 하나님과 직접 연결시키시고 있다. 1세기의 유대인들마다 하나님을 믿는 것이 그들의 의무라는 것을 알고 있었다. 그러나 어떤 사람이 다른 사람들에게 그들이 하나님을 믿는 것과 같은 식으로 그를 믿어야 한다고 권하는 것은 그때와 마찬가지로 지금도 신성 (神性)에 대한 주장으로 간주되어야 한다. 사람이 그처럼 단호한 어조로 "나를 믿으라"고 말하는 것은 지극히 숭고한 일이거나 아니면 우스꽝스러운 일이기 때문이다. 여기에는 중간지대란 있을 수 없다. 한갓 인간에 불과한 자는 그러한 신뢰를 받을 만한 자격이 없으며 조만간에 그것을 어그러뜨린다. 그러나 하나님이기도 한 인간은 또한 그러한 신뢰를 받을 만할 뿐만 아니라 그것을 배반할 죄가 없다.

하나님과 예수에 대한 믿음을 바탕으로 해서 제자들은 근심해서 안 된다. 하나님과 예수의 주권과 선하심 모두가 전제되어 있기 때문이다. 그들은 그들이 뜻하시는 것을 실행할 수 있는 권한을 지니시고 있으며 제자들의 번영을 마음에 두고 계신다. 그렇지 않고서는 그들은 그처럼 절대적인 의미에서 믿을 만한 존재로 생각되어질 수 없었다.

그러한 권면이, 마음을 어지럽게 하는 근심과 염려들을 만나는 모든 시대의 그리스도인들에게 잘 적용될 수 있었다는 것은 의심할 여지가 없다. 신약 성경 어디에서나 바울은 이러한 권면을 보편화하면서 "아무 것도 염려하지 말고 오직 모든 일에 기도와 간구로 너희 구할 것을 감사함으로 하나님께 아뢰라 그리하면 모든 지각에 뛰어난 하나님의 평강이 그리스도 예수 안에서 너희 마음과 생각을 지키시리라"(빌 4 : 6, 7)고 기록하고 있다. 그러나 고별담화의 내용에서 제자들에게 주신 예수의 격려는 특정한 상황에 맞도록 계획되어 있다. 마지막 만찬의 그 괴로운 사건들 — 발 씻기심, 유다의 떠남, 베드로의 비겁함에 대한 예고 — 이 이 사람들을 불안하게 하였다. 설상가상으로, 예수께서는 그가 곧 그들을 떠나실 것이라고 특별히 말씀해 주셨다. "소자들아 내가 아직 잠시 너희와 함께 있겠노라 너희가 나를 찾을 터이나 그러나 일찍 내가 유대인들에게 너희는 나의 가는 곳에 올 수 없다고 말한 것과 같이 지금 너희에게도 이르노라"(13 : 33)고 그는 말씀하신 것이다.

예수께서 십자가에 달려 돌아가시고 장사되심으로써 그들을 떠나가시는 것이, 그가 마땅히 받으실 그의 영광에로 다시 돌아가게 된다는 사실을 파악할 수 없었던 그 제자들은 비참의 늪 속에서 허우적거리면서 그들이 버림받게 될 것을 두려워하였다. 우리도 낙심과 버림받은 듯한 느낌의 수렁으로 빠져들어갈 때가 종종 있다. 그러나 요한복음 13장과 14장의 상황은 독특하다. 제자들이 경험한 버림받은 느낌은 구속의 역사 가운데서 다시 반복될 수 없는 한 사건으로 인해 더욱 깊어졌다. 그러므로 제자들에게는 하나님을 믿고 예수를 믿으라는 보편적인 권면이 필요하기도 했지만, 그 이상의 것이 또한 필요하였다. 그들에게는 보다 더 많은 지시, 발생한 사건들의 중요성에 대한 보다 더 상세한 설명이 필요하였던 것이다. 비록 그들은 그 획기적인 주간이 지나갈 때까지는 모든 세부적인 내용들을 파악하지 못한 채 남아있긴 하였지만, 예수의 말씀들은 어떤 즉각적인 위안을 주었을 뿐만 아니라 역사상 가장 중요한 그 사건을 마침내 깨닫게 해주는 골격을 제공해 주었다.

다시 말해서, 그 고별담화는 단순하게 취급되어져서는 안 된다. 그것은 낙심한 성도들을 위로하려는 의도를 지닌 그리스도의 위로 이상의 것이다. 오히려 그것은 십자가를 통하여 예수께서 그의 아버지께로 "가시는" 그 사건의 중요성을 맨 첫째로 해설해 놓은 것이다. 그것은 오직 **그러한 것만이 격려와 안위를 제공한다**는 것이 기본 신학이다. 고통당하는 그리스도인들에게 있어서 예루살렘에서 한 주간 동안 일어났던, 그리고 거의 2천여 년이 지난 오늘날까지

전해지고 있는 그 사건의 의미를 되새겨보지 않고서는 참된 안위를 얻을 수가 없다. 이것은 그 첫번째 신자들의 경우에 특히 그러하였다. 그들의 고뇌는 그들 자신이 그 사건에 참여하였으며 그 속에 빠져 들어갔다는 사실로 인해서 더욱 더 쓰라리게 부딪쳐왔다. 그러나 오늘날의 신자들도 고립된 영적인 격언이나 진부한 복음적 문구들에 매달림으로써가 아니라 그들의 신앙에 대한 역사적이고도 구속적인 구조를 깊이 이해함으로써만 새롭게 된 신앙과 꿋꿋한 자세를 되찾을 수 있다.

이러한 틀 속에서 예수께서는 그의 신자들에게 믿으라는 내용의 이야기를 하고 있다(14 : 2-7). 그는 그들의 신앙이 승리하기를 원한다면, 그들의 영적 평정을 얻기 원한다면 믿어야 한다는 진리를 선포하시고 있다. 불행스럽게도 제자들은 이 진리를 거의 깨닫지 못하고 있었다. 그들은 예수가 누구인지를 이미 오판하고 있었기 때문이다. "하나님을 믿으니 **또 나를 믿으라**(14 : 1)는 이 권면의 말씀이 지닌 심오한 암시를 그들은 완전히 놓쳐버렸다. 따라서 예수께서는 그가 일찍이 가르치신 어떤 것들을 복습시켜야 했으며 배우는 데 더딘 이들에게 그가 실제로 누구인가에 관해 가르쳐 주셨다(14 : 8-14).

믿어야 하는 몇 가지 진리들(14 : 2-7)

예수께서는 그의 제자들의 신앙이 승리를 거두는 것으로 입증이 되어져야 한다면 그들이 반드시 믿어야만 할 세 가지 진리를 펼쳐 놓으시고 있다.

1. 예수는 그저 가시려는 것이 아니다. 오히려 그는 그의 아버지의 광대한 집으로 가셔서 그의 추종자들을 위한 자리를 마련하시고자 하는 것이다. "내 아버지 집에 거할 곳이 많도다 그렇지 않으면 너희에게 일렀으리라 내가 너희를 위하여 처소를 예비하러 가노니" (14 : 2).

홈정역에서는 "많은 방들"(many rooms)보다는 "많은 저택들" (many mansions)을 약속하고 있다. 영원한 방을 기대하게 하는 것보다는 영원한 저택을 기대하게 하는 것이 많은 사람들에게 더욱 호소력을 지니고 있을 것이 분명하다. 저택(mansion)이라는 단어는 대부분 물질주의적인 영역들 안에서의 영원한 축복을 묘사하는 수 많은 노래들을 만들어 내었다 : "나는 언덕 바로 위에 큰 저택을 갖고 있네"라는 노래를 부를 때 우리는 하인들이 우리가 명하는대로 시중들어 주는 상상을 거의 떨쳐버릴 수 없다. "텐트나 오두막집이 내게 무슨 상관이 있으리요? 그들은 저 위에서 나를 위한 처소 (place)를 짓고 있다네." 여기에서 우리는 "저택"이라는 단어를 "처소"로 승급(昇級)시키기까지 한다.

원문에서 사용된 단어는 극히 희귀한 것이다. 그러나 그것은 신약의 다른 한 곳, 즉 14장 23절에서 사용되고 있다. 거기에서 우리는 아버지와 아들이 성령을 통하여 신자들 안에 거처를 "정한다"는, 또는 "거한다"(홈정역)는 사실을 배우게 된다. NIV(The New International Version)는 그것을 "우리가 와서 그와 함께 우리의 집을 만들 것이라" 고 멋지게 풀이해 놓고 있다. 문제의 그 단어가 풍부한 시골 땅을 상상하도록 만들어서는 안 된다. 그것은 중립적인 용어로서 살 거처, 처소를 의미한다. 분명히 그것은 방이 많이 있는 큰 저택을 가리키는 매우 무리한 은유법이 될 것이다.

문맥상으로 보아, 제자들은 이 시점에서 그들의 영원한 기업의 부에 대해 관심이 없었음이 분명하다. 그들은 예수를 잃어버릴 것을 생각하고 마음이 불안해진 것이다. 그가 그들에게 확신시키려는 말씀의 요지는 그가 그의 아버지 집으로 돌아가실 것이기는 하지만 언젠가는 그의 제자들과 다시 연합하시리라는 것이다. 그의 아버지 집으로 돌아가는 것은 화려한 은거(隱居)가 아니라 그의 추종자들을 위해 처소를 예비하러 가는 여행이다. "그렇지 않으면 너희에게 일렀으리라"고 그는 부드럽게 그들을 꾸짖으신다. 마치 예수께서 그의 추종자들을 완전히 버리실 수 있다고 생각하는 불신앙적인 거치른 상상을 책망하시기라도 하는 것처럼, 그가 그들처럼 변덕스러울 수도 있다고 어찌 그들이 감히 생각할 수 있는가? 그의 궁극적인 목적이 그들을 떠나는 것이었다면 그가 그들에게 알렸으리라는 것이 그의 진실된 심정이었다.

그 일의 실상은 예수께서 그의 사람들에게 그의 이별에 관해 거듭 이야기한 것이다. 그러나 그가 가르치신 대부분의 이야기들의 경우와 마찬가지로, 그들의 마음 상태는 그가 언급한 그 사건들이 일어날 때까지 그가 말씀하신 것을 파악하지 못하도록 방해하였다. "그러면 너희가 인자의 이전 있던 곳으로 올라가는 것을 볼 것 같으면 어찌 하려느냐"(6 : 62)하고 그가 한 번 물어보셨다. 심지어 바리새인들에게도 그는 이렇게 선포하셨다. "내가 너희와 함께 조금 더 있다가 나를 보내신 이에게로 돌아가겠노라 너희가 나를 찾아도 만나지 못할 터이요 나 있는 곳에 오지도 못하리라"(7 : 33, 34, 참조. 8 : 21). 바로 그날 저녁 가룟 유다가 그 다락방을 떠난 후에 예수께서는 그의 제자들에게 말씀하셨다. "소자들아 내가 아직 잠시 너희와 함께

있겠노라 너희가 나를 찾을 터이나 그러나 일찍 내가 유대인들에게
너희는 나의 가는 곳에 올 수 없다고 말한 것과 같이 지금 너희에게도
이르노라"(13 : 33). 그러나 이제 그는 그들에게 더 많은 것들을 확
신시키고 있다. 즉, 그의 떠나심은 그들로 하여금 하나님의 존전에서
영원히 거할 수 있도록 하는 처소를 마련하려는 목적을 지니고 있다.
그것이 그의 떠나심에 관한 진리이다. 그들이 이 사실을 믿는다면,
그들의 믿음은 그들의 의심과 고통스러운 마음을 이기게 될 것이다.
그러한 믿음은 그들이 버림받았다는 집요한 의심을 떨쳐버릴 것이다.
하나님을 믿는 것처럼 매사에 예수를 믿을 만한 이유가 있었던 사
람들이 그의 떠나심이 궁극적으로 그들의 유익을 위한 것이 아니
었다고 어떻게 생각할 수 있었겠는가?

　"내 아버지의 집"이라는 표현도 하나님의 임재를 환기시키는 말
이다. 예수께서는 성전을 청결케 하셨을 때 그와 같은 표현을 사
용하셨다 : "이것을 여기서 가져가라 내 **아버지의 집**으로 장사하는
집을 만들지 말라"(2 : 16, 참조. 눅 2 : 49). 그러나 거기에서는 "내
아버지의 집"이 성전을 가리켰다. 그러나 그 성전은 죄를 대속하기
위해 바쳐진 제물들을 통하여 하나님의 존전에 들어갈 수 있었던
그 장소로 이해되지 않았는가? 예수께서는 궁극적인 제물이 그
자신임을 예견하고서 그 참 성전이 순전히 그 자신의 몸임을 주장하신
적이 있었다(2 : 21). 마찬가지로 성전이 하나님과 사람간의 만남을
위한 초점 역할을 하는 한 "그 아버지의 집"이 성전에 대한 적합한
묘사이기는 하지만 그것은 천국, 하나님의 집, 하나님의 백성들의
궁극적인 소망, 기쁨이 넘치는 세계에 대한 약속에 더욱 잘 적용된다.
그러한 집에서의 "방들"(Rooms)은 가려지지 않은 하나님의 영광의
광채 속에 영원히 거하는 완전한 기쁨 이상을 의미한다.

그리스도인들은 이 멀리 바라다보는 안목을 상실해서는 안 된다. 우리는 그리스도인들로서 우리가 누리는 **일시적인** 특권과 의무들을 거듭거듭 상기시킴을 받고 있는 시대에 살고 있다. 즉, 우리는 현재 풍성한 삶을 누리고 있고, 가난한 자를 기억하고 도와야 하며 모든 사람들을 위해 공의를 구하고 온전함을 따르며 그것을 스스로 나타내어야 하는 것이다. 우리를 상기시키는 그러한 것들은 중요하다. 피상적인 의미에서 거룩한 마음을 갖는 것은 도덕적으로나 사회적으로 무용지물이 되는 경우가 있기 때문이다. 동시에 그리스도인들은 하나님 나라의 목표를 정치적, 경제적, 사회적 목표와 동일시 해서는 안 되며, 보다 더 분명한 것은 그러한 동일시는 결코 배타적인 것이어서는 안 된다. 예수 그리스도의 나라가 이 세상에 속한 것이 아닌 것과 마찬가지로(18 : 36) 그것은 또한 이 세상에 국한되어 있지 않다. 우리의 궁극적인 목표는 사회의 변형이 아니다. 그러나 그것도 가치있는 일이 될 수 있을지 모른다. 우리의 궁극적인 목표는 하나님의 무제한적인 임재 가운데서 순수하게 예배하는 것이다.

그 전망은, 그리고 그 전망만이 우리의 절대적인 순종을 요구할 만한 힘을 충분히 지니고 있다. 그러한 영원한 이점이 우리로 하여금 우리 사회에서 보다 더 유용하게 될 수 있도록 만든다. 승귀하신 주님을 본받아서, 우리는 개인적인 제국을 세우는 일을 피하는 자기 부인의 길을 걷는 동안 섬기는 삶에 대해 배우기 때문이다. 제국을 세우는 일은 이상주의자들에게 매우 흔한 유혹이기 때문에 오늘날의 혁명가들이 대개는 내일의 폭군이 된다. 그리스도인들은 이 함정을 피할 수 있는 잠재력을 지니고 있다. 그의 최고의 목표는 단지 일시적인 그것을 초월하기 때문이다. 그는 그러한 은혜들이 그것들을 예시하신 주님께로부터 오는 은사임을 알기 때문에 온유함과 연결된 온전함을 찬미한다.

이 전망은 그 본문에 전제되어 있으나 상세하게 표현되어 있지는 않다. 아버지의 집에서 예수와 함께 누리는 영원한 삶의 목표가 예수의 첫번째 제자들에게 제시되어 있으며 우리에게도 주어져 있다. 우리의 위험은 그들이 맛보지 못한 것으로서, 우리가 하나님께서 이미 우리에게 주신 축복들을 사치스럽게 누릴 정도로 매우 편안한 상태에 있기 때문에 보다 나은 것을 사모하지 않을지도 모른다는 것이다. 우리는 지금 예수께서 십자가로 가시기 위해서가 아니라 우리로 하여금 그를 의지하는 것을 배우도록 하기 위해 우리를 떠나실지도 모른다는 사실을 대단치 않게 여긴다. 설상가상으로, 우리는 영원을 간절히 사모하는 것을 좋아하지 않는다. 우리는 모든 세대의 신자들이 "주 예수여 오시옵소서"하고 부르짖는 외침을 무시할런지도 모른다. 그 이전의 상태(status quo)는 바람직한 것일 뿐 완전한 것이 아니다.

우리가 처한 상황의 모순은 우리가 우리의 특권에 애착을 느끼는 것이 보다 더 승리에 찬 신앙을, 보다 더 큰 영적인 평정을 대체로 만들어 내지 못하였다는 사실이다. 오히려 그 반대였다. 우리는 불만에 차있는 신경질적인 세대를 조장하였다. 예수의 첫번째 제자들이 예수를 의지할 필요가 있었고 그의 떠나심이 그들의 영원한 유익을 위함이었다는 것을 믿어야 했던 것과 마찬가지로, 오늘날의 우리도 예수를 의지할 필요가 있으며 그가 지금 오랫동안 떠나계신 것은 우리의 영원한 유익을 위함이라는 사실을 믿어야 한다. 이 두 경우는 모두에 있어서 믿음에 안정성을 더하여 주는 것을 긴 안목으로 전망하는 것이다.

안정된 믿음의 참된 근거는 다음 구절을 살펴본 후에 더 잘 이해될 수 있을 것이다. 예수께서는 "내가 너희를 위하여 처소를 예비하러 가노니"라고 말씀하신다. 이에 대해 헬라어 본문에서는 원인을 나타내는 "그렇기 때문에"(for)라는 단어가 앞에 붙어있기 때문이라고 한다. 즉, "내 아버지 집에 거할 곳이 많도다(그 다음 말들 "그렇지 않으면 너희에게 일렀으리라"가 삽입되어 있다) **그렇기 때문에**(for) 내가 너희를 위하여 처소를 예비하러 가노니." 요한복음의 다른 구절에서도 흔히 볼 수 있듯이 첫 행에 있는 거할 곳이 많도다(are many rooms)에서의 "are"는 예상(예견)의 뜻을 담고 있다. 우리는 그 구절을 이렇게 풀이할 수도 있다. "내 아버지 집에 거할 곳이 많도다 그렇기 때문에 내가 너희를 위하여 처소를 예비하러 가노니."

그러나 예수께서 실제로 무엇을 준비하고 계시며 왜 그것이 그를 그처럼 오래 걸리게 만드는가? 이 복음서의 처음 몇 절들은 성육신 이전의 말씀이 창조시에 하나님의 대리인이었음을 이미 주장하였다. 만일 그가 말씀으로 세계를 존재하도록 하실 수 있었다면, 몇 개의 처소를 준비하는데 왜 그처럼 오래 걸렸는가?

요한이 보도하고 있는 예수의 말씀들을 면밀히 살펴볼 때 그 대답은 명백해진다, "**내가** 너희를 위하여 처소를 예비하러 **가노니.**" 이 복음서에서 예수의 떠나심 — 또한 그의 가심, 그의 아버지께로 돌아가심, 그의 영화 그리고 들림받으심이라고도 일컬어짐 — 은 모두 한 가지 사건을 가리킨다. 즉, 십자가를 통하여 그의 아버지께로 돌아가는 것과 부활하는 것을 가리키며 그의 돌아가심에는 구속적 의미가 내포되어 있다. 그러므로 14장 2절에서 사실상 예수께서는 "나는 내 아버지 집으로 돌아갈 것이다. 따라서 나는 거기에 도착한 후 너희를 위해 처소를 마련할 수 있을 것이다"라고 말씀하시고 있는 것이 아니라 오히려 "나는 내 아버지의 집으로 돌아가는 이 일이,

이 구속적 여행이 그 처소를 예비하는 수단이 될 수 있게 하기 위해 그곳으로 갈 것이다"라고 말씀하시고 있다. 신약의 다른 곳에서 우리는 높임을 받으신 예수의 활동에 대해 읽게 된다. 그는 중보적인 왕이 되시고 그를 통하여 하나님의 통치권이 행하여진다(고전 15 : 24 이하). 또한, 그는 영원한 제사장직을 받으신 대제사장으로서 항상 살아계시어 그의 백성을 위해 중재하신다(히 7 : 24, 25). 그러나 그러한 활동을 요한복음 14장에서는 찾아볼 수 없을지도 모른다. 오히려 예수의 "가심" 그 자체는 그의 추종자들을 위한 처소를 마련하시고자 함이지, 어거스틴이 세련되게 묘사해 놓은 것처럼 그 처소를 위해 그의 추종자들을 준비하고자 함은 결코 아니었다.

그 첫번째 신자들의 신앙은 하나님처럼 예수를 신뢰하는 데에 비례하여 안정되고 굳건하였으며, 그들은 예수의 떠나심이 그의 아버지의 존전으로 돌아가는 것, 그들에게 아버지의 집으로 가는 길을 열어놓기 위해 돌아가는 것임을 믿었다. 20세기 말엽, 신자들의 신앙은 예수께서 십자가를 통하여 떠나가심이 이제 거의 2천년이나 지난 사건이 되었으며 그가 승리를 거두고 아버지께로 돌아가셨으니 우리는 결코 버림받을 것을 두려워할 필요가 없다는 것을 믿으면서 하나님뿐만 아니라 예수를 의지하는 데에 따라 견고하고 강하여질 것이다. 예수께서 우리를 위해 처소를 예비하러 떠나셨으니 우리는 크게 기뻐해도 좋다. 그리고 먼 안목으로 내다보아야 하는 이 전망, 영원한 기쁨에 대한 이 조망이 믿음의 평정을 방해하는 우리의 일시적인 두려움을 삼켜버린다. 우리는 바울과 함께 크게 기뻐하며 이렇게 말한다. "자기 아들을 아끼지 아니하시고 우리 모든 사람을 위하여 내어주신 이가 어찌 그 아들과 함께 모든 것을 우리에게 은사로 주지 아니하시겠느뇨"(롬 8 : 32).

승리에 찬 믿음을 얻도록 도와주는 두번째 진리가 있다 :

2. 예수께서 그 자신의 백성을 위해 돌아오실 것이다. 그는 이렇게 약속하신다 : "가서 너희를 위하여 처소를 예비하면 내가 다시 와서 너희를 내게로 영접하여 나 있는 곳에 너희도 있게 하리라"(14 : 3).

이 절은 여러가지 상호배타적인 해석을 불러일으켰다. 예수의 "떠나가심"은 그의 죽음에 대한 언급이기 때문에 어떤 이들은 "내가 다시 와서"라는 이 약속이 그의 부활을 가리키는 것이라고 주장한다. 이 해석은 두 가지 근거를 취하고 있다 : 첫째, 예수의 "떠나가심"은 그의 죽음에 관한 언급을 내포하고 있으나 그것에 국한되어 있지는 않다. 궁극적으로 그는 죽음을 통하여 그의 아버지께로 갈 것이다(17 : 13). 그러므로 "내가 다시 와서"라는 표현이 부활 사건으로 좁혀 져야 한다는 것은 분명하지 않다. 둘째로, 예수께서는 **다시 와서 너희를 내게로 영접하여 나 있는 곳에 너희도 있게 하리라**고 약속 하신다. 그러한 어떤 일이 부활 후에 일어났는지는 명백하지 않다. 마찬가지 이유로 인해서 예수의 다시 오심이 단지 성령의 임재 가 운데서 그가 오시는 것이라고 생각하는 것은 매우 만족스럽지 못하다 (14 : 23의 경우도 마찬가지이다).

혹자는 예수의 돌아오심이 그의 제자들이 죽을 때 그들을 위해 그가 돌아오셔서 그들을 데리고 가 그와 함께 있게 하리라는 것에 대한 하나의 약속이라고 강하게 주장하고 있다. 이 구절은 그리스 도인의 장례식에서 자주 읽혀지며 아마도 그것을 낭독하는 일은 위로를 전하려는 의도를 지니고 있을 것이다. 이러한 해석이 가능하나 그것은 전혀 설득력이 없다. 그 본문 어디에서도 그 제자들의 죽음에 대해 말하고 있지 않을 뿐만 아니라 그것을 암시하지도 않고 있다.

요한복음이나 요한서신들의 그 어느 곳에도 이 가르침을 명백히 설명하고 있지 않다. 그러므로 우리는 이것이 요한의 관심을 불러 일으켰던, 그리고 그가 기록하거나 언급하였던 종류의 일이었다는 사실을 확신할 길이 없다.

그 약속은 재림을 가리키는 것으로 보는 것이 더 낫다. 즉, 예수께서는 그의 자녀들을 데리러 오실 것이며, 그들이 그와 함께 있도록 하실 것이다. 그는 떠나가실 뿐만 아니라 다시 오실 것이다. 이 주제를 요한은 다른 곳에서도 다루고 있는데, 부활 및 최종적인 심판, 마지막 날 등등과 관련된 구절 속에서 명시적으로(보기. 21 : 22), 그리고 암시적으로 (보기. 11 : 2 이하, 6 : 54, 요일 4 : 17) 다루고 있다.

이것은 먼 장래를 위한 소망 이상의 것이다. 철저히 사적인 성격을 지니고 있는 그 약속을 주목해 보아야 한다. "내가 너희를 위하여 처소를 예비하러 가노니 … 내가 다시 와서 너희를 내게로 영접하여 나 있는 곳에 너희도 있게 하리라." 제자들을 괴롭히는 것은 그들이 버림당하였다는 느낌이었으며 예수께서는 그의 떠나심이 그의 제자들로 하여금 그와 함께 있도록 하기 위한 준비에 필요한 것이라고 대답하신다. 그리고 더 나아가 그는 그들을 위해 돌아올 것이다. 그들은 그를 잃는 것을 결코 생각할 수 없었으며, 그는 그들이 그를 잃게 되지 않으리라 — 그를 얻게 되리라 — 는 사실을 그들에게 확신시켜 주었다.

교회의 최상의 소망은 언제나 예수 그리스도의 재림이 되고 있다. 그러나 그 행복한 미래를 숙고함에 있어서, 우리는 그 목표가 **그리스도와 함께** 하기 위함이라는 사실을 결코 잊어서는 안 된다. 우리가 알고 있듯이 재림이 역사의 종말을 약속하고 있으며 도덕적 혼란과 인간의 반역이 궁극적으로 이기지 못하리라는 것을 보장해

준다는 것은 사실이다. 그러나 우리는 가장 큰 위로의 원천을, 즉 **그리스도와 함께** 있는 것에 대한 전망을 무시해서는 안 된다. 예수께서 자신의 재림을 개인적으로 암시한 내용을 크게 강조하시고 있는 것이 무리는 아니다. 최후의 종말 그 자체는 예수께서 그곳에 있지 않는 한 공허한 승리에 불과할 것이다.

> 즐거움이 넘치는 모든 땅도
> 주님 없이는
> 황량한 바다로 변하고
> 하늘마저도
> 밤처럼 어두워진다네.
> 하나님의 어린 양이시여!
> 당신의 영광은 위의 빛 되시며
> 하나님의 어린 양이시여!
> 당신의 영광은 사랑의 생명이어라.

— 맥그리거 (D. A. McGregor, 1847~1895)

신자들은 하나님을 믿듯이 예수를 믿을 때 그들의 관심과 포부와 가치를 예수의 재림에 고정시키고, 그의 임재를 영원히 누릴 복된 전망을 지니고 있을 때 그 신앙이 견고해지고 평정을 유지하게 될 것이다.

3. 예수를 따르는 자들은 그가 가시는 곳의 그 길을 안다(14:4-7). 이것이 우리가 이해하고 파악해야 할 세번째 진리이다. 예수께

서는 "내가 가는 곳에 그 길을 너희가 알리라"(14:4). (이것이 본문의
변형된 구절보다 더 나으며, "그리고 어디로 내가 가든지 너희가 알리라 그
길을 너희가 알리라"로 표현되어 있는 흠정역에 반영되어 있다.) 예수는
이런 식으로 말씀하신다 : 지금껏 내가 너희에게 말해준 모든 것을
통하여 너희는 내 아버지의 집으로 가는 길이 내게는 수치와 십자가의
길인 동시에 영광과 부활의 길임을 분명히 알 것이다. 내가 "들려
올림"을 받는 것과 배반당하고 죽는 것에 대해 거듭거듭 말해왔다.
따라서 너희는 비록 내가 지금 내 아버지에게로 가는 것에 대해
말하고 있기는 하지만 십자가를 통해 갈 것이라는 사실을 파악해야만
한다. 그것이 내가 가는 길이다. 이것을 너희는 알 것이다.

질문을 던진 자는 도마이나 다른 사람들도 마음속으로 물어보았을
것이다 : "주여 어디로 가시는지 우리가 알지 못하거늘 그 길을 어찌
알겠삽나이까"(14:5). 어떤 의미에서 이 사람 도마에게는 단도직
입적인 면이 있다. 부활 직후의 그의 고집스러운 회의로 인해서
우리도 그를 의심하는 자로 생각한다(20:24-29). 그러나 제자들이
모였을 때 부활 이후 최초로 그들 앞에 예수께서 나타나신 장면을
다른 어떤 제자가 참석치 못하여 보지 못하였다면 어떤 반응을 보였을
것인지 거기에서도 명백히 나타나 있지 않다. 이와 같은 상황에 처한
도마가 예수와 함께 죽음을 맞을 준비가 되어 있다는 것은 기억해
둘 만한 일이다 : "우리도 주와 함께 [예루살렘 지역으로] 죽으러
가자"(11:16). 그는 두려움과 의심과 당혹함에 직면한 퉁명스러운
사람이다. 그는 그가 이해하고 있지 못한 것을 이해한 것처럼 고개를
끄덕거리고 경건한 얼굴을 지으며 허세를 부리는 그러한 사람이
아니다. 그는 사실상 이렇게 말하고 있는 것이다 : 보십시오, 당신은
우리가 당신이 가는 길을 알고 있다고 우리에게 말합니다. 나는

당신에게 당신이 어디로 갈 것인지 알지도 못한다고 말하고 있습니다. 하물며 그 길을 우리가 어떻게 알겠습니까?

도마의 이의는 그가 생각하는 것보다 훨씬 더 무지하다. 예수는 그의 아버지께로 가는 것에 대해, 그리고 그곳에 가기 위해 그 자신이 택해야 하는 길에 대해 이야기해 왔다. 도마는 예수께서 어디로 가시든지 또는 그 길이 무엇인지 알지 못한다고 주장하고 있는데, 그것은 예수께서 어디로 가시든지 택하는 그 길이 또한 제자들이 그를 따르기 위해 택해야 하는 길이 될 것임을 시사하고 있다. 만일 그들이 거기에 가는 길을 모른다면 그들이 그의 아버지의 집으로 가는 예수를 따르는 것을 어떻게 알 수 있겠는가? 따라서 도마는 예수께서 그의 아버지께로 돌아가기 위해 택해야 하는 길과 제자들이 그와 연합하기 위해 택해야 하는 길 사이를 구분하지 못하였다. 베드로가 "주여 내가 지금은 어찌하여 따를 수 없나이까 주를 위하여 내 목숨을 버리겠나이다"(13 : 37)하고 몇 분 전에 충동적으로 말하였을 때 범한 과오도 바로 이와 같은 종류의 것이다. 그러나 사실은 정반대였다 : 예수께서는 베드로를 위해 그의 생명을 내어 버리실 것이었으며 그 구속적 행위는 베드로로 하여금 어느 날 예수를 따라 그 아버지의 존전으로 들어가게 되는 유일한 길을 열어주게 될 것이었다.

도마의 오해를 감지하신 예수께서는 아버지께로 그 자신이 가는 길, 십자가의 길에 관해 이야기하기를 멈추시고 제자들이 가야 하는 길에 대해 말씀하심으로써 도마의 질문에 대답하셨다 : "내가 곧 길이요 진리요 생명이니 나로 말미암지 않고는 아버지께로 올 자가 없느니라"(14 : 6). 성경에서 이와 같은 형태로 된 가장 위대한 발언들 가운데 하나가 주님께로부터 나오고 있는데, 그것은 그가 가르쳐오신 것을 그의 제자들이 깨닫지 못하기 때문에 말씀하신 것이다.

그것은 놀라운 진술이다. "내가 길이요." 이것은 로마의 십자가의 수치스러운 길을 걷게 될, 멸시당하고 경멸당하는 범죄자들의 죽음을 맞이하게 될 자가 한 말이다. "진리요." 이것은 거짓 증인들에 의해 정죄당하게 될 자, 그 자신의 백성들과 그 자신의 가족들에 의해서도 대체로 신뢰받지 못한 자가 한 말이다. "생명이니." 이것은 초췌한 시신이 되어 당국에 의해 봉인된 어두운 무덤에 곧 안치될 그 사람이 발설한 말이다.

이 역설에는 영광이 있으며 숭배의 묵상을 위한 여백을 많이 제공하고 있다. 예수 자신의 길은 십자가였기 때문에 그가 친히 다른 사람들을 위한 길이 되셨다. 하나님의 어린 양으로서 그는 세상 죄를 지셨다(1 : 29). 선한 목자로서 그는 양들을 위해 목숨을 버리셨다(10 : 11). 그 어린 양은 죽으시고 세상은 살게 된다. 그 목자는 죽으시고 양들은 산다. 예수는 사람들이 들어가서 생명을 발견하게 되는 문이다(10 : 9, 참조. 히 10 : 19 이하). 그는 그들의 길이다. 예수의 길은 십자가이며, 제자들의 길은 예수이다. 초기 그리스도인들이 그 길을 따르는 자들로 일컬어진 것은 과히 이상한 일이 아니다(행 9 : 2, 22 : 4, 24 : 14).

한 사도에 의해 배반당하고 또 한 사도에 의해 부인당하고 모든 사도들에 의해 버림받으며 거짓 증인들로 인해 정죄당한 그는 진리이셨다. 우리는 그가 **말씀하시는** 바가 진리가 아니라 그 자신이 진리이시라는 사실을 읽게 된다. 그는 육체로 오신 진리이시며 마찬가지로 육체로 오신 사랑, 육체로 오신 거룩함이시다. 그는 육체로 임하신 말씀이시기 때문이다. "말씀이 육신이 되어 우리 가운데 거하시매 우리가 그 영광을 보니 아버지의 독생자의 영광이요 은혜와 진리가 충만하더라"(1 : 14). "율법은 모세로 말미암아 주신 것이요 은혜와 진리는 예수 그리스도로 말미암아 온 것이라 본래 하나님을 본 사람이 없으되 아버지 품속에 있는 독생하신 하나님이 나타내 셨느니라"(1 : 17, 18). 요한은 모세의 글들이 진실이 아니었다거나 그것들이 하나님의 말씀 이외의 어떤 것들이었다고 우리에게 말하고 있는 것은 아니다. 그러나 아무리 많은 율법이 하나님에 의해 계 시되었을지라도 그 율법은 하나님 자신을 나타내는 것이 아니었으며 육체로 오신 은혜와 진리의 계시가 아니었다.

1963년 크리스마스 휴가를 맞이하여 나는 내가 다니고 있었던 대학에서 만나 교제하였던 한 친구를 오타와 지역에 있는 집으로 데리고 왔다. 모하멧 유섶 구라야는 파키스탄 사람으로서 열렬한 회교도였으며 점잖고 민감한 친구였다. 그는 나를 회교로 인도하고자 노력하였고 나는 그를 그리스도께로 인도하고자 애썼다. 내가 그를 데리고 오타와에 있는 국회의사당을 방문하였을 당시 그는 요한복 음을 읽기 시작했다. 우리는 안내자를 따라 장엄한 건물을 구경하는 것을 즐겼으며 그들의 역사와 상징에 관한 것을 배웠다. 우리 일행이 맨 끝에 있는 휴게실에 도착하였을 때 안내인은 아치형으로 조각 되어진 석상의 중요성을 설명하였다. 그는 정부가 법을 만들어낸다는 사실을 알릴 의도로 만들어진 모세의 상을 가리켰다.

"예수 그리스도는 어디에 있습니까?"하고 구라야는 크고도 낭 랑한 음성으로 그의 검은 콧수염 뒤로 활짝 미소를 띠우며 흰 이를 반짝이면서 물어보았다.

"무슨 말씀인지 모르겠는데요"하고 안내인이 더듬거리며 말하였 다.

"예수 그리스도는 어디에 있습니까?" 구라야는 조금 천천히, 조금

더 큰 목소리로 힘주어 말하였는데 그의 말투가 그의 질문을 잘
이해되지 못하도록 만들까봐 두려워하여 각 단어를 또박또박 발음
하였다.

　우리 일행에 속한 관광객들은 당황하는 듯이 보였다. 나는 동시에
속으로 깔깔 웃으면서 다음에 어떤 일이 벌어질지 궁금하였고 내가
중재나 충고를 해야 하지 않을까하고 생각하였다.

　"무슨 이야기인지 모르겠어요"하고 안내인은 같은 말을 되풀이
하였는데, 조금은 당황한 것 같았고 조금은 화가 나 있었다. "무슨
말인가요? 왜 예수가 여기에 묘사되어 있어야 하나요?"

　구라야는 그 자신도 조금 놀라는 투로 대답하였다. "율법은 모세에
의해 주어졌으며 은혜와 진리는 예수 그리스도로 말미암아 왔다는
것을 나는 당신네 성경책에서 읽었거든요. **예수 그리스도는 어디에
있습니까?**"

　나는 내 친구 구라야가 요한복음에서 나보다 더 깊은 감동을 받
았다고 생각한다. 예수께서 친히 "내가 곧 길이요"라고 주장하시는
사실은 영원한 말씀이 육신으로 임하신 말씀이 되셨다는 요한복음
서론(1 : 1-18)의 구조와 일치한다.

　"내가 … 생명이니." 일찍이 나사로의 무덤에서 예수께서는 "나는
부활이요 생명이니 나를 믿는 자는 죽어도 살겠고 무릇 살아서 나를
믿는 자는 영원히 죽지 아니하리니"(11 : 25, 26)라고 선언하셨다.
예수에 관하여 요한은 이렇게 기록하고 있다. "그는 참 하나님이시요
영생이시라"(요일 5 : 20). 죽으시고 정죄당하신 예수께서는 다른 사
람들로 하여금 살게 할 수 있으며 용서받게 할 수 있다.

　　나는 하나님께로 가는 길이라.

내가 온 것은
길을 비추거나 오솔길을 밝히기 위함이 아니다.
다만 너희로 내가 갈 길을 따라오며
쉽게 얻은 상급처럼
나의 그림자를 밟게 하려는 것이라.
나의 삶은
모든 것 되시는 하나님의 삶을 계시하노니,
밤의 아들들이여,
어떻게 너희는 나를 바라보면서
나의 길을 너희가 달려갈 길로 여기겠느냐?
　　나의 길은 겟세마네, 십자가의 길.
　　완강한 배척이 나를 번민케 하도다.
　　하나님께로 가는 나의 길은 극도의 피해가 기다리나
　　너희가 하나님께로 나아가는 길은
내가 간 그 길이 아니라 바로 나이니라.
다른 사람들의 길은
어두운 수렁과 기만으로 점철된 곳.
나는 홀로 서 있다.
내가 하나님께로 가는 길이기에.

나는 하나님의 진리라.
나는 나만이 진리를 말한다고 주장하지 않는다.
그러나 나는 일개의 선지자는 아니다.
(그 이상이다)
나는 순전히 인간의 심성을 지닌

성령의 능력으로 감동된 통로는 아니다.
또한 나는 하나님의 이름을 내 입술에 올릴 때
나의 가르침이 틀릴 수 없다고
(비록 그것이 사실이긴 하지만)
말하려는 것이 아니다.
나는 단순한 해석자가 아니요,
특별한 명성을 지닌 어떤 선지자의 음성도 아니다.
　　무한한 영원 속에서 삼위일체 하나님은
　　신성의 자기표현이신 말씀이
　　육신과 피를 입으시도록 결정하셨다.
　　그렇게 이야기되어졌다.
진리의 주장을 선한 사람들은 박수로 환호한다.
그러나 나는 그 이상의 것을 주장하나니;
내가 곧 하나님의 진리라.

나는 생명의 부활이라.
내가 단지 생명을 주는 물을
지니고 있다거나 (사람들이 생각하듯이)
풍부하긴 하나 사서 마시는 것이 아닌
값싼 마술적 만능약이라는 말이 아니다.
생명의 값은 완전히 치루어졌다.
나는 죽음과 어두운 절망과 함께 싸웠다.
내가 생명의 물이기에.
부활은 나의 죽음과
오랫동안 찾아왔던 끝없는 생명을 연결시켜 준다.

나는 죽은 자 가운데서 최초로 태어난 자라.
죽음과 정욕과 미움을 이겼다.
나의 생명을 이제 내가 사람들에게 주며
언제나 갈증을 채워주는 물을
　　그들에게 퍼부어주나니
헛된 자랑으로 가득한 종교책은 수없이 쏟아져 나오나
나는 부활이요 생명이라.

이 삼중 주장은 서로 엉겨 있다. 여기에 사용된 관사들은 우연적인 것이 아니다. "내가 그(the) 길이요 그 진리요 그 생명이니." 그는 어떤 좋은 것들 가운데 하나가 아니다. 다른 길들 중에 하나의 길이 아니시다. 그 요점이 흐려지지 않도록 하기 위해 그 절의 두번째 부분은 그것을 본론으로 몰아넣는다 : "나로 말미암지 않고는 아버지께로 올 자가 없느니라."

이 마지막 절은 두 가지 사실을 가르치고 있다. 첫째로, 예수께서는 그 자신을 통해 아버지께로 가는 것을 명백히 말씀하심으로써, 예수께서 아버지께로 가시는 그 자신의 길에 관해 전에 언급했던 내용들을 어떻게 도마가 전적으로 오해하였는가를 지적하시고 있다. 도마와 다른 추종자들은 예수께서 가시는 길이 단순히 모방되어질 수 있는 것이 아님을 깨달아야 했다. 아버지의 집에서 예수와 연합하는 일은 **예수 자신**이 그 길임을 깨닫는 것을 요구한다. 예수의 추종자들은 그의 참된 가르침만을 따르거나 그의 삶을 모방해서는 안 된다. 오히려 그들은 그가 육신으로 오신 진리임을 인식하고 그를 경배하며 그로부터 생명을 받아야 한다. "**나로 말미암지** 않고는 아버지께로 올 자가 없느니라."

이 진술에서 주장되어 있는 두번째 사실은 결코 덜 중요한 것이라고 할 수가 없다. 예수께서는 그 **유일한** 길이시며 진리이시며 생명이시다. 이것은 혼합주의적인 우리 세대에서 보편적인 이야기가 아니다. 그러나 그와 같은 사상이 신약에서 거듭거듭 가르쳐지고 있다. "다른 이로서는 구원을 얻을 수 없나니 천하 인간에 구원을 얻을 만한 다른 이름을 우리에게 주신 일이 없음이니라"(행 4 : 12)하고 베드로는 선포하였다. 바울은 이렇게 덧붙인다. "그러나 우리나 혹 하늘로부터 온 천사라도 우리가 너희에게 전한 복음 외에 다른 복음을 전하면 저주를 받을지어다"(갈 1 : 8). 아마도 요한복음에서 이 배타적인 어조를 인식하는 것이 특히 중요할지도 모른다. 왜냐하면 신약성경의 많은 책들 가운데 여기에서는 다른 종교에서 발견되는 문학적 및 종교적 용어가 더 광범위하게 사용되고 있기 때문이다. 요한은 다른 종교들의 언어를 빌려 올 준비가 되어 있었는지도 모른다. 그러나 그는 구원이 예수 이외의 다른 것에서는 발견되지 않는다는 사실을 양보할 자세가 되어 있지 않다. 그리고 그가 주장하고 있듯이 이것이 예수 자신의 가르침이다.

이것이 도마의 질문에 대한 대답이다. 예수는 그 자신이 가셔야 할 그 길에 더 이상 초점을 맞추고 있지 않다. 오히려 그는 제자들이 가야 할 길에 초점을 맞추고 있다. 도마와 그의 동료들의 오해는 예수께서 진실로 누구이신가 하는 문제와 그가 수행하시고자 한 그 사명의 성격을 이해하지 못하도록 만들고 있다. 그러므로 예수께서는 "너희가 나를 알았더면 내 아버지도 알았으리로다"(14 : 7)하고 말을 이으신다.

이 절(14 : 7)에는 해결하기가 지극히 어려운 본문상의 복잡성을 지니고 있다. NIV 본문에는 이렇게 되어 있다 : "만일 너희가 참으로

나를 알았다면 또한 나의 아버지도 알았을 것이다 이제부터는 너희가
그를 알았고 또 보았느니라." 이것은 책망을 시사하고 있다 : 이제는
너희가 반드시 그러해야 할진대 너희가 참으로 나를 알았다면 나의
아버지도 알았을 것이다. 또 다른 주요한 본문상의 증거는 7절에
대한 NIV 각주를 지지하고 있다 : "너희가 참으로 나를 안다면 나의
아버지도 알게 될 것이다 이제부터는 너희가 그를 알고 또 보았느
니라" 이것은 하나의 약속을 암시한다 : 만일 너희가 그러해 온 것
처럼 이제 나를 알게 되었다면, 나의 아버지도 알게 될 것이다. 혹자는
그 절의 두번째 부분 "이제부터는 너희가 그를 알았고 또 보았느니라"
가 두번째 내용을 지지하고 있다고 주장한다. 반대의 경우는 다음과
같다 : 빌립은 그들이 아직도 그를 **참으로** 알지 못한다고 계속 주
장하고 있다(14 : 8). 14장 7절의 두번째 부분은 어느 정도 제자들이
진실로 그리스도를 알게 되었다고 말하고 있다. 즉, 그들은 그를
묘사할 수 있었고 그와 이야기하고 여행하고 함께 먹고, 그에게
질문을 던지는 등등을 할 수 있었다. 이러한 근거 위에서 예수와
그의 아버지는 하나이기 때문에(10 : 30) 그들은 아버지도 알게 되
었다고 객관적으로 말할 수 있었다. 예수는 누구이신가에 관해서
예수를 아는 것은 하나님을 아는 것이다. 그것은 객관적으로 그러
하다. 그 아이러니는 제자들 자신이 자기네들이 무엇을 알게 되었
는지를 깨닫지 못하고 있다는 점이다 ! 그들은 예수를 알고 있다.
그러나 그가 참으로 누구인지를 파악하고 있지도 못하였기 때문에
실제로 그를 알지 못하고 있으며, 그를 아는 것이 하나님을 아는
것임을 인식하고 있지 못하다.

결국, 예수께서는 그의 제자들이 그가 누구이신가를 깨닫는 데에
둔한 것에 대해 그들을 꾸짖고 계시는 것으로 보는 것이 가장 좋은

것이다. 바리새인들과는 달리(8 : 19) 제자들은 예수를 어느 정도 알기는 하였으나 더 많이 알아야 했다. 오늘 하나님을 나타내 보이신 자로서 다시금 그 자신을 밝히시고 있다(참조. 1 : 18) : "이제부터는 너희가 그를 알았고 또 보았느니라"(14 : 7). 제자들은 예수에 관한 그들의 지식이 하나님에 관한 지식 못지않다는 것을 알아야 했다. 즉, 예수 자신이 그 길이며, 그 진리이며 생명인 것이다. 따라서 그 진리를 아는 것은 참으로 예수를 아는 것과 명백히 동등하다. 그러므로 예수를 따르는 자들은 예수께서 가시려는 그 길을 실제로 알고 있다(14 : 4). 그들은 예수를 알고 있기 때문이다. 문제는 그들이 그 길을 알고 있다는 사실을 그들 자신이 파악하고 있지 못하다는 것이다. 그러한 의미에서 그들은 그를 알고 있지 못하다.

그 논제는 상당히 그리스도론적이다. 예수의 제자들이 믿음의 승리를 거두기 원한다면 이 세번째 진리를, 즉 **예수가 누구이신지를** 파악해야 한다. 예수가 누구인지를 참으로 아는 것은 그들이 예수가 가시게 될 그 장소에 이르기 위해 취해야 하는 방법이다. 따라서 우리는 "너희는 마음에 근심하지 말라 하나님을 믿으니 **나를 믿으라**" 고 예수께서 말씀하신 1절의 도전으로 되돌아왔다. 견실하고 침착한 신앙은 예수 자신을 그 대상으로 삼는다.

제자들에게 주신 예수의 위로는 철저하게 그리스도론적이다. 그러나 그의 제자들은 여전히 이 숭고한 진리들을 이해하지 못하고 있다. 예수께서는 그가 오랫동안 가르쳐 온 것들 가운데 어떤 것들을 요약할 필요가 있다는 것을 발견하시고는 그가 가르치셨던 심오한 그리스도론적인 주장을 더욱 자세하게 설명하신다.

배우기에 더딘 자들을 위한 교훈 :
아들 안에 계시되신 아버지에 대한 요약 설명(14 : 8-14)

일개의 선생으로서 나는 예수께서도 배우기에 더딘 자들을 두셨다는 사실에 크게 격려받는다. 배우기에 가장 더딘 예수의 제자들 가운데 하나인 나는 더욱 감사하고 있다. 배우기에 더딘 나의 제자들은 게으르다거나 사악하기 때문이 아니라 한정된 역량 때문에, 더디 배우는 경우가 흔하다. 그러나 배우기에 더딘 예수의 제자들은 보다 더 사소한 이유들 때문이라기 보다는 도덕적으로 변명할 여지가 없는 불신앙 때문에, 심지어는 불순종 때문에 둔해지는 경우가 비일비재하다.

예수의 주장이 명백함에도 불구하고 사도들은 그것을 액면 그대로 받아들일 수 없었다. 유일신 사상이 매우 강한 영향을 미치고 있었던 유대적 전통에 몰두한 그들은 그리스도인들이 때가 이르렀을 때 고백했던 것과 같은 그 삼위일체 유일신론을 거의 이해할 수 없었다. 그들은 예수와 아버지 사이의 근본적인 차이를 여전히 주장하고 있었다. 슬픈 이야기지만, 예수의 지독한 적대자들 가운데 일부는 그의 제자들 보다도 더욱 빠르게 예수가 주장하신 것을 파악하였다. 우리가 너를 돌로 치려는 것은 "참람함을 인함이니 네가 사람이 되어 자칭 하나님이라 함이로라"(10 : 33)고 그들은 말하였다. 그러나 나중에도 빌립은 "주여 아버지를 우리에게 보여 주옵소서 그리하면 족하겠나이다"(14 : 8)하고 여전히 요청하고 있다.

예수께서는 이렇게 대답하셨다. "빌립아 내가 이렇게 오래 너희와 함께 있으되 네가 나를 알지 못하느냐 나를 본 자는 아버지를 보았거늘 어찌하여 아버지를 보이라 하느냐"(14 : 9). 사실상 예수께서는, 아버지께서 하나님이시지만 육신이 되신 말씀 가운데 그 자신을 나타내 보이셨기 때문에 빌립의 질문이 매우 불필요하다는 사실을 이야기하고 있다. 그러므로 육신이 된 말씀을 본 자마다 그 아버지를 본 것이다. 예수께서 이 사실을 이미 분명하게 밝히지 않았는가? "나를 믿는 자는 나를 믿는 것이 아니요 나 보내신 이를 믿는 것이며" (12 : 44)라고 그가 공공연히 가르치셨던 것이 그리 오래 전의 일이 아니었다.

그런데 어떻게 이것이 가능한 일인가?

1. 사실에 대한 진술 : 아들 안에 아버지가 계시됨(14 : 10)

"나는 아버지 안에 있고 아버지는 내 안에 계신 것을 네가 믿지 아니하느냐 내가 너희에게 이르는 말이 스스로 하는 것이 아니라 아버지께서 내 안에 계셔 그의 일을 하시는 것이라"(14 : 10).

이 절을 충분히 이해하기 위해서는 그 앞의 것을 조금 살펴보고 제 4복음서에서 요한이 예수 그리스도를 묘사한 내용을 고찰할 필요가 있다.[1] 그리고 또한 그리스도인들이 성경적 가설에도 여전히 진실로 남아있는 예수 그리스도의 신성과 인성에 관한 신학적 진술들을 공식화하고자 노력한 그 방법을 고찰하는 것이 필요하다.

많은 사람들은 요한복음이 예수의 신성을 크게 강조하고 있음을 알고 있다. 그는 육신이 되신 말씀과 동일시되고 있으며 영원부터 그 말씀은 하나님이셨다(1 : 1). 극적인 순간에 도마는 오직 하나님 께만 적용될 수 있는 용어로 부활하신 예수님을 경배하고 있다 : "나의 주시며 나의 하나님이시니이다"(20 : 28). 그리고 예수께서는 신성의 칭호를 받아들이시고 있으며 유사한 증거를 요구하지 않고 같은 종류의 믿음에 이르는 자들에게 축복을 선포하시고 있다. 신성을 나타내는 그 칭호들은 예수께 적용되며 신성의 기능들도 또한 그러하다. 예수께서 빌립에게 "나를 본 자는 아버지를 보았거늘"(14 : 9)이라고 말씀하시는 것은 당연하다.

그러나 요한복음에는 많은 사람들이 못보고 지나치는 또 하나의 강조 내용이 있다. 즉, 예수께서 그의 아버지께 순종하고 그를 전폭적으로 의지하신다는 사실이다. 예수의 양식은 그를 보내신 자의 뜻을 행하며 그의 일을 온전히 이루는 것이다(4 : 34). 예수께서 이르시되 "내가 진실로 진실로 너희에게 이르노니 아들이 아버지의 하시는 일을 보지 않고는 아무것도 스스로 할 수 없나니 … 내가 아무것도 스스로 할 수 없노라 듣는 대로 심판하노니 나는 나의 원대로 하려 하지 않고 나를 보내신 이의 원 대로 하려는 고로 내 심판은 의로우니라"(5 : 19, 30). 또 다시 "내 교훈은 내 것이 아니요 나를 보내신 이의 것이니라"(7 : 16)고 그는 말씀하신다. 만일 예수를 보내신 그 아버지께서 그를 버리지 않으셨다면, 그것은 예수의 말씀을 빌리자면 "내가 항상 그의 기뻐하시는 일을 행하기"(8 : 29) 때문이었다. 선한 목자가 자기 양들을 위해 그렇게 하는 것처럼 예수께서 자신을 희생시키신 것은 그의 아버지의 "계명"(10 : 18)을 따라 취한 행동이다. 공적 사역 말기에 예수께서는 이렇게 주장하실 수 있었다 : "내가 내 자의로 말한 것이 아니요 나를 보내신 아버지께서 나의 말할 것과 이를 것을 친히 명령하여 주셨으니 … 그러므로 나의 이르는 것은 내 아버지께서 내게 말씀하신 그대로 이르노라"(12 : 49, 50). 그리고 십자가 사건 직전에 하신 기도 속에서 예수께서는 "아버지께서 내게 하라고 주신 일을 내가 이루어 아버지를 이 세상에서 영화롭게 하였사오니"(17 : 4)라고 주장하실 수 있었다.

　반대되는 내용인 것처럼 보이는 이 주제들을 우리는 어떻게 받아들여야 하겠는가? 그리스도인들은 예수께서 참 하나님이시며 참 사람이심을 주장한다. 그러나 이 경이로운 교리의 성경적 개요를 상세히 관찰하는 일은 좀 놀라운 일이기도 하다. 요한복음에서, 예수는 창조와 계시와 권위에 있어서 사람의 편에서 볼 때 하나님과 하나이시다. 그러나 그는 복종과 의존 관계와 순종에 있어서 하나님 편에서 볼 때 사람과 하나이시다.

　그리스도인들은 수세기 동안 이질적으로 보이는 이 모든 성경적 증거를 정당하게 다룰 만한 공식들을 제시하고자 노력해 왔다. 그들은 그 영원하신 말씀이 육신을 입으신 말씀이 되기 위해 어떠한 것을 포기해야 했는지를 깊이 생각해 보았다. 바울이 빌립보서 2장 5-11절에서 사용하고 있는 그 범주들을 이해하기 위해 그들은 그리스도께서 인간과 연합하기 위해 어떻게 "자기를 비웠는지"를 묻고 있다.

　그러한 질문에 대한 정답은 발견하기 힘들다. 그러나 무더기의 틀린 답들을 찾아내기란 상당히 쉽다. 혹자는 그리스도께서 한 인간이 되시고자 자신의 신성을 포기하셨다고 암시한다. 그러나 그것은 분명히 너무도 지나친 주장이다. 왜냐하면 신약성경은 예수께서 그의 사역과 고난 동안 하나님이신 동시에 인간이셨다고 주장하고 있기 때문이다. 혹자는 그가 자신의 신성한 속성들 가운데 일부를, 아마도 그의 전지성과 전능성과 편재성을 포기하셨다고 암시한다. 그러한 공식의 문제점은, 한 존재는 그 속성들과 쉽사리 분리되어질 수 없다는 것이다. 만일 내가 고릴라와 같은 어떤 존재를, 고릴라처럼 뛰어다니고 고릴라의 모든 속성들을 지니고 있는 어떤 존재를 보고 있다면, 나는 내가 고릴라를 보고 있다고 추측한다. 만일 그 존재가 고릴라라고 불리워지나 고릴라의 속성은 조금밖에 갖고 있지 않으며

북극 쥐의 속성들을 많이 갖고 있다면, 나는 그 존재가 참으로 고
릴라라고 자신있게 주장할 수 없을 것이다. 예를 들어, 바울이 "그
안에는 신성의 모든 충만이 육체로 거하시고"(골 2 : 9)라고 주장할
때, 그는 신성의 몇 가지 속성들만을 보유하는 어떠한 성육신화의
가능성을 배제하고 있는 것으로 보이며 바울만이 그러한 주장을 하고
있는 것이 아니다.

　다른 신학자들도, 비록 영원하신 하나님의 아들이 그의 신적 속성들
가운데 어떤 것을 버리지 않았을지라도 그의 신적 속성들 가운데
어떤 것을 **사용**하는 일을 포기하셨다는 것을 암시하였다. 이것은 예수
그리스도께서 그의 사역기간 동안 구약 선지자들이 활용한 것 이상을
결코 사용하지 않으셨음을 의미할 것이다. 결국, 예수께서 이적들을
행하셨다면, 그들도 그렇게 하였다. 예수께서 하나님 말씀을 선포
한다고 주장하셨다면 그들도 그렇게 하였다. 그러나 이 제한된 공식도
실패하였다. 모든 복음서에서 예수는 일개의 선지자가 결코 누리지
못했던 그 아버지와의 관계성을 스스로 주장하시고 있다. 복음서들
모두에서, 특히 요한복음에서 행하여진 그 이적들은 예수께서 누구
이신가를 가리키는 표적들로써 해석되고 있다. 요한복음 이외의 복
음서에서 파도를 잠잠케 하신 사건은 "저가 뉘기에 바람과 물을
명하매 순종하는고"(눅 8 : 25, 참조. 마 14 : 33)라는 함축적인 질문을
이끌어내고 있다. 그리고 절대적인 의미에서 누가 죄를 사할 수
있는가? 하나님 뿐이시다(참조. 막 2 : 1-12).

　그러므로 어떤 사람들은 좀더 논리적인 설명을 시도한다. 하나님의
영원하신 아들이 육신을 입으실 목적으로 그의 신적 특권을 **독립
적**으로 사용하기를 포기하셨다고 그들은 말한다. 이것은 바른 해석에
매우 가깝다. 하나님의 아들이 **그의 천부께서 그에게 그러한 대권들을**

사용하도록 지시하시지 않는 한 인간으로서 그가 누리려하지 않았던
그 신적 대권들과 능력들을 사용하시지 않았던 것이다. 따라서 그는
돌들을 떡으로 변화시키기 위해 스스로의 능력을 사용하시려 하지
않았다. 그것은 그의 인간과의 동일시를 무효로 만들었을 것이며
따라서 그의 사명을 저버리게 하였을 것이다. 인간은 그러한 일들을
즉시 해결할 만한 능력을 갖고 있지 않기 때문이다. 그의 사명은
참으로 그의 것인 그 대권들을 그 자신에게서 횡탈(橫奪)하지 못하
도록 하였다. 그러나 그 사명이 그로 하여금 5천 명을 위하여 떡들을
불어나게 할 것을 요구한 경우에는 그는 그렇게 하였다. 그의 지
식조차도 제한되어 있음을 그는 스스로 고백하였다(마 24 : 36).

우리는 거룩한 것들을, 우리가 아무리 애써서 노력하고 체계화시
키려 한다 할지라도 우리의 유한한 역량으로는 여전히 이해하기 힘든
것들을 다루고 있는데, 그것들은 우리로 하여금 무언의 경배 가운데
우리의 입을 막는다. 말씀이 하나님과 함께 계셨고 말씀이 하나님
이셨다. 그것은 분명히 하나의 기정사실이다. 그 말씀이 육신이 되
셨다. 그것도 역시 기정사실이다. 우리가 그 기정사실들 밖으로 나갈
때 우리는 성경의 다른 곳이 부인하고 있는 몇 가지 새로운 암시들을
받아들이는 위험에 빠지게 된다. 심지어 마지막으로 시도된 공식
속에도 문제는 있다. 하나님의 영원하신 아들이 육신을 입으실 목
적으로 자신의 신적인 대권들을 독립적으로 사용하기를 포기하셨
다고 말하는 것은, 육신을 입으시기 이전의 그리스도께서 그의 신적
대권들을 사용하실 때 그것들을 무제한적으로 그리고 독립적으로
누리셨다고 암시하는 것과 거의 같다. 따라서 삼위일체 교리가 나
타내는 그 일신론의 형태를 어떻게 옹호할 수 있는가는 지극히 어려운
문제가 되고 있다. 그 아들이 그의 아버지의 뜻과는 달리 독립적으로

행한 적이 있었는가? 하나님께서 그의 아들을 세상에 **보내셨으며**, 비록 우리가 그 아들이 이 사역에 기꺼이 복종하셨다고 가정할지라도 우리는 복종과 순종이 아들에게 속해 있는 동안 그 주도권과 명령이 아버지께 있게 되는, 육신을 입으시기 이전의 아들과 아버지와의 관계에 대해 우리가 아는 바가 거의 없다는 사실을 항상 발견한다. 따라서 우리는 그 아들이 그의 신적 대권들을 참으로 **독립적으로** 사용하시기를 **언제나** 즐기셨다고 감히 상상할 수 있겠는가?

어떤 의미에서는, 두드러지고 독특한 인격을 지니신 그 아들이 한 인간으로서의 "독자성"을 소유하였다고 상상하는 것은 옳으나, 그러한 "독자성"이 아들에게서는 이러한 과정의 행위를 그리고 아버지에게서는 저러한 과정의 행위를 이끌어낼 수 있었다거나 그들 각각의 역할이 상반될 수 있었다고 생각하는 것은 성경의 면전에서 도망치는 격이 될 것이다. 그렇다면 우리가 감히 적용해 보았던 그 공식이 받아들여질 만하다고 말할 수 있겠는가?

나는 그렇다고 생각지 않는다. **독자적**(independent)이라는 그 단어가 강조되고 절대적인 것이 된다면 그것은 전혀 그렇지 못하다. 그러나 우리가 가장 훌륭한 신학적 공식을 보다 덜 정확한 틀에 기꺼이 넣어보기를 원한다면, 어떠한 본체를 그 성육신처럼 숭고하게 묘사하는 것이 아무리 부적합할지라도, 우리는 그 공식에 매우 가깝게 접근할 수 있을 것이다. 그 영원하신 아들이 육신을 입으실 목적으로 그의 신적 대권들을 사용할 수 있는 어떤 본질적인 요소들을 버리셨다고 말한다면, 우리는 보다 덜 명료한 표현을 하는 것이나 아마도 보다 더 진실되게 성경적 기정사실들을 고찰할 수 있게 될 것이다.

요한은 말씀이 육신이 되신 것을 영광의 손실로 보고 있다. 그 때문에 그는 십자가 사건 이전에 예수께서 최종적으로 진술하신

기도의 내용을 기록하고 있다 : "아버지여 창세전에 내가 아버지와
함께 가졌던 영화로써 지금도 아버지와 함께 나를 영화롭게 하옵
소서"(17 : 5). 그러한 요약 진술밖에는 우리가 할 수 없다. 왜냐하면
영화(glory)와 **영화롭게 한다**(glorify)라는 단어들이 강한 이미지를
불러일으킬 수 있는 강력한 낱말들이지만 정확한 정보를 전달하고
있지는 않기 때문이다. 명백한 사실은 성육신 이전의 아들과 승천
이후의 아들이 아버지와 같은 영광을 누리고 계시나 지상 사역 동안
아들이 자신의 영광을 젖혀놓으셨다는 점이다.

이제 우리는 요한복음에서 예수께서 그의 아버지를 의지하고 그
에게 복종하셨다는 사실을 강조하는 대목들을 다시금 생각해 볼
필요가 있는 시점에 이르렀다. 예수께서는 "내가 진실로 진실로
너희에게 이르노니 아들이 아버지의 하시는 일을 보지 않고는 아무
것도 스스로 할 수 없나니"라고 말씀하실 뿐만 아니라 "**아버지께서
행하시는 그것을 아들도 그와 같이 행하느리라**"(5 : 19)고 부언하신다.
예수께서는 아버지의 지시에 철저히 의존하셨기 때문에 그가 말씀
하시거나 행하시는 것은 **무엇이든지** 오직 그의 아버지께서 말씀하
시고 행하시는 것이었다. "나의 이르는 것은 내 아버지께서 내게
말씀하신 그대로 이르노라"(12 : 50)고 그는 주장하신다. 사실상 예
수의 의존 상태와 "보내심을 받은 상태"를 서술하고 있는 그 구절들
대부분은 그 문맥 속에서 예수의 권위를 뒷받침해 주는 역할을 하고
있다(5 : 17 이하, 19-30 ; 6 : 29, 32 이하, 7 : 16, 18, 28 이하 ; 8 : 16,
29, 42, 10 : 17 이하 ; 11 : 41이하, 12 : 45, 48, 50 ; 14 : 23 이하, 28-31 ;
17 : 2, 7).

이것은 장엄한 반어(反語)적 표현이다. 인간으로서 예수는 전폭
적으로 하나님께 의존하였으나, 그 의존은 너무도 절대적이고 너무도

불가분의 것이었기 때문에 실제로 그가 말하고 행한 모든 것은 바로 하나님께서 말씀하시고 행하신 것이었으며 따라서 그는 그 이면에 하나님의 모든 권위를 지니고 계셨다. 자기 부인의 절대성은 권위의 절대성에서 유출되었다. 그러나 이 권위는 이제 육신을 입으신 한 사람, 다른 인간 존재들이 직접 만지고 듣고 이해할 수 있었던 한 인간에게 부여되었다. 하나님의 말씀을 하고(3:34; 7:16; 8:26, 38, 40; 14:10, 24; 17:8) 그 아버지의 일들만을 수행하며(4:34; 5:17, 19 이하, 30, 36; 8:28; 14:10; 17:4, 14) 아버지의 뜻만을 행함에 있어서(4:34; 5:30; 6:38; 10:25, 37), 예수께서는 그의 아버지께 완전히 복종하셨고 동시에 사람들에 대한 완전한 권세를 그의 아버지와 함께 누리셨다.

한 사람 주 예수 그리스도께서 이처럼 독특한 지위에 계셨기 때문에, **예수의** 증거를 받아들이는 사람은 **하나님의** 참되심을 보증하였다는 사실이 뒤따른다(3:33). 영생을 지닌 참 믿음은 **예수의** 말씀을 들으며 **그를 보내신 이를** 믿는다(5:24, 참조. 14:24). 예수께서만이 아버지를 보셨으나(6:46), 이제는 예수를 본 자가 그 아버지를 본 것이다(14:9). 그리고 이 모든 것이 아버지께 영광을 가져온다면[예수께서는 "아버지께서 내게 하라고 주신 일을 내가 이루어 아버지를 이 세상에서 영화롭게 하였사오니"(17:4)라고 기도하시지 않았는가?] 그것은 또한 모든 사람들이 아버지를 영화롭게 하는 것처럼 그 아들을 영화롭게 한다는 것을 보증하는 신성한 방법이 될 수도 있다(5:23): "아들을 공경치 아니하는 자는 그를 보내신 아버지를 공경치 아니하느니라."

우리는 이제 요한복음 14장 10절을 보다 더 잘 이해할 수 있는

시점에 와 있다 : "나는 아버지 안에 있고 아버지는 내 안에 계신 것을 네가 믿지 아니하느냐 내가 너희에게 이르는 말이 스스로 하는 것이 아니라 [헬라어 본에서는 보다 더 강한 어조를 담고 있다 : 내가 너희에게 이르는 말은 나 자신에 관해 말하는 것이 아니다] 아버지께서 내 안에 계셔 그의 일을 하시는 것이라."

여기에서 예수께서는 그와 아버지와의 관계를 또다시 요약하여 제자들에게 말씀하시고 있는데 그것은 그가 줄곧 그들에게 가르쳐 오던 내용이었다. 그는 그의 말씀과 일들이 아버지의 말씀과 일들이며 그것으로써 아버지께서는 아들 안에 그 자신을 계시하셨다는 사실을 주장하고 있다. 그들이 지난 몇 년간 예수와 함께 살고 여행하면서 목격한 것은 아버지께서 아들 안에 계시되신 것 못지않게 중요한 것들이었다.

유추적 해석은 크게 도움을 주지 않는다. 설교자들은, 독재적인 한 위대한 왕이 일개의 촌부로 변장하고서 그의 부하집을 몰래 방문할 때 유사시에 도움이나 보호를 요청할 수 있는 그의 제왕의 권한을 사용하기를 거절하는 사건에 예수님께서 육신을 입고 오신 일을 비유하는 일이 많다. 그러나 그 유추법은 그 아들의 사역을 조명함으로써 아버지에 대한 그 아들의 관계를 어둡게 만들어 놓는다. 그 왕의 성에 되돌아간 자는 누구인가? 유추법은 여기에서 실패한다. 누가 또는 무엇이 하나님에 견주어질 수 있으며 그가 사랑하시는 그 아들의 성육신 사건에 견주어질 수 있겠는가? 이 문제에 대한 성경적 진리를 숙고하기 위해서 우리는 그 아들이 존재론적으로 하나님이시며 신적인 존재임을 주장해야 한다. 그러나 그는 인간으로서의 사역에 있어서 자신의 영광을 감추심으로써 하나님을 크게 반영하며, 그의 말씀과 행위로 그의 아버지의 영광을 나타내 보이심으로써 그의 아버지께 온전한 반응을 보인 면에서 하나님을 크게 반영하고 있다. 아들 안에 아버지께서 계시된 사건은 예루살렘과 감람산, 골고다 언덕 그리고 빈 무덤에서 펼쳐진 구속의 드라마에 필수적인 배경이 되고 있다.

이것은 중대한 주장이다. 제자들은 아버지에 관한 가능한 가장 큰 계시를 줄곧 보아왔음에도 불구하고 그것을 깨닫지 못한 채 여전히 아버지를 보여줄 것을 청하고 있다. 인간은 영적인 눈이 너무도 어둡기 때문에 그 찬란하게 비치는 빛을 혼자서는 볼 수 없다. 또한, 영적인 것들에 대해 생각하는 마음이 너무도 둔하기 때문에 거듭거듭 가르침을 받은 중심 진리들을 포착하지 못한다.

만일 예수의 제자들이 예수 자신이 그 아버지를 계시하시는 분임을 보다 더 분명히 파악한다면, 그의 위로의 말씀에서 보다 큰 영향을 받았을 것이다 : "너희는 마음에 근심하지 말라 하나님을 믿으니 또 나를 믿으라"(14 : 1).

2. 아버지께서 아들 안에 계시된 사실을 믿으라는 권고.

예수께서는 계속해서 그의 제자들을 격려하신다 : "내가 아버지 안에 있고 아버지께서 내 안에 계심을 믿으라 그렇지 못하겠거든 행하는 그 일을 인하여 나를 믿으라"(14 : 11).

제자들이 예수께 두어야 하는 그 믿음은 단지 개인적인 것만은 아니고 내용이 없는 것도 아니다. 그들의 신앙은 그것이 예수 자신에 대한 신앙이므로 개인적인 것이어야 하나, 예수 자신에 대한 그러한 신앙은 예수께서 말씀하시는 것들이 진실되다는 것을 믿는 행위를 수반한다 : "내가 …임을 믿으라." 예수의 인격에 대한 믿음은 그가 가르치시는 그 내용의 진실성에 대한 믿음을 일깨워야 한다. 이 사례에서 그가 가르치시는 말씀의 내용은 그의 인격, 곧 그가 누구이신가 하는 사실과 관계가 있다. 이것은 그가 가르치시는 말씀의 진실성을 믿는 것은 인간으로서의 예수에 대한 그 사람의 믿음에 영향을 미치리라는 것을 의미한다. 그 논증은 순환논법으로 되어 있으나 그 순환논법은 그릇되지 않다.

예수께서 그를 가장 가까이 따르는 자들에게 그의 말씀을 따르도록, 그러므로 그 자신이 아버지에 대한 계시임을 믿도록 설득할 필요가 있다고 생각하신 것은 슬픈 일이다. 참으로 슬픈 일이다. 그러나 그것은 이상한 일이 아니다. 우리 자신의 불신앙도 통속적인 것으로 충분히 증명되고 있지 않은가? 우리가 우리에 대한 하나님의 사랑을 거듭거듭 확신한 후에도, 그가 유익하게 여기시는 것으로써 그의 백성들을 축복하시는 그의 주권적인 역사를 거듭 확신한 후에도, 우리는 어려운 상황에 부딪쳐 그의 선하심이나 능력에 의문을 품게 되는 현실적인 회의주의에 빠지지 않는가?

요한복음 14장에서 예수의 첫번째 제자들은 여러 종류의 어려움을 경험하고 있었다. 아마도 그들은 예수의 입술에서 나오는 담대한 주장들, 즉 그가 아버지 안에, 아버지는 그의 안에 계시다는 사실을 거듭거듭 주장한 말씀들을 믿기에 지적으로 둔하였을 것이다. 설상가상으로 그들은 지적으로 뿐만 아니라 정서적으로 깊이 몰두하고 있으면서 죽음, 배반, 예수의 이별, 그들이 현재 그를 따를 능력이 없다는 사실 등등에 관한 말씀과 씨름하고 있었을 것이다. 무엇보다도 그들에게 필요한 것은 **예수를 믿는 것, 그가 말씀하시는 것이 참된 것임을 믿는 것**이다. 그들이 단지 믿기만 하면, 이 다른 큰 문제들 주위에 있는 의심들도 예수께서 바로 그 아버지를 계시하시는 분이라는 확신에 의해 말끔히 없어질 것이다. 영적 승리에 있어서 그것보다 더 기본적인 신앙은 없다.

그들의 계속되는 불신앙을 감지하신 예수님은 한 단계 더 나아가신다. "그렇지 못하겠거든 행하는 그 일을 인하여 나를 믿으라" (14 : 11). 예수께서는 믿음을 유도하는 그의 이적들의 능력에 대한 환각 속에 빠져있지 않다. 나사로를 살리신 그 엄청난 이적 이후에 많은 유대인들이 그를 믿어야겠다는 자극을 받기는 하였지만, 바로 그 행위가 다른 사람들로 하여금 그를 종교 당국에 고발하도록 촉구하였다는 것을 그는 알고 있었다(11 : 45 이하). 종교 당국은 예수는 물론 나사로도 함께 죽이려는 그들의 음모를 차례로 펼쳐나갔던 것이다(12 : 10 이하). (그들의 이론은 이러하였다 : 만일 그 증거가 특별히 불가항력적인 것이라면, 그 증거를 없애버려라.) 예수 자신이 이렇게 말한 일이 있지 않은가? "모세와 선지자들에게 듣지 아니하면 비록 죽은 자 가운데서 살아나는 자가 있을지라도 권함을 받지 아니하리라"(눅 16 : 31). 이적과 표적을 보지 않고서는 믿지 못하겠다는 자들을 예수는 책망하셨으며(4 : 48), 다른 곳에서는 이적들 자체가 그것들을 행하는 그 사람이 선하거나 참되다는 것을 증명하지는 않는다는 사실을 가르치시고 있다(마 24 : 24). 이적들은 거짓 그리스도와 거짓 선지자들에 의해서도 행해질 수 있기 때문이다. 초자연적인 어떤 현상으로써 매사를 판단하는 것은 지극히 위험하며 이것은 현시대가 필히 알아야 하는 교훈이다.

그러나 표적과 이적을 인정하는 것이 반드시 믿음을 가져오는 것은 아니며, 그것이 그릇된 신앙을 유도할 수 있다는 것을 주목한다고 해서 그것이 전혀 증거적인 가치가 없다거나 그것이 깊은 신앙으로 인증(認證)되어질 수는 없다고 말하고 있는 것은 아니다. 대적자들에게 예수께서는 "내가 행하거든 나를 믿지 아니할지라도 그 일은 믿으라 그러면 너희가 아버지께서 내 안에 계시고 내가 아버지 안에 있음을 깨달아 알리라"(10 : 38)고 말씀하신다. 그와 같은 도전이 이제 제자들에게 가해지고 있다.

우리는 **어떻게** 사람들이 깊은 신앙에 이르는가에는 보다 덜 관심을 갖고 그 신앙이 **참된가**에 — 주관적으로(순수한 신뢰와 위탁이 있는가) 그리고 객관적으로(그 신앙의 대상이 참된가) 진실된가에 더 관심을 갖기 쉬울 것이다. 어떤 사람들은 예수의 사랑을 못이겨 그를 의지하게 되며, 어떤 사람들은 심판의 위협을 두려워하여 그를 의지하게 된다. 어떤 사람들은 다른 그리스도인들의 본보기로 인해 그리스도를 의지하기를 배우며, 어떤 사람들은 주변의 다른 그리스도인들이 전도하지 않아도 그들 자신이 성경을 읽고서 신앙을 갖게 된다. 어떤 사람들은 그리스도의 주장들의 진실성을 지적으로 확신하였기 때문에 그리스도께로 오며, 또 어떤 사람들은 그의 이적들에 감명을 받았기 때문에 온다. 지고하시고 은혜로우신 우리 하나님은 이 모든 방법들을 사용하신다. 우리는 이들 가운데 어느 것도 멸시해서는 안 되며 어떤 것을 독점적인 최고의 위치로 올려놓아서도 안 되고 어떤 방법 자체가 신앙을 유발시키기에 충분하다고 생각해서도 안 된다.

따라서 예수께서는 그 자신이 아버지를 계시하시는 분임을 다시금 간단하게 확언한 후에 그를 따르는 자들로 하여금 이 진리를 믿도록 격려하시고 있다. 그러나 그러한 신앙이 단지 지적인 것으로서 무미건조한 것이라고 생각해서는 안 된다.

3. 아들 안에 아버지가 계시된 사실을 믿는 믿음의 결과들.

"내가 진실로 진실로 너희에게 이르노니 나를 믿는 자는 나의 하는 일을 저도 할 것이요 또한 이보다 큰 것도 하리니 이는 내가 아버지께로 감이니라 너희가 내 이름으로 무엇을 구하든지 내가 시행하리니 이는 아버지로 하여금 아들을 인하여 영광을 얻으시게 하려함이라 내 이름으로 무엇이든지 내게 구하면 내가 시행하리라"(14 : 12-14).

예수께 대한 참 신앙을 가진 사람에게는 다음 두 가지가 약속되어 있다.

첫째, 그러한 사람은 예수께서 하신 것보다 더 큰 일들을 행할 것이다. 그런데 "보다 큰"(greater)이라는 말은 무엇을 의미하는가? 그리스도인들은 보다 더 선풍적인 행위를 해야 하는가? 예수의 이적들보다 더 선풍적인 것들을 상상하기란 어렵다. "보다 큰"이라는 말은 분명히 그것을 의미하지 않는다. "보다 큰"이라는 단어는 "보다 많은"이나 "보다 널리 알려진"을 의미할 수도 있지 않은가? 그러한 의미에서 그리스도인들은 예수께서 행하셨던 것 "보다 큰" 일들을 실제로 행하였다. 우리는 온 세계에 복음을 전하였으며, 수백만 명의 남녀가 회개하는 것을 보았고 또 수백만 명의 사람들에게 도움과 교육과 양식을 주었다. 그러므로 "보다 큰" 일들은 그 제자들의 증거를 통해 개종자들이 교회로 모여든 것(참조. 17 : 20, 20 : 29)을 뜻할 수 있으며 변화된 삶에서 흘러나온 풍성한 친절을 가리킬 수도 있다.

예수께서는 그 보다 큰 일이 일어날 것인데 "이는 내가 아버지께로 감이라"고 말씀하고 있다. 다시 말해서 예수께서 죽음으로 말미암아 떠나시고 부활로 인해 높이 들리우시는 일이 그의 제자들의 사역의 필수조건이다. 그가 "아버지께로 가기" 때문에 교회는 그 임무에 착수하게 된다. 더욱이, 예수의 승귀는 복음을 증거하는 제자들과

더불어 일하시게 될(15 : 26 이하 ; 참조. 16 : 7-11) 약속된 성령의
임하심에 있어서 필수조건이다(7 : 39 ; 16 : 7). 이러한 이유들로 인
해서 예수를 따르는 자들은 "보다 큰" 일들을 수행하게 될 것이다.

그러나 이러한 설명이 틀림없고 옳다 할지라도 왜 예수께서는
이러한 설명이 "더 많은" 일들을 의미하는 것처럼 들리는 때에 "보다
큰" 일들에 관해 말씀하시고 있는가?

우리는 마태복음 11장 11절에 있는 예수의 진술을 비교함으로써
도움을 받을 수 있다 : "내가 진실로 너희에게 말하노니 여자가 낳은
자 중에 세례 요한보다 큰 이가 일어남이 없도다 그러나 천국에서는
극히 작은 자라도 저보다 크니라." 비교점은 필적될 수 없는 세례
요한의 위대함에도 불구하고, 그는 결코 천국에 참여하지 못하였다는
것이다. 그의 부르심은 구속 역사상 너무 빨리 이루어졌으므로 그는
그러한 참여를 허락받지 못하였다. 그러한 의미에서 그 나라에 참
여하는 특권을 얻은 가장 작은 자가 세례 요한보다 큰 것이다. 문제가
되는 것은 특권의 위대함, 이미 시작된 종말론적 시대에 참여하는
특권에 부여된 위대함이다.

비슷한 내용을 요한복음 14장에서 찾아볼 수 있다. 예수께서는
그의 구속 사역, 즉 "아버지께로 감"으로써 구속 역사상 이 새로운
장을 여셨고, 그의 제자들로 하여금 그들의 사역 가운데서 이미
여명이 터온 이 종말론적 시대에 속한 일들에 참여할 수 있게 하셨다.
예수께서는 그의 지상사역 기간 동안 결코 그것을 행하지 않으셨다.
그의 일은 그것을 유도하셨으나, 그는 그 일을 남겨 둔 채 떠나셨고
오순절 이후 자신은(육신을 입으신 모습으로) 그것에 참여하지 않으
셨다. 그렇다고 해서 예수의 제자들이 그보다 크다는 것은 아니다.

그들의 일이 이 면에서 그의 일보다 크다는 것이 아니고, 그들이 예수께서 완성하신 일에 참여하도록 특권을 얻었다는 것도 아니다. 그가 그의 아버지께로 돌아가서 성령을 내려주실 때까지 예수께서 행하신 모든 것은 여전히 미완성일 필요가 있는 것이었다. 대조적으로 제자들의 일들은 일단 예수의 일이 완성될 때 존재하게 되는 새로운 상황에 참여하는 것이었다. 그들의 일들은 그것이 완성된 후에 그들이 특권을 누리게 된다는 점에서 보다 큰 것들이다.

이 장엄한 무대는 모든 그리스도인의 눈 앞에 끊임없이 펼쳐져야 한다. 예수에 대한 우리의 신앙은 우리가 홀로 있을 때, 결과가 불확실할 때, 그 약속된 축복이 유보되어 있을 때 우리로 하여금 갈등하도록 만들지 않는다. 이와는 아주 반대로, 예수에 대한 우리의 신앙은 우리로 하여금 이미 승리를 거둔 그 확실한 싸움에 들어가도록 만든다. 아직 완성되지는 않았을지라도 이미 동이 터온 그 약속된 종말론적인 축복 속에 들어가도록 만든다. 사실상 우리 자신의 미약한 노력들이 그리스도의 승리에 참여하게 되며, 우리가 섬기도록 특권을 받은 구세주이시며 주님이신 분의 무수한 새로운 추종자들을 불러 모으시는 주께서 보내신 성령의 역사에 참여하게 되는 것이다. 이 것들이 우리를 부르심의 참된 범위이다. 그리고 우리의 가장 세속적인 행위들도 이 포괄적인 배경에 비추어서 살펴져야 한다.

예수를 진실되게 믿는 자들에게 약속된 두번째 일은 아버지께 영광을 돌릴 수 있도록 하기 위해 예수의 이름으로 바쳐진 간구에 대해 풍성한 응답을 받는 것, 즉 신적인 후한 선물이다(14 : 13 이하). 이 주제는 여러 곳에서 다시 나타나며, 특히 15장 7절, 8절, 16절(참조. 16 : 23 이하)에서 그러하다. 그리고 나는 본서의 5장에서 그것을 다시 고찰해 보도록 하겠다. 그러나 이 약속이 하나님의 계시로서의 예수를 믿는 자를 위한 것임을 여기에서도 살펴보는 것이 중요하다. 새 생명을 누리고자 한다면 믿음의 격려는 신앙의 필요성 이상의 것에 근거하며 근심하는 마음을 극복하는 신앙의 중요성 이상의 것에 근거한다. 또한, 믿음의 격려는 신자들에게 속한 눈부신 특권을 가리킴으로써 호소하기도 한다. 즉, 그리스도의 일에서 비롯된 "보다 큰" 일에 참여하는 것과 참으로 열매있는 기도에 참여하는 것을 강조함으로써 호소하기도 하는 것이다. 간단히 말해서 지식 위에 서있는 견고하고도 승리를 거두는 신앙은 근심하는 마음을 안정시키는 단지 어떤 통제적인 행위가 아니다. 오히려 그것은 열매 맺는 그리스도인의 생활에, 승귀하신 예수의 축복을 불러내는 열렬한 기도의 필수 조건이다.

예수께서 십자가를 통해 "아버지께로 감"으로써 아버지를 계시하는 그의 사역을 완성시키셨기 때문에 이 모든 것이 가능하게 되었다. 그 일을 위해 그는 비싼 대가를 지불하셨다. 앞으로의 닥칠 일들을 묵상하시던 그는 마음에 심한 번민이 이는 사실을 두 번 알리셨다(12 : 27, 13 : 21). 그러나 바로 그 일을 근거로 그는 제자들에게 "너희는 마음에 근심하지 말라 하나님을 믿으니 또 나를 믿으라"(14 : 1)고 말씀하실 수 있었다.

주 ────────────────────────────────

1) 나는 나의 저서 「하나님의 주권과 인간의 책임 : 유대적 배경과 대조를 이루는 요한 신학의 몇 가지 견해들」(Divine Sovereignty and Human Responsibility : Some Aspects of Johannine Theology against Jewish Background)에서 이 질문을 어느 정도 상세하게 논하였다. 앞에서 내가 쓴 내용은 그 다른 책에서 보다 더 정확하게 다루었던 몇 가지 주제들을 간략하게 언급한 것이다.

3
진리의 성령이 임하심

요한복음 14 : 15-24

¹⁵너희가 나를 사랑하면 나의 계명을 지키리라 ¹⁶내가 아버지께 구하겠으니 그가 또 다른 보혜사를 너희에게 주사 영원토록 너희와 함께 있게 하시리니 ¹⁷저는 진리의 영이라 세상은 능히 저를 받지 못하나니 이는 저를 보지도 못하고 알지도 못함이라 그러나 너희는 저를 아나니 저는 너희와 함께 거하심이요 또 너희 속에 계시겠음이라 ¹⁸내가 너희를 고아와 같이 버려 두지 아니하고 너희에게로 오리라 ¹⁹조금 있으면 세상은 다시 나를 보지 못할 터이로되 너희는 나를 보리니 이는 내가 살았고 너희도 살겠음이라 ²⁰그 날에는 내가 아버지 안에, 너희가 내 안에, 내가 너희 안에 있는 것을 너희가 알리라 ²¹나의 계명을 가지고 지키는 자라야 나를 사랑하는 자니 나를 사랑하는 자는 내 아버지께 사랑을 받을 것이요 나도 그를 사랑하여 그에게 나를 나타내리라

²²가룟인 아닌 유다가 가로되 주여 어찌하여 자기를 우리에게는 나타내시고 세상에게는 아니하려 하시나이까

²³예수께서 대답하여 가라사대 사람이 나를 사랑하면 내 말을 지

키리니 내 아버지께서 저를 사랑하실 것이요 우리가 저에게 와서
거처를 저와 함께 하리라 ²⁴나를 사랑하지 아니하는 자는 내 말을
지키지 아니하나니 너희의 듣는 말은 내 말이 아니요 나를 보내신
아버지의 말씀이니라

요한복음 14장에서 처음 14절까지의 내용을 보면 예수께서 그의
제자들에게 승리하는 신앙의 훈련을 하도록 격려하시고 있다. 그러한
믿음은 예수가 진실로 누구이신가를, 즉 아버지를 계시하는 분이심을
깨닫게 해준다. 그리고 그것은 그를 신뢰하게 하며 예수께서 자신이
아버지께로 "가는" 사실을 언급하심으로 말미암아 지니게 되었던
불안과 두려움을 극복하게 해준다. 결국 예수께서는 다시 오실 것이며
십자가를 통한 그의 "떠나심"은 그의 사역을 완성시키며 그의 아
버지의 존전에 제자들을 위한 처소를 예비할 수 있도록 해 줄 것이다.
이와 같이 예수 자신이 그들이 취해야 하는 아버지께로 가는 "길"
이다.

그러나 이 제시된 위로는 예수의 떠나심과 돌아오심 사이에 걸
쳐있는 기간을 말해주지 않는다. 그가 지금 관심거리로 삼고 있는
것은 이 간격에 대한 것이다. 그는 그 대신에 성령을 보내실 것을
약속하시고 있다.

이것은 성령을 논한 고별담화의 여러 구절들 가운데 하나이며 그
모든 구절들은 그를 파라클레테(Paraclete, 14：15−21, 25−27；15：26
−27；16：7−15)로서 언급하고 있다. 파라클레테라는 단어는 헬라어
파라클레토스(Parakletos)의 통속적인 음역으로서 "위로자"(Comfor-
ter), "의논 대상자"(Counselor), "대변자"(Advocate), "돕는자"(Helper)
등으로 다양하게 번역된다. 그 칭호의 의미에 대해서는 나중에 더

이야기 하기로 하겠다. 예수께서 그의 부재 기간 동안 그의 제자들을 돕기 위해 준비해 놓으신 것들을 약술하는 데에 관심을 갖고 계시다는 사실과 그가 점진적으로 전개시켜 나갈 주요 주제를 소개하고 계시다는 사실을 우선 우리는 충분히 인식할 수 있다.

여러가지 강조점들이 이 절들 속에 얽혀져 있다. 요한은 예수께서 다음 사항들을 주장하고 계시는 것으로 묘사하고 있다.

삼위일체 하나님께서 진리의 성령을 통해 그 자신을 예수의 제자들에게 나타내시다.

그러나 이 구절에서 예수의 가르침의 가장 주목할 만한 국면들 가운데 하나는 예수의 제자들 안에 거처를 잡으시는 분은 **삼위일체 하나님**이시라는 것이다. 이 진리는 불가피한 것이다 : "내가 아버지께 구하겠으니 그가 또 다른 보혜사를 너희에게 주사 영원토록 너희와 함께 있게 하시리니 저는 **진리의 영이라**"(14 : 16-17 상반절). 지금까지 우리는 성령께서 제자들과 연루되어 있음에 관해 배웠으나, 그것은 더 이상 언급되지 않는다. 그러나 두 절 계속해서 예수께서는 "내가 너희를 고아와 같이 버려 두지 아니하고 너희에게로 오리라"(14 : 18)고 덧붙이신다. 예수께서 자신이 부활하여 돌아오심에 대해(14 : 19의 경우에서 나타난 것과 같이) 이야기 하시거나 아니면 마지막 때에 그가 돌아오심에 관해(14 : 3에서와 같이) 이야기 하시는 것으로 추측하는 것이 가능하다. 그러나 그가 성령을 통하여 그의 제자들과 개인적으로 함께 있게 될 것에 대해 이야기 하시는 것으로 보는 편이 더 나을 것이다. 결국, 그는 그의 제자들을 고아들처럼 버려 두시지 않을 것을 약속하시고 있다. 그리고 전체적으로 그 단락은 그의 떠나심과 궁극적인 재림 사이의 기간과 관련되어 있으며 그것은 23절에 보다 더 명백하게 언급되어 있다 : "사람이 나를 사랑하면 내 말을 지키리니 내 **아버지**께서 저를 사랑하실 것이요 **우리가** 저에게 와서 거처를 저와 함께 하리라." 여기에서 아버지와 아들은 신자들 안에 그들의 거처를 잡으신다. 따라서 신의 세 인력 모두가 여기에 포함되어 있다.

구약 기자들은 하나님께서 사람들과 함께 거하셔야 한다는 사실에 관심을 가졌다. 성전 봉헌식에서 솔로몬 왕은 하나님께서 완전히 초월적인 분이심을 깨닫고서 "하나님이 참으로 땅에 거하시리이까 하늘과 하늘들의 하늘이라도 주를 용납지 못하겠거든 하물며 내가 건축한 이 전이오리이까"(왕상 8 : 27)하고 외치고 있다. 그러나 사람이나 그가 만든 건축물들이 하나님을 거하시게 할 수 없을지라도, 그럼에도 불구하고, 하나님은 사람들과 함께 사시는 편을 택하실 수 있다. 구약 선지자들은 그러한 친밀함을 일상적으로 누리게 될 날을 바라보기를 기뻐하였다. "내 처소가 그들 가운데 있을 것이며 나는 그들의 하나님이 되고 그들은 내 백성이 되리라"고 하나님은 약속하고 계시며 에스겔은 그 약속을 성실하게 기록하고 있다 (겔 37 : 27). "시온의 딸아 노래하고 기뻐하라 이는 내가 임하여 네 가운데 거할 것임이니라"(슥 2 : 10). 요한은 이 일이 육신을 입고 오신 예수님에게서 역사적으로 일어났다고 주장한다 : "말씀이 육신이 되어 우리 가운데 거하시매"(1 : 14). 그러나 이제 우리는 한 단계 더 나아가게 된다. 즉, 하나님께서 그 자신을 각 신자에게 계시하시며 그를 거처로 삼으시는 것이다. "내가 아버지께 구하겠으니"라고 예수께서 약속하시면서 계속 이렇게 말씀하신다. "그가 또 다른 보혜사를 너희에게 주사 영원토록 너희와 함께 있게 하시리니 저는 진리의 영이라 …
사람이 나를 사랑하면 내 말을 지키리니 내 아버지께서 저를 사랑하실
것이요 우리가 저에게 와서 거처를 저와 함께 하리라"(14 : 16−17
상반절, 23).

　다른 신약성경 기자는 그와 같은 영광스러운 특권을 크게 강조하고
있다. "우리는 살아 계신 하나님의 성전이라 이와 같이 하나님께서
가라사대 내가 저희 가운데 거하며 두루 행하여 나는 저희 하나님이
되고 저희는 나의 백성이 되리라"(고후 6 : 16 ; 참조. 레 26 : 12 ; 렘
32 : 38 ; 겔 37 : 27). 바울은 아버지께서 "그 영광의 풍성을 따라 그의
성령으로 말미암아 너의 속 사람을 능력으로 강건하게 하옵시며
믿음으로 말미암아 그리스도께서 너희 마음에 계시게 하기"를 기
도하고 있다(엡 3 : 16, 17 상반절). 그러한 경험이 전적으로 공통적인
것은 아니다. 어떤 개교회 전체가 패망으로 미끌어지기 시작한다
하더라도(계 3 : 14−21) 승리하신 그리스도께서는 여전히 각 신자
에게 "볼지어다 내가 문밖에 서서 두드리노니 **누구든지** 내 음성을
듣고 문을 열면 내가 그에게로 들어가 그로 더불어 먹고 그는 나로
더불어 먹으리라"(계 3 : 20).

　이 특권은 새 세대의 축복의 한 부분이다. 그것은 우리가 이미
누리는 영생의 일부이다. 그 생명은 그것의 완성을 위해 그리스도의
재림을 기다리며 마찬가지로 하나님께서 사람과 더불어 거하시는
체험의 특권은 그것의 완성을 위해 그리스도의 재림을 기다린다.
그때에 우리는 그 별이 이렇게 외치는 소리를 듣게 될 것이다 : "보라
하나님의 장막이 사람들과 함께 있으매 하나님이 저희와 함께 거
하시리니 저희는 하나님의 백성이 되고 하나님은 친히 저희와 함께
계셔서 모든 눈물을 그 눈에서 씻기시매 다시 사망이 없고 애통하는

것이나 곡하는 것이나 아픈 것이 다시 있지 아니하리니 처음 것들이
다 지나갔음이러라"(계 21 : 3, 4).

이미 예수께서는 특권이 어느 정도 우리의 것임을 주장하셨다.
승천하시기 직전에 그는 다시 그의 추종자들에게 "내가 세상 끝날
까지 너희와 항상 함께 있으리라"(마 28 : 20)고 약속하신다. 기독교가
4차원의 역사상 공평한 근거를 가진 종교라는 것은 사실이다. 그것은
명제의 부합되는 계시와 신앙 고백, 도덕적 기준, 선교 여행, 단체적인
예배를 갖고 있다. 그러나 이것들처럼 필수적인 또 한 가지 사실을
우리는 간과해서는 안 된다. 기독교는 그것이 사람이 하나님을 **알게**
되는 수단이며, 그것을 통해 하나님께서 사람에게 오시어 그 안에
거처를 정하신다는 사실을 주장하고 있다. 그러한 사실을 생각할 때
우리는 위압감을 느끼나 이것은 모든 참 신자의 유산이다.

많은 종교들이 신과의 일종의 신비적 체험을 약속한다. 흔히 이
종교들은 사람 자신이 그 과정상 어느 정도 신격화된다고 주장한다.
그러나 제 4복음서의 가르침은 그러한 신앙들과 엄격히 구분된다.
요한은 하나님을 아는 것을 상상해 볼 수 없었으며 예수 그리스도의
역사적 계시와 동떨어져서 사람이 하나님의 처소 역할을 하게 되는
것과 수난을 통해 예수께서 아버지께로 돌아가심으로써 죄를 제거해
주시는 것을 감히 그려볼 수도 없었다. 그럼에도 불구하고 우리가
진리와 우리 믿음의 중심적인 역사적 실재성을 고수함에 있어서
우리는 하나님과 체험적으로 교제를 나누게 되는 그 중대한 약속을
과소평가해서는 안 된다. 우리가 살펴보게 되겠지만 이 친밀함은
우리의 순종을 유도하나(14 : 15, 21, 23) 그것은 참으로 실재적인
것이다. 우리 현대 그리스도인들에게는 도덕적 갱생, 역사적 자각
그리고 성경적 및 신학적 명민성 뿐만 아니라 우리 안에 있는 하

나님의 신성한 임재를 깊이 의식하는 것이 매우 필요하다.

> 하나님의 크신 사랑 하늘로서 내리사
> 우리 맘에 항상 계셔 온전하게 하소서.
> 나의 주는 자비하사 사랑 무한하시니
> 두려워서 떠는 자를 구원하여 줍소서.
>
> 걱정 근심 많은 자를 성령 감화하시며
> 복과 은혜 사랑받아 평안하게 합소서.
> 첨과 나중 되신 주여 항상 인도하셔서
> 마귀 유혹받는 것을 속히 끊게 합소서.
>
> 전능하신 아버지여 주의 능력 주시고
> 우리 맘에 임하셔서 떠나가지 맙소서.
> 주께 영광 항상 돌려 천사처럼 섬기며
> 주의 사랑 영영토록 찬송하게 합소서.
>
> 우리들이 거듭나서 흠이 없게 하시고
> 주의 크신 구원받아 온전하게 합소서.
> 영광에서 영광으로 천국까지 이르러
> 크신 사랑 감격하여 경배하게 합소서.

　　　－찰스 웨슬리 (Charles Wesley ; 1707~1788)

우리는 이제 삼위일체의 숭고한 비밀에 매우 가까이 와 있다.

삼위일체(Trinity)라는 단어가 성경에서 발견되지 않는다는 사실에
놀랄 필요는 없다. 그 단어 자체는 그 자신을 계시하는 분으로서,
즉 오직 하나이고도 독특하신, 그러나 모두 동등한 하나님인 세 인격
안에 영원히 존재하시는 자, 본질은 하나이나 역할은 구분되는 자를
계시하는 것으로서 하나님을 가리키는 편리한 방법에 지나지 않는다.

요한복음 앞 부분에서 우리는 그 신의 모든 인격들이 예수의 사
역안에 포함되어 있으나 구속 사역에 있어서 각각 독특한 역할을
수행하신다는 것을 알게 된다 : "하나님의 보내신 이는 하나님의
말씀을 하나니 이는 하나님이 성령을 한량없이 주심이니라 아버지
께서 아들을 사랑하사 만물을 다 그 손에 주셨으니"(3 : 34, 35). 여
기에서 아버지는 그 아들을 사랑하시고 그 아들을 보내셨으며, 그
아들은 사랑을 입고 보내심을 받았다는 사실이 기록되어 있다. 아
버지께서는 아들에게 성령을 한량없이 주셨다. 아들은 성령을 받고
하나님의 말씀을 하셨다.

초점이 성령의 사역에 맞추어지고 있는 그곳에서 우리는 그 신의
모든 인격들이 포함되어 있는 사실을 발견하게 된다(14 : 16-21, 23
이하). 예수께서는 성령을 제자들에게 주실 것을 그의 아버지께 부
탁하셨다. 성령을 받을 때 신자들은 성령을 통해서 아버지와 아들과
함께 있게 되는 것이다. 동시에 이들이 각각 구별되어지며 또 그
사실이 암시되어 있다. 즉, 아들이 떠나게 될 것이며 따라서 그 대신
(구별됨) 성령을 보내실 것이나 제자들 안에 성령께서 임재하시는
것은 아버지와 아들이 임재하시는 것과 동등하다(암시됨). **삼위일
체**라는 단어가 요한이 사용한 어휘는 아닐지라도, 삼위일체 신앙의
요소들이 모두 거기에 들어 있다.

진리의 영이신 파라클레테는
예수의 대리자로서 많은 면에서 봉사하신다.

이 진리는 세 가지 특징에 의해 명백하게 드러난다. 첫째, 예수
께서는 그가 없는 대신 "또 다른 파라클레테"를 보내실 것을 약속
하시고 있다(14 : 16). 영어 성경에는 "또 다른"(another)이라는 단
어가 하나 밖에 없으나 헬라어에서는 두 개의 일반적인 단어들이
있는데 흔히 그것들은 의미에 있어서 구별된다. 예를 들면, 갈라디
아서 1장 6절에서 바울은 갈라디아 신자들이 그들을 그리스도의 은혜
가운데로 부르신 그분을 매우 속히 버리고 "다른 복음"(흠정역)을
좇는 것을 이상하게 여기고 있다. 그 첫번째 "다른"(another)은 사실상
다른(different)을 의미하며 두번째 "다른"은 **"같은 종류**"(of the same
kind)를 의미한다. NIV가 갈라디아서의 그 구절을 다음과 같이 풀
이하고 있는 이유가 그것이다 : "다른 복음 ── 사실상 전혀 복음이
아닌 ── 을 좇는 것."

요한복음 14장 16절에서 "또 다른 파라클레테"라는 표현에서 "또
다른"(another)이라는 단어는 갈라디아서 1장 6절 이하에서의 두번째
"다른"(another)과 같은 단어이다. 예수께서는 **다른** 파라클레테를
약속하시지 않고 예수 자신과 **본질적으로 같은 종류**의 파라클레테를
약속하시고 있다.

이것은 물론 **파라클레테**라는 단어에 우리의 관심을 집중시키고
있다. 어떤 의미에서 예수가 파라클레테이며, 어떤 의미에서 성령이
같은 종류인 또 하나의 파라클레테인가?

파라클레테라는 단어는 내가 지적하였듯이, 단정을 짓기에는 무척
어렵다. 어원상으로 그 단어는 "동행자로 부름받은 자"를 가리키는

것으로 보이나 어원 자체는 어떤 단어의 의미를 거의 결정지어 주지 못한다. "격려하다" 또는 "권고하다"를 의미하는 동사와 연관되어 있다. 따라서 파라클레테가 격려하거나 권고하는 자일 가능성이 있다. 그 단어는 법적인 문맥에서 발견된다. 즉, 하나의 파라클레테는 법적인 상담자나 변호자일 수 있으며, 아니면 경우에 따라서는 검찰관일 수도 있다. 그 법적 용어의 사용은 성경 이외의 문학에서 빈번히 나타나고 있다.

그 문제의 진상은 실질적으로 이 모든 기능들이 고별담화 속에서 명백하게 성령께 돌려지고 있는데, 파라클레테라는 용어가 사용되고 있는 것은 아마도 그 때문일 것이다. 그 단어는 넓은 범위의 의미를 지니고 있으나 그것은 성령 곧 아버지께로부터 보내심을 받은 파라클레테에 적용되는 것이 합당하다. 왜냐하면 성령께서는 예수의 제자들을 위해 넓은 범위의 활동을 수행하시고 있기 때문이다. 성령께서 검찰관으로서 세상의 죄를 폭로한다는 것을 우리는 살피게 될 것이다. 그는 신자들이 증거하는 일을 도우시며 그들과 함께 하심으로써 그들을 강하게 하시고 위로하신다. 더 나아가 그는 계시의 대리자로서의 역할을 하고 있는 예수의 인격과 사역의 중대성을 설명하신다. 이 모든 사역 속에서 성령께서 적극적으로 종사하시는 것을 우리는 알 수 있다(14 : 16, 17, 25, 26 ; 15 : 26 ; 16 : 7-15).

이러한 사실들을 깨닫게 될 때 우리는 파라클레테께서 예수의 대리자로서 많은 면에서 봉사하는 것을 보여주는 이 절들 속에서 두번째 특징을 잘 고찰할 수 있게 된다. 그것은 다음과 같다 : 예수에 의하면, 그 약속된 파라클레테께서 예수 자신이 그의 사역 기간 동안 하신 많은 일들을 행하실 것이다. 파라클레테께서 제자들을 가르치시어 모든 진리 가운데로 인도하실 것인가(16 : 13) ? 그러나 예수

자신은 선생으로서 알려져 있다(보기. 7 : 14 ; 13 : 13). 파라클레테
께서는 지켜보고 있는 세상 앞에서 진리를 증거하실 것인가(15 : 26
이하)? 예수께서도 그의 사역 기간 동안 그렇게 하셨다(보기. 8 : 14).
파라클레테께서 세상의 죄를 깨닫게 하실 것인가(16 : 8—11)? 예
수께서도 그 일을 하셨다(15 : 24). 더욱이 제자들과 영원히 함께 하실
자가 파라클레테일지라도(14 : 16), 바로 이 파라클레테는 예수 자
신과 그의 아버지께서 신자 안에 거처를 정하실 때 사용하시는 수단이
된다(14 : 23).

　그렇다고 해서 성령의 기능과 하나님의 아들의 기능이 아주 다
르다는 말은 아니다. 이 두 분은 각각 다른 한 분이 취하지 못하는
어떤 역할을 수행하신다. 오직 아들만이 육신을 입으셨다. 오직 그
분만이 죽으시고 살아나셨다. 오직 그분만이 아버지의 영광 앞에서
우리의 중보자가 되신다. 그 자신만이 신적인 진노를 돌이키게 하는
화목 제물로서 희생되시어 하나님으로 하여금 의롭게 되게 하고
동시에 불경건한 자들도 의롭다 하심을 얻게 하였기 때문이다(롬
3 : 21—25 ; 요일 2 : 1 이하). 사실상 예수를 명백하게 한 파라클레테
(NIV에서는 "우리를 위해 대언해 주시는 자")로 칭하고 있는 신약의 한
구절에서는 예수의 이 역할을 서술해 놓고 있다 : "만일 누가 죄를
범하면 아버지 앞에서 우리에게 대언자가 있으니 곧 의로우신 예수
그리스도시라 저는 우리 죄를 위한 화목 제물이니 …"(요일 2 : 1,
2). 성령께서는 우리의 연약함을 위해 우리의 중보가 되시므로 하
나님의 뜻에 합당하게 성도들을 위해 중보하신다(롬 8 : 26). 그러나
이 행위는 그가 어떤 화목 제물로 그 자신을 드림으로써 이루어지는
것이 아니라 돕는 자로서의 그의 역할에서 비롯되는 것이다. 예수의
행위 모두가 성령에 의해 반복될 수 있는 것은 아니다.

한편, 예수께서는 사역 기간 동안 공간적인 제약을 받으셨다. 즉, 그는 가나에 있었을 때에는 여리고나 가이사랴에 있을 수 없었다. 대조적으로 성령께서는 우리를 위한 사역을 수행하실 때 공간의 제한을 받지 않으신다. 그는 몬트리올에 있는 신자들이나 모스크바, 볼티모어, 버톨언트렌에 있는 신자들 안에 동시에 내주하신다. 성령의 사역 중 어떤 것은 예수의 지상 사역에 의해 복제될 수 없었다.

그럼에도 불구하고, 모든 여건을 갖추고서 요한복음을 주의깊게 살펴보면 우리는 예수께서 약속하신 파라클레테께서 예수 자신이 행하신 많은 일들을 제자들을 위해 행하시고 있으며, 그렇게 행하시는 가운데 예수의 대리자의 역할을 하신다는 사실을 알 수 있다.

세번째 특징은 이 파라클레테에 주어진 칭호 속에 있다. 그는 진리의 영이시다(14 : 17). 그 표현은 제 4복음서에 세 번 사용되고 있는데 항상 파라클레테를 언급할 때 사용되었다(14 : 17 ; 15 : 26 ; 16 : 13). 그 표현은 시사적인 것이며, 예수께서 그 진리임을 주장하셨기 때문에 특히 그러하다(14 : 6). 그러나 "진리의 성령"이라는 표현은 분명히 "진리이신 예수의 영" 이상을 의미한다. 그 칭호가 사용된 다른 두 구절들의 문맥을 살펴볼 때 이 사실이 명백해진다. "내가 아버지께로서 너희에게 보낼 보혜사(파라클레테) 곧 아버지께로서 나오시는 진리의 성령이 오실 때에 **그가 나를 증거하실 것이요**(15 : 26). "내가 아직도 너희에게 이를 것이 많으나 지금은 너희가 감당치 못하리라 그러나 진리의 성령이 오시면 **그가 너희를 모든 진리 가운데로 인도하시리니** 그가 자의로 말하지 않고 오직 듣는 것을 말하시며 장래 일을 **너희에게 알리시리라**"(16 : 12, 13). 다시 말해서 진리의 성령은 진리를 전하는 영이시다. 특히 그는 예수의 사역의 중대성에 관한 더 많은 진리 —— 그의 제자들이 아직은 감당치 못하는 — 를 전해주신다.

우리는 예수께서 이 다른 파라클레테를 진리의 성령이라 부르신
사실을 기뻐해야 한다. 만일 성령께서 제자들이 듣기에 그 당시에는
감당할 수 없었던(16 : 12—15) 것들을 설명함으로써 예수 그리스도의
계시를 완성하시는 분이라면, 우리는 진리가 그의 특성을 나타내는
것임을 다시금 확신할 수 있다. 우리는 그의 증거가 참되다는 것을
확신할 수 있기 때문이다. 예수께서 그의 앞에 있었던 성경적 계시의
진실성을 인증하였던 것과 마찬가지로(보기. 마 5 : 17-20, 요 10 : 35),
앞으로 나타나게 될 성경적 계시의 진실성을 인증하셨다.

파라클레테, 곧 진리의 성령께서는 이처럼 예수의 감탄할 만한
대리자이시다. 그는 예수께서 행하셨던 것처럼 여러 면에서 제자들을
섬기시나 특히 예수의 사역에 대해 가장 충분한 설명을 그들에게
전해주신다. 예수의 "떠나심"과 관련된 비밀들도 일단 진리의 성령
께서 그 일을 밝히시기만 한다면 선명해질 것이다. 이처럼 여러
면에서 약속된 그 파라클레테는 예수의 합당한 대리자이시다.

아버지께 또 다른 보혜사(파라클레테)를 보내 달라고 요청하시겠
다는 예수의 약속의 가장 훌륭한 단면들 가운데 하나는 예수께서
근심하시면서 약속을 하셔야만 했다는 것이다. 그는 그의 제자들이
당황하고 근심에 잠길 것을 먼저 그처럼 염려하시지 않은 채 그저
성령을 보내실 수도 있었다. 결국 겟세마네와 십자가에 직면한 것은
예수이셨지 그들은 아니었다. 그러나 여기에서 그는 그들을 위로하
시고 있다 : "내가 너희에게로 오리라"(14 : 18). 즉, 마지막 때에 올
뿐만 아니라 예수의 계승자로서 그리고 여러 면에서 예수의 대리
자로서 보내어진 성령, 파라클레테의 인격 가운데 오게 될 것을 그는
약속하시고 있다.

우리는 우리가 성령이신 하나님을 경배하고 있는지 그리고 우리가
아버지와 아들에게 바치는 경외심과 사랑을 그에게 바치고 있는지를
이 시점에서 우리 스스로에게 묻지 않을 수 없다. 예수께서 지정하신
그 계승자는 그 일에 부적합한 자가 아니다. 오히려 그 반대이다.
그는 예수께서 그의 육신의 날들 동안 그 자신의 제자들에게 그러셨던
것처럼 우리에게 그러셔야 한다. 그에게 경배하고 감사하자.

진리의 성령께서는 눈에 보여지지 않으나
예수의 제자들과 함께 그리고 그들 안에 영원히 거하신다.

예수께서 그의 아버지께 요청하시는 목적, 즉 아버지께서 성령을
보내주십사라는 요청의 목적은 이 보혜사께서 예수의 제자들과 영
원히 함께 계시도록 하기 위함이었다(14 : 16). 그것은 일시적인 선
물이 아니었다. 이 복되신 파라클레테께서는 우리가 절정을 누리는
순간에만 우리에게 오시는 것이 아니며 우리가 극심한 고통 가운데
있을 때만 오시는 것도 아니다. 그는 언제나 그리고 영원히 거하시는
것이다. 신적 임재가 제자들과 영원히 함께 하도록 하기 위해 성령이
주어졌다. "그러나 너희는 저를 아나니 저는 너희와 함께 거하심이요
또 너희 속에 계시겠음이라"(14 : 17)는 사실을 예수께서는 그의
추종자들에게 확신시키고 있다.

본문에서 마지막 이 두 동사에 대한 해석은 다양하다. "저는 너희와
함께 거하심(lives)이요"라는 구절은 "저는 너희와 함께 거하실 것임
(will live)이요"라는 구절이 될 수 있다(헬라어에서 시제 변화에 필요한
모든 것은 악센트의 변화이다). 그리고 "또 너희 속에 거하실 것임(will

be)이라"는 구절은 많은 사본에서 "또 너희 속에 **거하심**(is)이라"는 구절로 대치되어 있다. 나는 이 경우에서의 학적인 토론이 별다른 의미의 차이를 보이지 않았다는 사실에 회의를 지니고 있다. 요한복음은 예수께서 영광을 받으실 때까지는 성령이 주어지지 않았다는 것을 명백히 주장하고 있다(7 : 39). 따라서 여기에서 요한은 예수의 영화 **이전에** 제자들이 성령의 임재를 누렸다는 것을 입증하고 있는 것 같지는 않다. 이 구절 안에서 예수께서는 그가 아버지께 또 다른 보혜사를 보내주시기를 구하실 것을 약속하시고 있다. 따라서 전제 요건은 예수께서 말씀하고 계실 때 이 다른 보혜사께서 아직 오시지 않았다는 것이다.

사실인즉, 요한은 미래를 언급하고 있을 때에는 조화있게 현재 시제를 사용하고 있다. 십자가, 부활, 승천과 영화, 그 다음에 성령의 보내어짐 — 이 모든 것들이 하나의 장엄한 사건으로 보여지고 있다. 사실상 이 사건은 예수의 생각 속에서 매우 크게 부각되고 있기 때문에, 그것으로 향하는 시기에서 그는 그것을 이미 일어나거나 아니면 마치 일어나는 과정에 있는 것처럼 말하기 시작하고 있다. 고난당하시기 며칠 전에 예수께서는 그 사건을 내다보실 수 있었는데, 여기에서 그는 시제를 이상하게 혼합하여 사용하시고 있다 : "**지금 내 마음이 민망하니 무슨 말을 하리요 아버지여 나를 구원하여 이 때를 면하게 하여 주옵소서 그러나 내가 이를 위하여 이 때에 왔나이다… 이제 이 세상의 심판이 이르렀으니 이 세상 임금이 쫓겨나리라 내가 땅에서 들리면 모든 사람을 내게로 이끌겠노라**"(12 : 27, 31, 32).

영국에서 미래를 가리킬 때 때로 현재 시제를 사용한다. 즉, "나는 내일 그 도시에 갈거야(I will go into the city tomorrow)" 대신에 "나는 내일 그 도시에 간다(I'm going into the city tomorrow)"라고 말한다.
마찬가지 방법으로 17절에서의 그 동사들은 현재 시제이면서 미래를
뜻하는 것일 수 있다. 즉, 성령께서 너희와 함께 계실 것이며 너희
안에 계실 것이라는 뜻이다. 아마도 약간 후대의 필사자가 이것이
그러한 의미를 지니고 있음을 감지하고서 그의 사본들을 변경하여
본문을 명백하게 미래로 만들었을 것이며, 그것은 다른 본문들이
나오게 된 이유를 설명해 줄 수 있을 것이다.

　보다 더 중요한 것은 예수께서 제자들과 **함께** 그리고 제자들 안에
계시는 성령에 대해 말씀하실 수 있다는 점이다. 이 구별은 중요하다.
"너희와 함께"라는 구절이 교회 안에서의 성령의 임재를, 그리고
"너희 안에"라는 구절이 각 그리스도인 안의 성령의 임재를 가리
킨다는 말은 아니다. "너희와 함께"와 "너희 안에"는 교회와 신자에게
모두 동등하게 적용되기 때문이다. "너희와 함께"는 하나의 연합보
다는 개인적인 나눔, 일종의 교제를 시사하며, "너희 안에"는 실재
적인 내재(內在)를 시사한다. 그리스도인들은 성령과의 치밀한 연
합을 누리며 동시에 그가 거하시는 처소를 마련한다.

　두 가지 배경들을 다 간직하는 것이 중요하다. 그 첫번째 것을
무시하고서 우리가 오직 우리 "안에" 계신 성령에 대해서만 이야
기한다면, 성령과 우리 자신을 합당하게 구별지어 주지 않는 신비주의
쪽으로 기울어지는 경향이 생겨나게 된다. 그렇게 되면 우리의 열
망들, 우리의 소망들, 우리의 뜻들은 성령의 열망들 및 격려들과 우리
마음속에서 구별되어질 수 없게 된다. 최악의 경우에 사람은 자신을
신격화하는데, 그것은 힌두교에 뿌리를 두고 엑칸카(Eckankar)와 같이
신흥 종교를 만들어 내거나 짐 존슨(Jim Jones)을 만들어 낸 그러한
종류의 과대 망상광을 유발시키기도 한다.

두번째 것을 희생시키고 첫번째 것을 살려서 사람들이 그들 "안에" 거하시는 성령이 아니라 그들과 "함께" 거하시는 성령에 대해서만 이야기할 때, 신약성경에 나타난 성령의 놀라운 응집력과 역사는 쉽게 간과되어 버린다. 예수께서는 단지 그들과 **함께** 계시기만 할 파라클레테를 보내어 달라고 아버지께 요청하시지는 않았다. 그의 제자들에게는 그 이상의 것이 필요했다. 그들에게는 그들에게 새 생명을 주고 그들을 성별시키는 자가 그들 안에 임재하는 일이 필요했다. 이 파라클레테는 신의 임재를 매우 직접적인 것으로 만들어 주기 때문에(성령으로 말미암아 삼위일체 하나님께서 사람 안에 거하신다!) 그들은 그들 자신이 버려진 고아같이 되는 것을 결코 다시 볼 필요가 없다.

따라서 성령께서는 우리의 밖에도 계시고 안에도 계신다. 그가 우리 밖에 계신다는 것은 그의 초월성을 알려주며 하나님과 우리 사이의 존재론적 간격을 암시해 준다. 비록 그가 우리 안에 거하시기를 택하실지라도 그는 그처럼 좁은 곳에 한정되어 있을 수 없으며, 만일 그가 그렇게 할 수 있다면 우리가 하나님이거나 아니면 그가 하나님이 아니실 것이다. 더욱이 그가 우리 밖에 계시나 또한 우리 안에 계시다는 사실은 그의 다른 역할들의 일부를 위한 단계를 마련해 준다. 예를 들면, 그가 죄에 대하여 세상을 책망하실 때(16 : 8) 그는 우리의 증거를 통해 이 일을 하실 수 있으나, 우리의 증거와는 독립적으로 그것을 하실 수도 있다.

그가 우리 안에 거하시기를 택한다는 것은 그리스도인의 중심되는 경험이며 소망이다. 우리는 삼위일체 하나님께서 성령을 통해 예수의 제자들에게 그 자신을 나타내신다는 것을 이미 이 장에서 보았다. 따라서 성령은 장차 올 세대, 곧 하나님에 관한 지식이 방해받지

않게 될 때에 임할 축복을 우리로 하여금 이미 얼마만큼 맛보게
해주시는 분이다. 영생의 본질은 참 하나님과 그의 보내신 자 예수
그리스도를 아는 것이다(17 : 3). 그리고 이제 예수의 고난, 영화와
그의 재림 사이의 기간 가운데서 우리는 성령을 통해 이 지식을 미리
맛본다. 이 때문에 바울은 우리 약속된 기업의 "보증"으로서의 성령을
거듭해서 언급하고 있다. 즉, 그는 단지 예수께서 가르치신 것을
밝혀주실 뿐이다.

  아마도 이것이 19절의 마지막 말씀이 의미하는 것일 것이다 : "이는
내가 살았고 너희도 살겠음이라." 그 절은 분명히 애매모호하나
그러한 의미로 받아들이는 것은 가장 좋을지도 모른다 : "조금 있으면
세상은 다시 나를 보지 못할 터이로되(즉, 나의 죽음 후에 그 '세상'은
나를 보지 못할 것이다. 나는 부활체로는 세상에 나 자신을 보여주지 않을
것이며 그때에 내가 내 아버지께로 올라가므로 세상은 분명히 나를 전혀
볼 수 없을 것이기 때문이다) 너희는 나를 보리니(즉, 나의 부활 후에
너희 신자들은 나를 보게 될 것이다)[1], 이는 내가 살았고 (즉, 나의 부활
후에) 너희도 살겠음이라(즉, 너희가 나의 부활의 증인이 될 터인데 나는
승천하여서 아버지께 파라클레테를 보내주시도록 요청할 것이다. 그는 너
희에게 생명을 — 지금 누릴 수 있는 생명을 주실 것이나 그것은 나의 재림
때에야 비로소 완성될 것이다)." 예수께서는 후에 이렇게 말씀하신다 :
"내가 떠나가는 것이 너희에게 유익이라 내가 떠나가지 아니하면
보혜사가 너희에게로 오시지 아니할 것이요 가면 내가 그를 너희
에게로 보내리니"(16 : 7).

  성령께는 여러가지 기능들이 있다. 그 가운데 많은 것들이 고별
담화의 뒷부분에 열거되어 있으며 그밖의 다른 것들도 신약 전체에
흩어져 언급되어 있다. 그러나 그것들 가운데 대부분이 이 첫번째

풍성한 약속과 관련되어 있다. 즉, 성령께서는 예수의 제자들과 함께 그리고 그들 안에 거하실 자로서 오실 것이다.

세상과 예수의 제자들은 진리의 성령과 다르게 관계를 맺는다.

"저는 진리의 영이라 세상은 능히 저를 받지 못하나니 이는 저를 보지도 못하고 알지도 못함이라 그러나 너희는 저를 아나니 저는 너희와 함께 거하심이요 또 너희 속에 계시겠음이라 … 나의 계명을 가지고 지키는 자라야 나를 사랑하는 자니 나를 사랑하는 자는 내 아버지께 사랑을 받을 것이요 나도 그를 사랑하여 그에게 나를 나타내리라"(14 : 17, 21).

이것은 유다(13 : 30에서 이미 방을 나간 가룻 유다가 아님)의 질문을 촉발시켰는데 그 이야기는 그밖에 누가복음 6장 16절과 사도행전 1장 13절에도 언급되어 있다 : "주여 어찌하여 자기를 우리에게는 나타내시고 세상에게는 아니하려 하시나이까(14 : 22). 유다의 마음속에 떠오른 이 질문은 아마도 보편적인 것으로서, 예수께서 부활체로 나타나신 것과 성령을 통해 나타나신 것 사이를 구별하려는 노력을 전혀 하지 않은 데서 생긴 질문으로 보인다. 유다가 직면한 문제는 대중이 상상해 온 메시아께서 어떻게 자신을 세상에는 보이시지 않고 헌신자들에게만 보이실 수 있었는지 또는 왜 그가 그것을 원해서는 안 되는지를 이해할 수 없는 것이었다. 만일 예수께서 메시아라면, 로마의 힘을 꺾고서 백성과 민족을 이끌고 다윗과 솔로몬의 통치가 절정에 이르렀을 때의 그 국경선까지 점령하여 영광스러운 패권을 잡으시지 않는 것일까? 어떻게 메시아께서 은둔하는 기질을 지닐 수 있단 말인가? 그같은 맥락에서 예수의 친형제들도 일찍이 "스스로 나타나기를 구하면서 묻혀서 일하는 사람이 없나니 이 일을 행하려 하거든 자신을 세상에 나타내소서"(7:4)하고 항의하지 않았는가? 그러므로 유다의 마음속에 떠오른 실제적인 질문은 예수의 메시아직의 성격과 유효성과 관련된 것이었으며, 부활 후 그가 제자들에게 오시는 것과 성령을 통해 그들에게 오시는 것 사이의 구분에 관한 것은 아니었다.

그 대답은 뒷부분에 제시되어 있으나 불신자들과 제자들 사이의 대조점이 강조되어 있다 : "사람이 나를 사랑하면 내 말을 지키리니 내 아버지께서 저를 사랑하실 것이요 우리가 저에게 와서 거처를 저와 함께 하리라 나를 사랑하지 아니하는 자는 내 말을 지키지 아니하나니"(14:23~24 상반절). 유다는 예수의 메시아직의 유효성에 대해 질문을 던지고 있으며 예수께서는 그의 추종자들의 제자직의 유효성에 대해 질문을 던지고 계시다.

요한이 세상(world)이라는 단어로써 무엇을 뜻하고 있는지를 이해하는 것이 지극히 중요하다. "세상"이라는 단어가 물리학적인 땅, 창조된 지구를 가리키는 몇 가지 일례들을 제외하고서 그 단어는 항상 부정적인 가치를 지니고 있다. 요한복음에서 "세상"은 하나님께 대해 반역하는 모든 것, 사랑이 없고 불순종적인 모든 것, 이기적이고 죄악된 모든 것에 대한 상징이다. 따라서 우리는 요한복음 3장 16절에서 "하나님이 세상을 이처럼 사랑하사 독생자를 주셨으니"라는 말씀을 읽을 때, 우리는 하나님의 사랑이 세상의 위대함과 관련하여서 찬양되고 있는 것이 아니라 그것의 사악함과 관련하여서 찬양되고 있다는 것을 알아야 한다. 이 흉하고 죄악되고 패역한 세상, 이 불신의 하수구, 끝없는 이기심의 포만, 잔인함의 서식처, 광포를 사랑하는

자, 탐욕을 부채질하는 자, 우상들을 만드는 자 — 이 세상을 하나
님께서 사랑하셨기 때문에, 너무나 사랑하셨기 때문에 그의 아들을
보내셨다.

이 세상은 진리의 영을 보거나 알지 못하기 때문에 그를 영접할
수 없다고 예수께서는 말씀하신다(14 : 17). 그렇다면 누가 성령을
받을 수 있는가? 그 대답은 거듭거듭 반복된다. "너희가 나를 사
랑하면 나의 계명을 지키리라 내가 아버지께 구하겠으니 그가 또
다른 보혜사를 너희에게 주사 영원토록 너희와 함께 있게 하시리니"
(14 : 15, 16), "나의 계명을 가지고 지키는 자라야 나를 사랑하는 자니
나를 사랑하는 자는 내 아버지께 사랑을 받을 것이요 나도 그를
사랑하여 그에게 나를 나타내리라"(14 : 21), "사람이 나를 사랑하면
내 말을 지키리니 내 아버지께서 저를 사랑하실 것이요 우리가 저에게
와서 거처를 저와 함께 하리라 나를 사랑하지 아니하는 자는 내 말을
지키지 아니하나니"(14 : 23, 24 상반절).

다시 말해서 예수를 사랑하는 자는 그의 가르침에 순종하며, 예
수께서 성령을 통해 그 자신을 나타내시는 것은 오직 이 사람에게
만이다. 예수를 사랑하지 않는 자는 그의 가르침에 순종하지 않으며
그러한 사람은 세상과 동일시되고 진리의 성령을 받아들일 수 없다.
세상은 하나님을 거역하는 인류를 대표하며 진리의 성령께서는 이
비열한 세상과 조화를 이룰 수 없기 때문에 세상은 그를 깨달을 수가
없다. 그 비극은 순환성을 띠고 있는 그 딜레마 속에 있다. 그리스도를
사랑하지 않는 사람은 그리스도의 가르침에 대해 폐쇄적이기 때문
이다. 그 가르침은 부분적으로, 그리스도께서 자신을 나타내시는
방편으로 사용하시는 성령과 관련되어 있다. 결과적으로, 성령을
모르는 그러한 사람은 그리스도와 그의 가르침을 알지 못한다. 세상에

속한 사람은 이 더러운 고리, 그 자신의 불신앙과 불순종과 이기심에 의해 생겨나는 고리에 묶이게 된다. 그 생각은 바울에 의해 묘사된 소망이 없는 듯 보이는 그 상태에 매우 가까이 접근하게 된다 : "육에 속한 사람은 하나님의 성령의 일을 받지 아니하나니 저에게는 미련하게 보임이요 깨닫지도 못하나니 이런 일은 영적으로라야 분변함이니라"(고전 2 : 14).

두 가지의 매우 중요한 관찰을 신자와 세상과의 대조점들을 통해 알 수 있다. 그 첫번째 것은 본문에서 명백하게 드러난다. 즉, 하나님의 지식 안에서 그리고 성령에 대한 체험 안에서 신자가 자라나게 되면 적어도 부분적으로 그리스도에 대한 그의 사랑과 그에 대한 순종이 싹트게 된다. 신적인 것들에 관한 깊은 지식은 **단순한** 연구나 주의깊은 관찰에 의해 획득될 수 없다.

현대의 일부 복음전도자들은 사람을 그리스도께로 인도함에 있어서 오직 하나의 본질적인 요인은 적합한 형태로 복음을 전파하는 것이라는 인상을 준다. 교회가 세상의 다양한 사람들에게 적당하게 증거하는 것을 배우기만 한다면 무수한 남녀들이 틀림없이 구원받을 것이라고 그들은 생각하는 것 같다. 나는 복음의 언어를 때로 생각보다 훨씬 더 어렵게 만드는 심각한 문화적 장벽을 우리로 하여금 깨닫게 해준 그들의 노력에 박수를 보낸다. 그러한 장벽들에 대한 그들의 단절 및 동일시는 그리스도의 증인으로 하여금 불필요한 부정적 반응들을 피하도록 도와줄 것이며, 그가 상대방을 성나게 만들 때 그렇게 만든 것은 복음의 진리이지 그 자신의 서투른 공격이 아니라는 사실을 확신하게 만들 것이다. 그러나 온갖 어려움 가운데 처했을 때, 우리는 사도 요한도 세상이 복음을 받아들이는 일에 대해 그다지 낙관적은 아니었다는 사실을 기억하는 것이 좋다.

화학, 물리학, 또는 영문학에 대한 지식은 사실들의 습득에 달려 있으며 그 사실들을 고찰하는 경험의 축적에 달려 있다. 한편, 거룩한 것들에 대한 지식은 적어도 그리스도에 대한 사랑과 순종에 달려 있다. 예수께서는 세상이 그를 미워한다고 주장하신다. 그것은 불가항력적인 인식론적 이견들 때문이 아니라 그것의 행위가 악한 것을 그가 입증하시기 때문이었다(7 : 7). 한번은 예수께서 "내가 진리를 말하므로 너희가 나를 믿지 아니하는도다"(8 : 45)라고 책망하셨다. 이보다 더 유감스러운 고발은 없을 것이다. 예수께서 진리를 말씀하시는 사실에도 **불구하고** 그를 믿지 못한다면 그것은 참으로 슬픈 일일 것이다. 그러나 그가 진리를 말씀하시기 **때문에** 그를 믿지 않는다면 아무리 의사 전달에 뛰어난 자들이 그 진리를 전한다 할지라도 그에 대한 증오심만을 불러 일으킬 뿐 별 효과가 없을 것이다.

대조적으로 예수의 참 제자들은 그를 사랑하며 그 사랑은 그에 대한 순종을 수반한다. 사랑에서 비롯된 순종의 한 가지 기능으로서, 그러한 제자들은 진리의 성령을 허락받는다. 그들과 함께 거하시며 그들 안에 계실 보혜사를 허락받는다. 예수를 사랑하는 자는 아버지의 사랑을 받으며, 삼위일체 하나님께서 그의 안에 거처를 잡으신다(14 : 21, 23). 그것은 언제나 그러해 왔다. 하나님께서는 "나를 사랑하는 자들이 나의 사랑을 입으며 나를 간절히 찾는 자가 나를 만날 것이니라"(잠 8 : 17)고 선언하시기 때문이다.

하나님의 최대의 축복이 그의 아들을 사랑하고 그에게 순종하는 자들을 위해 마련되어 있다면, 15절의 내용이 우연히 또는 아무 생각없이 그 자리에 오게 된 것은 아니라는 사실이 명백해진다. 그리스도를 믿는 자들이 그리스도께서 친히 행하신 것보다 더 큰 일을 하게 될 것이며 예수의 이름으로 효과적으로 기도하는 것을 배우게 될 것이라는 그 큰 약속 뒤를 그 절이 따르고 있다. 바로 그 절 다음에는 아버지께 또 다른 보혜사, 즉 진리의 성령을 보내 달라고 청하시겠다는 예수의 약속이 뒤따르고 있다. 다시 말해서, 그리스도를 사랑하고 순종하라는 명령은 약속들로 에워싸여 있다. 또 달리 생각하자면, 그 약속 중심에는 그 약속을 받는 자들이 예수를 사랑하고 순종하게 되리라는 전제가 들어 있다. 또한, 예수를 사랑하고 순종하며 믿는 것이 보이지 않는 어떤 전체를 이루는 요소들을 구성하고 있는 것처럼 보이기도 한다. 그를 의지하고 순종하는 일 없이 그를 사랑하는 일은 참으로 불가능하다. 그를 사랑하고 의지하는 일 없이 그에게 순종하는 일은 참으로 불가능하다. 그를 사랑하고 순종하는 일 없이 그를 의지하기란 참으로 불가능하다. 그러나 예수 그리스도를 진실로 사랑하고 순종하며 의지하는 자는 진리의 성령과 그가 주시는 축복을 받는 자이다.

이 구절에서 신자와 세상과의 대조를 통해 관찰해 볼 수 있는 두번째 사실은 암시적이나 중요하다. 그 구절은 그 자체에 국한되지 않고 어떻게 세상 사람이 예수 그리스도의 제자가 되는가를 설명해 준다.

지금까지 우리는 세상과 신자들이 상호배타적인 두 그룹을 형성하고 있기 때문에 이쪽에 속한 사람은 결코 저쪽으로 건너갈 수 없었다고 생각하기가 쉬웠을 것이다. 세상에 속한 사람들은 성령의 나타나심을 보지 못하며 그의 음성을 듣지 못한다. 어떻게 그들이 세상의 사슬들을 부술 수 있겠는가? 이 시점에서, 모든 참 제자는 한때 이 세상에 속하였다는 사실을 기억하는 것이 중요하다. 따라서 세상의 부패함을 피하는 일은 틀림없이 가능하다. 모든 신자는 그 사실에 대한 증거이다. 예수께서도 조금 후에 이렇게 말씀하신다 :

"너희는 세상에 속한 자가 아니요 도리어 세상에서 나의 택함을 입은 자인 고로"(15 : 19).

그러나 우리가 "나의 계명을 가지고 지키는 자라야 나를 사랑하는 자니 나를 사랑하는 자는 내 아버지께 사랑을 받을 것이요 나도 그를 사랑하여 그에게 나를 나타내리라"(14 : 21)는 말씀을 읽을 때, 우리는 어떻게 해서든지 우리가 순종과 사랑을 통해서 아버지의 사랑과 예수의 사랑을 얻어낼 수 있을 것이라고 생각해서는 안 된다. 우리는 우리의 순종으로써 아버지의 사랑을 강요할 수 없다. 만일 우리가 그렇게 할 수 있다면 그것은 가질 만한 가치가 없을 것이다. 실인즉 하나님께서 **세상**을 너무도 사랑하셨기 때문에 그의 아들을 보내셨다는 것이다(3 : 16). 우리가 여전히 죄인이었을 동안 그리스도께서 우리를 위해 죽으셨다는 것이다. 요한은 다른 곳에서 이렇게 언급한다 : "사랑은 여기 있으니 우리가 하나님을 사랑한 것이 아니요 오직 하나님이 우리를 사랑하사 우리 죄를 위하여 화목제로 그 아들을 보내셨음이니라"(요일 4 : 10). 그러나 일단 예수를 따르는 자가 되기만 하면, 그는 그러한 관계가 믿음과 사랑과 순종을 그 특징으로 하고 있다는 사실과 이러한 테두리 안에서 그가 하나님의 사랑을 특별한 방법으로 체험한다는 사실을 이해해야 한다. 그와는 반대로 불신 세계는 하나님의 진노밖에 기대할 것이 없다(3 : 36).

그러나 요한복음 14장 15-24절은 어떻게 한 사람이 그 세상을 탈출하여서 예수의 추종자가 되는가를 논하고 있지는 않다. 그 논의는 그 다음에 다른 것들 가운데서, 즉 예수의 제자는 세상에서 택함을 받으며(15 : 19) 예수는 그리스도인의 증거의 대상이며(15 : 26 이하) 보혜사께서는 깨닫게 하는 사역을 하신다(16 : 8-11)는 사실 가운데서 다루어지게 되겠다. 그 옆의 구절은 그러한 문제에 관련되어 있지 않다. 그것은 단지 두 공동체, 즉 세상의 공동체와 그리스도의 공동체 사이의 대조점들에 대해 관심을 보이고 있을 뿐이다.

이 대조점은 지극히 중요하다. 여기에는 두 공동체, 오직 두 가지밖에 없다. 그러므로 이 구절은 그리스도인들로 하여금 그들의 삶이 그리스도께 대한 사랑과 순종과 믿음을 그 특징으로 하고 있는지 그리고 하나님의 한없는 사랑을 깊이 깨달아가는 것을 그 특징으로 삼고 있는지 제 4복음서가 묘사하고 있듯이 세속적인 것을 그 특징으로 하고 있는지를 살펴보게 만든다. 우리가 아무리 열심히 조사해 봐도 중간지대는 없다. 그 단호한 이원성은 우리로 하여금 진심으로 헌신할 것을 준엄하게 요구한다. 잠시 뒷걸음질 친 자나 오래 전부터 단단한 식물을 먹었어야 마땅하나(보기. 히 5 : 11-14) 여전히 술을 끊지 못하는 신자가 저지르는 것과 같은 변태적인 행동에 관해 언급해야 하는 경우, 적어도 그것은 어떤 사람이 하나님의 자녀인지, 아니면 마귀의 자녀인지, 예수를 따르는 자인지, 세상을 따르는 자인지, 진리의 성령의 임재를 즐기는 사람인지 아니면 그를 받을 수 없는 사람인지를 분명하게 가려낸다. 그밖의 모든 것은 한정된 설명이나 아니면 서투른 변명일 뿐이다.

세상과 예수의 제자들은 진리의 성령과 서로 다른 관계를 맺고 있다.

예수의 죽음/부활/ 승귀 그리고 중보를 통해 진리의 성령께서 아버지에 의해 신자들에게 보내어지신다.

"내가 아버지께 구하겠으니 그가 또 다른 보혜사를 너희에게 주사 영원토록 너희와 함께 있게 하시리니 저는 진리의 영이라"(14 : 16-17 상반절). 그러한 "구함"(asking)은 물론 예수의 이별, 그의 떠나심을 그 조건으로 하고 있다. 따라서 그는 그 후에 이렇게 말씀하신다 : "내가 떠나가는 것이 너희에게 유익이라 내가 떠나가지 아니하면 보혜사가 너희에게로 오시지 아니할 것이요 가면 내가 그를 너희에게로 보내리니"(16 : 7). 요한이 설명하고 있듯이, 성령께서는 예수께서 영광받으신 후에 오실 수 있었다(7 : 39). 예수께서 "떠나가시"기만 하면, 그의 죽음/부활/승귀가 이루어지기만 하면, 그는 보혜사를 보내시거나"(16 : 7), 아버지께 그를 보내주시도록 구하실 것이다(14 : 16). 다시 말해서 아버지와 아들이 성령을 보내는 일에 연루되어 있으나(참조. 15 : 26), 이 사건은 그리스도의 십자가 사건 및 승리의 결과로서만 발생한다.

구속에 대한 주제는 요한복음의 짜임새 안에 정교하게 섞여져 있다. 우리는 앞의 장에서 그것의 특징들 몇 가지를 살펴보았고, 여기에서는 하나의 새로운 국면으로 접어들었다. 예수께서는 "인자의 영광을 얻을 때가 왔도다 내가 진실로 진실로 너희에게 이르노니 한 알의 밀이 땅에 떨어져 죽지 아니하면 한 알 그대로 있고 죽으면 많은 열매를 맺느니라"(12 : 23, 24)고 가르치신 일이 있다. 이제 예수께서는 십자가의 길을 통해 곧 "영광받으실" 예정이었다. 그리고 이 죽음/부활/승귀 속에서 예수의 새 생명은 신자들을 위한 생명을 가져다 주었다. "이는 내가 살았고 너희도 살겠음이라"(14 : 19)고 예수께서는 주장하셨다. 예수께서 영광받으심으로서 그의 제자들로 하여금 승리를 누리도록 만드는 것은 성령의 사역이다.

그러나 이것은 그리스도의 십자가 고난과 부활과 승귀가 없었다면 성령께서 보내어지실 수가 없었다는 것을 전제로 한다. 그리스도의 사역의 성공적인 완성은 성령의 사역을 가능하게 만든다. 이 사실은 성령께서 신자에게 임하는 것은 그 신자의 공적에 의존한다는 것으로 이 절들을 해석하는 어떤 견해를 힘있게 물리치고 있다. 오히려 성령께서는 그리스도의 죽음／부활／승귀, 그가 아버지의 존전에로 승리 가운데 돌아오심, 그리고 구속 사역이 완성됨 등으로 말미암아 신자들에게 임하시는 것이다. 성령의 임하심을 받기에는 너무도 부족하나 성령을 받는 자들은 예수께 대한 어떤 관계, 즉 사랑과 순종과 신뢰의 관계로써 특징지어진다. 신자임을 고백하는 자들은 예수를 사랑하고 순종하고 의지하는 것을 그들의 의무로 받아들여야 하나, 그렇게 함으로써 그들이 그의 은총과 은사들을 얻는다고 생각해서는 안 된다. 이것들은 그가 십자가로 말미암아 "떠나가시고" 승리를 거두신 일에서 그리고 아버지께서 거부하실 수 없도록 해주는 기초를 마련할 중보에서 비롯되는 것들이다.

우리는 삼위일체의 비밀에로 돌아왔다. 하나님은 하나이시다. 그러나 그는 하나의 본질이면서도 영원히 세 인격으로 존재하는 분으로서 그 자신을 계시하셨다. 이 절들 ― 특히 제4복음서에서 ― 이 알려주고 있는 것은 구속의 계획 가운데서 신격의 세 인격 모두가 각자의 위치에서 우리를 위해 역사해 오셨다는 사실이다. 아버지께서 아들을 사랑하고 계시나 그는 또한, 세상이 패역과 사악함을 특징으로 하고 있을지라도, 그 세상을 사랑하신다. 그는 그 세상을 너무도 사랑하신 나머지 그의 아들을 구속자로 보내신다. 그리고 그의 아들을 사랑하시므로 만유를 그의 손에 주신다. 성령께서는 육신을 입고 오신 그 아들이 그의 임무를 완성하실 수 있도록 그리고 예수께서 참으로 하나님의 기름 부으신 아들이심을 공적으로 증거하기 위해 그 아들에게 온전한 모습으로 임하신다. 그 아들은 자진하여 드리는 회생물, 속죄제물로서 죽으시며 그렇게 해서 그는 우리를 위한 그 자신의 사랑의 무한함을 예증하신다 : "세상에 있는 자기 사람들을 사랑하시되 끝까지 사랑하시니라"(13 : 1). 부활 이전에 그의 아버지와 함께 누리셨던 아버지의 영광에로, 그의 존전에로 부활 승천하신 후 그는 그의 아버지께 우리를 위해 중보하시며, 그의 아버지와 더불어 또 다른 보혜사 성령을 보내 주신다. 이 선물 가운데서도 아들은 우리를 고아처럼 버리시지 않았다. 성령의 선물은 아들과 아버지의 사랑의 표시이기 때문이다. 비록 그것이 십자가 상에서 그 아들이 승리를 거둔 결과였을지라도 그것은 그들 사랑의 표시였다. 그리고 이 성령, 이 보혜사께서 아들과 아버지의 임재가 우리에게 실재적인 것으로 만들어 주시는 분으로서 우리에게 임하신다.

우리의 유한한 머리를 아무리 최대한으로 굴려본다 할지라도 우리는 그 각각의 진술들을 거의 이해할 수가 없다. 구원의 계획의 넓이와 깊이 그리고 완전함을 충분히 음미하고 그것을 이루시는 삼위일체 하나님을 합당하게 경배하는 일은 영원히 계속되는 일이 될 것이다. 사실상 영원 그 자체도 너무 짧을 것이다.

> 하나님 아버지의 사랑에
> 불멸의 찬양을 드리세.
> 여기에서는
> 우리의 모든 위로가 되시며
> 위에서는
> 보다 나은 소망이 되셨도다.
> 그가 자신의 영원한 아들을 보내사
> 우리가 범한 죄로 죽게 하셨네.

하나님께 그 아들이 속하고
불멸의 영광도 그러하도다.
그는 그의 피로 우리를 사시어
영원한 재앙에서 건지셨네.
이제 그가 살아계시고
지금 다스리시며
그의 모든 고통의 열매들을 보시는도다.

성령의 이름이신 하나님께
불멸의 경배를 드리세.
그의 새 창조의 능력이
죽은 죄인을 살리시도다.
그의 역사가
장엄한 계획을 필하고
그 영혼을 거룩한 기쁨으로 채우는도다.

전능하신 하나님이시여,
당신께 끝없는 존귀를 드리나이다.
나뉘어질 수 없는 세 분께
그리고 그 신비스러운 한 분께
존귀를 바치나이다.
이성의 힘으로 깨닫지 못하는 그곳에서는
믿음이 이기고 사랑으로 앙모하나이다.

— 아이작 왓츠(Isaac Watts ; 1674~1748)

이 진리들 자체가
예수 그리스도를 통한 하나님의 계시의 한 가지 반영이다.

그 단락은 "너희의 듣는 말은 내 말이 아니요 나를 보내신 아버지의 말씀이니라"(14 : 24 하반절)는 문장으로 끝을 맺는다. 헬라어 본문은 너희의 듣는 말들(복수)보다는 말 또는 메시지에 대해 사실상 이야기하고 있다. 예수께서는 그로부터 듣는 이 "말"조차도 변하기 쉬운 상상의 산물이 아니라 아버지께서 그에게 주시어 그가 우리에게 전하시는 메시지임을 그의 제자들에게 확신시키고 있다. 그것은 하나님의 말씀 못지않은 것이다.

그 절은 이 책의 제 2장에서 조사된 바 있는, 요한복음 14장에서의 강조점들을 상기시킨다. 예수는 아버지의 계시이다. 자신의 모습으로 아버지를 사람들에게 설명하시는 분이시다. 그러나 그가 그 아버지께 전폭적으로 의존하고 있기 때문에 그가 말하고 행하는 모든 것은 아버지께서 말씀하고 행하시는 것, 그 이하도 그 이상도 아니다. 예수께서는 오실 보혜사에 관한 그의 가르침이 그의 다른 가르침과 같은 범주에 속해 있으며 그것의 궁극적인 기원은 아버지이심을 그의 제자들에게 납득시키시고 있다. 그 아들은 구속의 계획을 집행함에 있어서 독립적으로 행하지 않으며 오히려 그의 아버지와 심오한 조화를 이루는 가운데 일하고 계시다. 그러므로 그가 가르치시는 모든 것은 정확하게 하나님의 말씀이다. 그것을 통해 확실성이 두 배로 더해진다. 흔들리는 믿음에는 그것을 굳건히 할 수 있는 보다 더 큰 바위가 제공되며 불신앙은 더욱 극악해지게 되는 셈인 것이다.

주 ───────────────────────────────────────

1) 참조. 사도행전 10장 41절 : "(부활 후에) 나타내시되 모든 백성에게 하신 것이 아니요, 오직 미리 택하신 증인 곧 죽은 자 가운데서 일어나신 후 모시고 음식을 먹은 우리에게 하신 것이라." 많은 사람들은 요한복음의 이 약속이 성령께서 보내어지신 후 성령의 도우심으로 말미암아 예수를 "볼" 수 있는 능력이 제자들에게 생긴 것을 가리키는 것으로 보고 있으며 예수께서 부활하시어 나타나신 것을 가리키는 말로는 보고 있지 않다. 그 논증들은 이 두 가지 경우에 모두 복잡하며, 간결함을 위해 생략하기로 한다. 그러나 결국 현대 주석가들 사이에서는 부활 후 나타나신 사건과 파루시아(parousia)를 파라클레테의 사역으로 격하시키고 있는 경향이 매우 강한 것으로 나타나고 있다. 부활 후 예수께서 나타나신 사건에 관한한 요한은 그 대표적인 자료들을 상세히 수집해 놓기 위해 상당한 수고를 기울이고 있다. 따라서 예수를 다시 보게 될 일에 관해 이야기하고 있는 고별담화 속에서의 약속들 가운데 그 어느 것도 부활하신 그리스도를 본 것을 언급하고 있지 않다고는 거의 상상할 수가 없다.

✱✱ 이 단락을 해설할 때 나는 성령을 하나의 인격으로서 그리고 전통적인 삼위일체설이 성경적이면서도 참된 것으로 가정하였다. 나는 삼위일체 교리를 옹호하려고(아마도 암시적인 것 이상으로) 시도하거나 성령께서 한 인격임을 증명하고자 노력하지 않았다. 왜냐하면 우리가 다루는 이 단락이 그러한 문제들을 주된 관심사로 다루고 있지 않기 때문이며, 내 견해에 있어서 그것이 그것들을 필수적인 요소로 가정하고 있다 할지라도 마찬가지이기 때문이다.

내가 성령께서 하나의 인격이신 동시에 신이심을 성경이 가르치고 있다는 사실을 믿고 있는 몇 가지 이유를 열거하는 것이 도움이 될지도 모른다. 이 목록은 완전하거나 상세하지 못하지만 그것은 설득력이 있는 여러가지의 아주 다른 계통의 이론들을 반영해 준다.

첫째, 이 단락과 다른 여러 단락에서 성령께서는 개인적인 행동을 취하시고 있다. 이 파라클레테는 예수의 계승자로 오시는 분이며 여러 면에서 대리자이시다. 그가 하나의 단순한 영향력이라거나, 예수 자신보다 덜 인격적인 그리고 덜 신적인 존재라는 주장은 필히 실망스러운 것이 될 것이다.

둘째, 성령께서는 아버지와의 구별됨을 즐기시는 동시에 아들이 누리는 아버지와의 하나됨을 즐기신다. 그 구별됨(보기. 아버지께서는 아들의 중보에 응답하심에 성령을 보내 주신다)은 그의 분리된 인격을 보증하며 그의 하나됨(보기. 성령께서 신자 안에 내주하심으로써 아버지와 아들도 신자 안에 거하신다)은 그의 신격을 보증해 준다.

셋째, 마태복음 12장 31절 이하에 의하면, 사람은 성령을 거슬러 죄를 지을 수도 있다. 문맥상으로 볼 때, 이것은 그 빛을 거슬러서 죄를 범하는 것 또는 그와 비슷한 것 이상의 것이다. 그것은 성령이 한 인격임을(비록 입증하지는 않는다 할지라도) 다시 암시해 준다.

넷째, 신약에서의 삼위일체설은 성령께서 아버지와 아들과 마찬가지로 한 인격인 동시에 신이신 그러한 분이 아니라면, 사실상 설명될 수가 없다. 나는 "아버지와 아들과 성령의 이름으로 세례를 주고"(마 28 : 19)와 "주 예수 그리스도의 은혜와 하나님의 사랑과 성령의 교통하심이 너희 무리와 함께 있을지어다"(고후 13 : 13)와 같은 표현들을 언급하고자 한다. 성경 본문이 성령을 신격으로 다루고 그의 이름에 대해 이야기하고 있음에도 불구하고 성령을 인격 이하로서 그리고 신격 이하로서 해석하는 것은 "나를 아버지와 성령과 자비로운 힘의 이름으로 네게 세례를 주노라"고 말하는 것처럼 어리석은 일이 될 것이다. 그 생각은 신성모독에 가깝다.

다섯째, 비록 성령이 아버지께로부터 보내심을 받을지라도, 그러한 "보내심"이 그 보혜사의 지위를 낮추지 않는다. 결국 요한복음은 예수 자신께서 보내어지신 사실에 대해 많이 언급하고 있으며(보기. 3 : 17), 복음서들은 예수를 비인격적인 분으로 생각지 않는다. 더욱이 신약 기자들은 성령과 그의 은사 사이를 질서있게 구분해 놓고 있다(보기. 고전 12 : 7-11). 이 은사들에 관해서 바울은 "이 모든 일은 같은 한 성령이 행하사 그 뜻대로 각 사람에게 나눠 주시느니라"(고전 12 : 11)고 기록하고 있다.

여섯째, 연로한 신학자들은 때로 성령의 화신(化身)을 지적한다. 예를 들면 예수의 세례시에 "성령이 형체로 비둘기 같이 그의 위에 강림하셨다"(눅 3 : 22). 하나님께서 신적 축복이나 영향 또는 그와 같은 것을 표시하기 위해 비둘기를 보내신 것으로 생각하는 것도 가능할 것이다. 그러나 그 언어는 그 이상의 것을 암시한다. 즉, 성령께서 비둘기와 같은 구체적인 형태로 내려오신 것이다. 그러한 어떤 힘을 서술하는 것은 어렵다. 그 구절을 이해하는 가장 자연스러운 방법은 성령을 일반적으로 형태를 가지지 않은 한 인격으로 생각하는 것이다.

일곱째, 앞의 범주들 가운데 하나에 쉽게 맞아들어가지 않는 고립된 구절들이 많이 있으나, 성령께서 하나의 인격이시며 또한 하나님이시기도 하다는 것을 우리가 전제로 한다면 그것은 가장 잘 이해가 될 것이다. 한 가지 예로써 충분하다. 사도행전 5장 3, 4절에서 베드로는 아나니아에게 "아나니아야, 어찌하여 사단이 네 마음에 가득하여 네가 성령을 속이고 땅값 얼마를 감추었느냐 … 사람에게 거짓말 한 것이 아니요 하나님께로다"라고 말하고 있다. 병행되는 구절이 이 사실을 분명하게 해준다.

4

세 가지 설명

요한복음 14 : 25-31

²⁵내가 아직 너희와 함께 있어서 이 말을 너희에게 하였거니와 ²⁶보혜사 곧 아버지께서 내 이름으로 보내실 성령 그가 너희에게 모든 것을 가르치시고 내가 너희에게 말한 모든 것을 생각나게 하시리라 ²⁷평안을 너희에게 끼치노니 곧 나의 평안을 너희에게 주노라 내가 너희에게 주는 것은 세상이 주는 것 같지 아니하니라 너희는 마음에 근심도 말고 두려워 하지도 말라 ²⁸내가 갔다가 너희에게로 온다 하는 말을 너희가 들었나니 나를 사랑하였더면 나의 아버지께로 감을 기뻐하였으리라 아버지는 나보다 크심이니라 ²⁹이제 일이 이루기 전에 너희에게 말한 것은 일이 이룰 때에 너희로 믿게 하려 함이라 ³⁰이 후에는 내가 너희와 말을 많이 하지 아니하리니 이 세상 임금이 오겠음이라 그러나 저는 내가 관계할 것이 없으니 ³¹오직 내가 아 버지를 사랑하는 것과 아버지의 명하신대로 행하는 것을 세상으로 알게 하려 함이로다 일어나라 여기를 떠나자 하시니라

예수께서는 좋은 선생이셨으므로 언제 새로운 자료로써 강조해야

하는지 그리고 관찰과 규명과 전개를 위해 언제 잠시 중단해야 하는지를 알고 계셨다. 후자에 관한 것은 이 절들(14 : 25-31) 가운데 일부 반영되어 있다. 지금까지 예수께서는 그의 제자들의 두려움과 근심과 혼돈을 진정시키고자 애써 오셨다. 그의 떠나심은 일시적인 것이며 그들의 유익을 위한 것이라고 그는 설명하신다. 그 "가심"(going away) 자체는 그의 사명의 환경적인 단계를 이루시고 그의 추종자들을 위해 하나님의 존전에서 장소를 예비하는 것이다. 이러한 일들에 대한 이해는 예수께서 참으로 누구이신지를 그들이 이해하고 있는 것을 전제로 하고 있으며, 예수께서는 그들이 이해하지 못하는 것을 아시고서 그의 주장들을 반복하며 간략히 설명하시고 있다. 그가 멀리 가 계실 기간에 관해서, 그는 그를 대신할 또 다른 보혜사 성령을 보내실 것과 그 보혜사는 삼위일체 하나님께서 예수님의 추종자들에게 그의 목적을 알게 하기 위해 사용하실 방편이 될 것임을 약속하신다.

예수께서 그가 돌아오실 때까지 제자들의 삶이 어떠할 것인가를 거의 밝히시지 않았다는 것은 놀라운 일이 아니다. 그들은 예수께 대한 사랑과 순종을 계속하며 그에 대한 믿음을 발휘할 것이 명백히 기대되고 있다(14 : 12, 15, 23). 그들은 기도하는 것을 배울 것이며(14 : 13 이하) 성령의 임재를 누릴 것이다(14 : 17, 23). 그러나 더 많은 것들을 언급해 둘 필요가 있다. 그들은 그들의 지평을 확장시킬 필요가 있다. 예수의 떠나"가심" 때문에, 그의 대속적인 죽음과 승리의 부활 및 승귀 때문에, 그의 제자들은 성령에 의해 권능을 받고 세계 선교에 착수해야 할 시기에 이르렀다는 것을 그들은 어렴풋이 깨달아야 한다. 예수께서는 이 파노라마적인 이상을 향해 조만간에 돌아오셔야 한다. 따라서 그는 그의 제자들이 그와 더불어 계속 누리게 될 친밀함에 관해, 어마어마한 열매를 맺는 포도나무와 그 가지들 사이의 그것과도 흡사한 그 친밀함에 관해 설명하실 것이다 (15 : 1-16).

예수께서 설명하실 모든 것이 달콤하고 밝은 것은 아니다. 그의 제자들은 세상에 계속 증거할 때 세상의 반대에 부딪히리라는 것을 예상해야 한다. 그것에는 열매가 있을 것이나 미움과 핍박, 심지어는 고문과 죽음이 있을 것이다. 그러나 그처럼 삭막한 전망들을, 예수의 제자들은 본래 다른 영역에 속하고 있다는 사실을 증거하고 있는 한 참을 만하며, 그들이 천국의 시민임을 자랑하면서 세상과는 반대되는 주권을 고백하게 만든다(15 : 17-16 : 4). 여기에서도 보혜사는 그리스도의 백성들과 계속 함께 하실 것이다. 그는 세상에서 역사하시고 죄의 정죄를 몰아내실 것인데 이 일을 예수께서는 훌륭하게 행하실 수 있었다. 그리고 성령께서는 그리스도 안에 가장 잘 명시된 삼위일체 하나님께 대한 계시를 완성시킬 것이며, 따라서 제자들은 이 핵심적인 구속적 사건들을 이해하기에 부족함이 없을 것이다(16 : 5-15). 따라서 예수께서는 임박한 미래에 대해 다시 한 번 관심을 집중시키실 것이다. 즉, 그는 십자가를 가리키실 것이다(16 : 16-33).

때로 우리의 상황이 가장 암담해질 때 우리가 필히 보아야 하는 것은 구속사의 파노라마, 즉 하나님께서 자신을 위해 한 백성을 부르신 그 은혜로운 계획에 따른 사건들에 대한 계시이다. 우리의 좁은 성찰은 우리의 생각을 근시적인 자기관심에 집중시킨다. 인간 역사에 관한 하나님의 전망을 바라다볼 때 그 깜짝 놀라게 만드는 조망은 우리로 하여금 우리가 상상할 수 없었던 것들을 감지하게 하고 진리의 거룩한 힘으로써 우리의 생각과 감정을 사로잡는다. 우리는 전체 중에서 한 부분 ── 작은 부분, 그러나 아마도 중요한

부분을 느끼기 시작한다. 그러자 일시적 패배에 대한 쓰디쓴 좌절
감은, 사건들이 사실 그대로 나타남에 따라 사라지고 우리는 우리를
무력하게 만드는 자기애(self-love)의 밀실공포증에서 탈출하게 된다.
설교자들과 교사들과 그밖에 교사들이 우리로 하여금 하나님의 실
재를 이처럼 명료하게 볼 수 있도록 도와준다면, 그것은 참으로
훌륭한 일이다. 예수께서는 15, 16장에서 그 자신의 제자들에게 이
러한 종류의 사역을 행하신다.

예수께서는 이러한 방향에로 자신의 관심을 돌리기에 앞서서 그가
이미 소개한 그 주제들을 다시 언급하시고 있다. 그렇다고 해서 이
구절이 장황하다는 것은 아니다. 오히려 전혀 반대이다. 예수께서는
여태껏 그가 다루신 주제들을 언급하시며 제자들이 명백하게 놓친
내용을 덧붙이고 규명함으로써 그것들을 전개시키고 있다.

예수께서는 떠나시나
그의 추종자들에게 큰 유산을 남겨놓으신다.

"내가 아직 너희와 함께 있어서 이 말을 너희에게 하였거니와"
(14 : 25)라고 예수께서 말씀하신다. 그러나 이 시작 문장은 또한 그
제자들을 예수의 떠나심에 관한 질문으로 되돌아가 동요하게 만든다.
예수께서는 일종의 그의 제자들과의 지속적인 친밀한 관계에 대해
이야기해 오셨다. 이제 그는 잠시 그 이야기를 중단하고서 비록 그가
이 모든 일들을 말한다 할지라도, 그의 떠나실 계획을 취소하고
있지는 않다고 그들에게 경고하신다. 그러나 만일 그 제자들이 그가
말하는 것 전부를 파악할 수 없다면, 적어도 그들은 그가 말하는

것들이 보혜사 성령의 오심으로 말미암아 더 밝혀지리라는 것을 확신하게 될 것이다(14:26).

이러한 방법을 통해서, 특별히 언급된 두 가지 "큰 유산들" 가운데 첫번째가 소개되어 있다.

1. **성령** "보혜사 곧 아버지께서 내 이름으로 보내실 성령 그가 너희에게 모든 것을 가르치시고 내가 너희에게 말한 모든 것을 생각나게 하시리라"(14:26). 그 문맥에서 "내 이름으로"라는 구절은 제자들이 그 보혜사께 "내 이름으로" 아뢴 요청들을 가리키는 것일 수가 없다. 신자들이 "내 이름으로" 기도하는 것은 (14:13) 사실이나 여기에서는 그것과는 다르다. 14장 26절에서의 "내 이름으로"는 아버지께서 예수님의 기도의 결과로 성령을 보내시거나(그 경우에 14:26은 14:16의 내용을 반복하고 있다) 또는 "내 이름으로"는 아버지께서 성령을 보내신 이유를 설명하지 않고 **그가 성령을 보내신 목적**을 설명하고 있다. 그 경우에 "내 이름으로"는 "내 자리에서 행하기 위한 내 권위로써"나 그와 비슷한 말을 의미한다. 그것은 마가복음 13장 6절의 의미와 매우 흡사하다 : "많은 사람이 내 이**름으로** 와서 이르되 내가 그로라 하여 많은 사람을 미혹케 하리라." 이 미혹케 하는 자들은 **예수의 자리**에서 일할 목적으로, 그리고 **그의 권위로써** 행한다는 것을 주장하기 위해 온다. 그들의 주장들은 그르나, 예수님의 이름으로 오시는 성령께서는 실제로 예수님의 자리에서 그리고 그의 권위로써 행하신다.

어느 경우이건, 이 보혜사에 관해서 다음 두 가지 새로운 사실이 소개되고 있다.

a. **그의 묘사** 그는 제일 먼저 요한복음에서 **거룩한** 영으로 언급되어

있다. 사실상 이 복음서에서 보혜사는 오직 이곳에서와 20장 22절에서만 그렇게 지칭되고 있다. 성령께 적용된 형용사 **거룩한**은 부분적으로 유명무실하나, 그것은 문제의 그 성령이 하나님의 영이심을 가리키며 동시에 이 영의 특성을 반영하고 있다. 그는 **거룩한** 영이시며, 단지 진리의 영이시거나 능력의 영이신 것만은 아니다.

아버지는 **거룩하시며**(17 : 11) 의로우시고(17 : 25) 아들에 의해 이렇게 언급되고 있다. 예수는 하나님의 **거룩하신** 자이시며(눅 4 : 34, 막 1 : 24), 보혜사는 **거룩하신** 영이다. 지극히 높은 천사들도 삼위일체 하나님의 보좌 앞에 찬양을 끊임없이 쏟아놓으며 밤낮으로 "거룩하다 거룩하다 거룩하다!"라고 외치기를 쉬지 않는다(계 4 : 8). "너희는 거룩하라 나 여호와 너희 하나님이 거룩함이니라"(레 19 : 2)는 하나님의 말씀을 듣는 것은 놀랍기도 하거니와 또한 두렵기도 하다.

거룩하다(holy)라는 단어는 초월성의 냄새를 지니고 있는 것으로 오랫동안 인식되어져 왔다. 만일 어떤 사람이 거룩하다면 그는 도덕적인 것 이상이다. 즉, 그는 하나님께 속하고 있는 것이다. 만약 광야에서의 성막이 휘장으로 쳐진 벽 안에 지성소를 지니고 있었다면, 그 장소는 단지 보다 더 깨끗하거나 더 순결한 곳이라기 보다는 초월적인 하나님께서 특별한 강도와 초점을 둔 방법으로 그 자신을 나타내시기를 택하시는 곳이다. 파생적으로, **거룩하다**라는 단어는 생활과 생각과 행동의 정결함을 가리킨다. 그러나 그것은 그것의 보다 더 근본적인 의미를 결코 잃지 않고 있다. 그러므로 정결의 개념은 하나님 자신에 근거한다. 어떤 면에서 하나님께 속해 있거나 그에게 관련되어 있음에 근거한다.

우리 앞에 있는 그 구절은 보혜사에게 주어진 그 칭호, 즉 성령에 대해 많이 언급하지 않고 있다. 그러나 보다 더 넓은 성경적 구조 안에서, 그리스도인들은 그 칭호를 기뻐해야만 한다. 아버지께서 예수의 이름으로 보내신 보혜사는 거룩하시다. 그리고 그의 경우에 그러한 귀결은 아버지나 아들의 경우에서와 같이 절대적이다. 그는 하나님이므로 거룩하시다. 그가 죄악된 세상을 정죄하시는 일은(16 : 8-11) 그리 놀랄 만한 일이 아니다. 우리 삶 가운데서의 그의 임재는 우리의 점진적인 성장을 거룩한 방법으로 확증할 뿐만 아니라 절대적인 요구를 가져다 준다는 것은 놀라운 일이 아니다 : 너희 몸은 너희가 하나님께로부터 받은바 너희 가운데 계신 성령의 전인 줄을 알지 못하느냐 너희는 너희의 것이 아니라"(고전 6 : 19).

  b. 그의 기능. 보혜사께서 "너희에게 모든 것을 가르치시고 내가 너희에게 말한 모든 것을 생각나게 하시리라"(14 : 26)고 예수께서 그의 제자들에게 약속하신다. 우리는 "진리의 영"(14 : 17)이라는 칭호가 내포한 뜻을 숙고하는 가운데 이 사실을 이미 암시받았다. 그러나 이제 성령의 이 근본적인 기능은 명백하게 설명되어 있다. 여기에서 우리는 그가 모든 것을 **가르치신다**는 말씀을 읽게 되며, 그 다음에는 그가 모든 진리 가운데로 **인도하시며**(16 : 13) 그가 듣는 것을 **말하시며**(16 : 13) 그리스도의 말씀을 **알리신다**는 것을(16 : 13 이하) 배우게 된다. 그 생각은 마찬가지이다. 즉, 보혜사의 한 가지 주된 기능은 가르치는 것이다. 구약성경에서도 하나님께서는 그의 선하신 영을 보내셔서 사람들을 가르치셨다(느 9 : 20). 그러나 여기에서 그 생각은 그리스도의 계시와 결속되어 있다.

  이것은 우리가 "모든 것"이 무엇을 의미하는가를 생각해 볼 때 명백해지기 시작한다. 성령께서 제자들에게 "모든 것"을 가르치실 것이다. 이것은 예외 없이 모든 것을 의미할 수가 없다. 성령께서는 핵물리학, 천문학, 생물학, 탕가니카(Tanganyika) 공화국의 문화, 또는 고슴도치의 교미 습관 등의 모든 지식을 예수의 제자들에게 전해 주는 일에 주력하시지 않는다. 더욱이 그가 이러한 지식의 전달을 시도하는 경향을 지니고 있다 할지라도, 우리는 그것을 받을 수 없을 것이다. 우리의 유한성은 전지(全知)성의 속성을 배제하기 때문이다.

성령께서는 예수의 제자들에게 모든 것 — 다시 말해서 어려운 사건들이 발생하는 것에 관해 그들이 알아야 할 필요가 있는 모든 것, 이 시점에서 여전히 오해하기 쉬운 예수 그리스도에 관한 모든 것, 그들의 마음에 알려줌으로써 그들의 두려움을 평정시킬 모든 것을 가르쳐 주신다. 특히 예수께서는 성령께서 예수님 자신이 제자들에게 가르치신 모든 것을 그들에게 상기시키실 것임을 약속하시고 있다.

여기에는 네 가지 중요한 사실이 암시되어 있으며 고별담화(특히 16 : 13 이하)에서와 비슷한 사실이 진술되어 있다.

첫째, 그 약속은 그 사도들의 두려움을 진정시키고자 한 것이다. 그들은 그들의 선생인 예수를 잃는 찰나에 놓여 있다. 그러나 예수께서는 그가 보내실 "다른 보혜사"가 선생과도 같으심을 약속하신다. 그리고 그의 가르침의 사역의 큰 부분이 그 사도들로 하여금 예수께서 가르치신 것을 기억하도록 도울 것이다. 내용의 연속성이 보증되어 있으므로 그들이 만지고 장난할 수 있는, 그리고 그들이 직접 가르침을 받을 수 있는 한 인격으로서의 예수를 잃는 일은 생각보다 상처가 덜 될 것이다. 오늘날 어떤 목사가 한 교구를 떠나거나 교수가 학계를 떠나며 후계자가 임명될 때, 후계자는 매사에 전임자와 견해를 같이하지 않을 것이다. 그리고 그는 분명히 그의 전임 목사나 교수가 말한 것을 그의 청중들에게 상기시키는 일에 많은 시간을 할애하지 않을 것이다. 그러나 성령께서는 이것을 주된

목표로 보신다. 그는 제자들에게 예수께서 가르치신 것을 상기시킬
수 있을 것이다. 이 사실이 믿어졌다면 그것은 그 첫번째 제자들에게
다시 용기를 갖도록 해 줄 수 있었을 것이다.

　둘째, 예수께서 가르치신 것을 제자들에게 가르치고 상기시킴에
있어서 성령께서는 그들이 처음에 들었을 때 이해하지 못했던 것들을
설명해 줄 것이다. 이것이 제4복음서의 주된 주제이다. 특별히 언급된
예가 요한복음 2장에 있다. 거기에서 요한은 성전을 정결케 한 사건을
기록하고 있다. "네가 이런 일을 행하니 무슨 표적을 우리에게 보
이겠느뇨"하고 유대인들이 물었을 때 예수께서는 "너희가 이 성전을
헐라 내가 사흘 동안에 일으키리라"(2 : 18, 19)고 대답하셨다. 유대
인들이 예수께서 뜻하신 것을 이해하지 못한다는 것은 놀라운 일이
아니다. 그들은 놀라움과 조소가 섞인 어투로 대답하였다. "이 성전은
사십 육년 동안에 지었거늘 네가 삼 일 동안에 일으키겠느뇨." 요한은
"그러나 예수는 성전된 자기 육체를 가리켜 말씀하신 것이라"고 아는
듯이 언급하고 있다. 그러나 그 다음에 요한은 그 말을 이해하지
못한 것은 유대인들만이 아니었음을 보여주는 말을 하나 더 덧붙이고
있다. 제자들 자신도 예수께서 말씀하신 것을 그 때에 더 잘 알아듣고
있지는 않았던 것이다. 요한은 이렇게 논평한다. "죽은 자 가운데서
살아나신 후에야 제자들이 이 말씀하신 것을 기억하고 성경과 및
예수의 하신 말씀을 믿었더라"(2 : 22).

　고별담화 자체가 똑같은 현상에 대한 증언이다. 우리가 이미 살
펴보았듯이 도마(14 : 5)와 빌립(14 : 8)과 유다(14 : 22)의 말들로
미루어 보아서, 예수의 가르침의 요지를 그날 밤 그의 제자들은
분명히 이해하고 있지 않았음이 틀림없다. 그들은 그가 그의 떠나심에
관해서 그리고 그의 죽음에 관해서 이야기하고 있음을 알고 있었다.

그들이 그 두 사건을 함께 연결시키고 있었는지는 분명치 않다. 그들은 분명히 부활을 예기하지 않았으며 세상과는 대조를 이루는 제자들의 세계적인 공동체를 온전하게 그려볼 수가 없었다. 그들이 수용할 수 있었던 사실은 그들에게 어떤 위로를 거의 제공하지 못했으며, 십자가 사건 후에 그들은 예수께서 말씀하신 것을 기억하게 되었을 뿐만 아니라 성령의 도우심으로 그 참 의미를 이해하게 되었을 때, 그들은 기억할 수도 또한 이해할 수도 없었던 것을 깊이 깨닫게 되었던 것이다. 그때에서야 그들은 예수께서 이 일들을 미리 그들에게 말씀하셨음을 또한 깨달았다(다음에 논하게 될 14 : 29을 참조하라).

셋째, 성령께서는 예수님의 말씀뿐만 아니라 그 사건들 자체의 중요성도 그 첫번째 제자들에게 가르쳐 주실 것이었다. 예수의 죽음／부활／승귀에 대한 암시는 제자들을 혼비백산케 하는 것이었다. 어떻게 이 사건들이 구약성경과 관계있는가? 예수를 믿는 자들은 구약법을 지지해야 하는가? 정확히 말해서 부활은 예수께서 누구이신가에 관해 무엇이라고 말하고 있는 것인가? 어떠한 조건 하에서 이방인들은 신자들의 공동체에 용납되어질 수 있는 것인가? 예수께서는 그 자신이 하늘의 구름을 타고 재림할 일에 대해 말씀하실 때 무엇을 염두에 두고 계셨던 것인가? 그 사건의 성격상 예수께서는 그들의 질문에 대답하실 수 없었으나 성령께서는 그들에게 가르치시기 위해 그곳에 오실 것이었다. 사도행전을 되는 대로 한 번 읽어본다 할지라도 우리는 교회가 때로 의견의 심한 대립으로 내분을 겪어야 했고 예수님의 구원사역을 완전히 이해하기에는 엄청난 신학적 및 개념적 장벽들이 있었음을 발견하게 된다. 그 형성기에, 예수께서는 그의 제자들에게 성령께서 그들을 모든 진리 가운데로 인도하실 것임을 확신시키시고 있다.

이러한 의미에서 성령의 가르치심은 여전히 예수 그리스도께 초점을 맞추었다. 보혜사께서 완성시키시고 있는 것은 예수 그리스도께 대한 계시였다. 이러한 사실은 16장 12-14절에서 명백하게 나타나며, 아마도 뒷장에서 상세하게 입증될 것이다.

넷째, 신자들의 공동체는 얼마 동안 —— 충분히 오랫동안 성령으로 하여금 그들에게 예수의 가르침을 상기시키고 그들에게 더 많이 가르쳐 주셔야 할 필요성 가운데 놓여 있게 될 것이라는 함축적이면서도 피할 수 없는 암시가 있다. 간단히 말해서 그 약속은 지속되는 공동체를 위한 더 많은 계시에 관한 것이었다. 그리고 이러한 의미에서 그 약속은 신약 정경을 앞지르고 있었다.

예수께서 그의 제자들에게 남겨놓으신 이 첫번째 큰 유산이 일차적으로는 그와 함께 그 다락방에 있었던 자들을 위한 것이었음이 이제 명백히 드러난다. 간단히 말해서 그것은 좁은 의미에서의 사도들을 위한 것이었다. 이것은 성령께서 그들에게 예수께서 가르치신 바를 **생각나게** 하실 것이라는 약속에 의해 분명해진다. 신약성경의 기록에 앞서서 그러한 약속은 예수의 가르침을 제일 먼저 받고 그 중 일부를 잊어버린 자들에게만 관련될 수 있었다. 이 최초의 증인들은 예수께서 말씀하신 모든 것들을 성령의 도우심으로 기억해 낼 수 있었으며 수난 주간 및 그 후의 사건들을 감지할 수 있었다. 이에 대해 우리는 매우 감사해야 한다.

그러나 오늘날의 그리스도인들에게도 관련되는 것으로서 두번째로 마땅히 적용되는 사실이 있다. 성령께서는 우리와 함께 그리고 우리 안에 거하시기 위해 또한 오신다(14 : 17). 그는 필요할 경우에는, 우리에게 우리가 제일 처음 배운 성경의 말씀들을 생각나게 해 주신다. 이 복된 약속은 우리로 하여금 우리가 성령께서 가르치시는 바를 배우고자 애쓸 필요가 없다고 생각하게 만들어서는 안 된다. 성령께서는 우리가 결코 읽거나 듣지 못한 것을 우리에게 생각나게 하실 수는 거의 없기 때문이다. 그러나 이 약속은 우리가 증거할 때 개인적으로 실패할 것을 두려워하게 만드는 압력을 제거시킬 수 있다. 하나님의 성령께서는 우리가 알아야 할 필요가 있는 것을 우리로 하여금 기억하도록 완전히 도우실 수 있기 때문이다(참고. 마 10 : 19 이하).

성경 지식이 자라고 성령의 도우심을 힘입음으로 말미암아, 가장 겸손하였던 그 성도는 가장 궤변적인 불신자들에게 온유하고도 힘있게 변호할 수 있었다. "내가 주의 증거를 묵상하므로 나의 명철함이 나의 모든 스승보다 승하며"(시 119 : 99)라고 시편 기자는 주장한다.

c. 평안 이것은 예수께서 그를 따르는 자들에게 이 구절에서 약속하시는 두번째 큰 유산이다. "평안을 너희에게 끼치노니 곧 나의 평안을 너희에게 주노라 내가 너희에게 주는 것은 세상이 주는 것 같지 아니하니라 너희는 마음에 근심도 말고 두려워하지도 말라"(14 : 27). 조금 후에 예수께서는 제자들에게 그의 기쁨을 약속하신다(15 : 11). 그러나 여기에서와 16장 끝에서 그가 약속하시는 것은 그의 평안이다(16 : 33).

예수께서 주시는 평안이 모든 갈등을 피하는 그러한 종류의 평온은 아니라는 사실을 인식하는 것이 지극히 중요하다. 이것은 고별담화 가운데 평안에 관한 두번째 언급에 의해 특히 명백해진다. 예수께서는 말씀하신다. "보라 너희가 다 각각 제 곳으로 흩어지고 나를 혼자 둘 때가 오나니 벌써 왔도다 그러나 내가 혼자 있는 것이 아니라 아버지께서 나와 함께 계시느니라 이것을 너희에게 이름은 너희로

내 안에서 평안을 누리게 하려 함이라 세상에서는 너희가 환난을
당하나 담대하라 내가 세상을 이기었노라"(16 : 32, 33). 예수께서는
친히 십자가의 길로 향하시고 있으면서도 그의 평안에 관해 말씀
하시고 있다. 마찬가지로 예수께서 약속하시는 그 평안은 환난을
피하지 않으며 오히려 그것을 이긴다.

이 평안을 불의나 부패, 우상 숭배, 또는 그밖의 다른 죄에 대한
무관심과 혼돈해서는 안 된다. 그것은 단지 자기도취적인 면에서
"기분좋게 느낀다"거나 물리적 및 영적인 실재와는 동떨어진 어떤
신비적인 만족감이 아니다. 그러한 평안은 동방종교들에 의해 크게
사랑받으며 어떤 현대 종파에 의해 권장되고 있기는 하지만, 그것은
평안에 대한 성경적 개념에 얽혀져 있는 강한 능력과 비교해 볼 때
비현실적일 뿐만 아니라 너무도 빈약하다.

오늘날에도 히브리어를 사용하는 사람들은 "샬롬!"이라는 전통
적인 인사를 서로 나눈다. 그 단어는 흔히 **평안**으로 해석되나 그
의미는 아마도 "안녕"(well-being)에 더 가까울 것이다. 성경에서
평안이나 안녕은 세 가지 측면에서 유용하게 숙고될 수 있다.

첫번째 측면은 수직적인 것 — 하나님과의 평안이다. 이것은 근
본적인 것이다. 구약성경에서 약속된 메시아는 평강의 왕이시다(사
9 : 7). 더욱이 여호와께서 그의 백성들에게 평안을 주시는 것은 그의
얼굴을 그들에게로 향하시는 것과 실질적으로 동일하다(민 6 : 26).
하나님께서는 그의 백성과 더불어 화평의 영원한 언약을 세우실 것을
(겔 37 : 26) 약속하고 있는데, 그 한 가지는 그의 "다윗"이 그들
위에서 다스리게 되는 것이다. 신약성경에서 바울은 메시아, 예수
그리스도 안에서 믿음으로 말미암아 의롭다함을 얻게 될 그 백성들이
하나님과 더불어 화평을 누린다는 사실을 분명히 밝히고 있다(롬

5：1). 이 평안보다 더 근본적인 평안은 없다. 이것이 하나님의 세계이며 하나님의 우주이기 때문에, 우리가 그와 적대 관계에 놓이게 된다면 그 어떤 평안도 궁극적인 가치를 지니지 못하게 된다.

성경에서 평안의 두번째 측면은 수평적인 것, 즉 사람들과의 평안이다. 우리의 죄가 하나님을 우리 대적으로 만들어서 하나님과의 화평이 요구되어지는 것과 마찬가지로, 우리의 죄는 다른 사람들을 우리의 대적으로 만든다. 그리하여 또한 평안이 이루어져야 하는 것이다. 그리스도께서 가져다 주신 해결책은 우리로 하여금 하나님과 그리고 사람들과 더불어 화평을 누리게 한다. 에베소서에 의하면, 심지어 유대인과 이방인 사이의 거대한 장벽도, 그리스도 예수 안에서 하나의 새사람을 지어 "화평케 하심"(엡 2 : 15)으로 말미암아 극복된다. 그리스도께서는 십자가를 통해 유대인과 이방인이 하나님과 화목케 되도록 하심으로써 그들의 상호 적개심을 죽이셨다(엡 2 : 16).

평안의 세번째 측면은 개인적인 것이며 그것은 요한복음 14장에서 주로 다루고 있는 평안이다. 이 평안은 환난을 피하는 능력에 근거하지 않고 그것을 초월하는 믿음에 근거하는 개인적 평정이다. 바울은 자신의 고질병에 대해 이야기할 때, 각자의 어려움에 관해 감사한 마음으로 기도하도록 같은 믿음의 원리에 호소하고 있다(빌 4 : 6). 바울이 평안이라는 단어를 자주 사용하는 가운데 분명히 밝히고 있듯이 평안의 개념은 매우 중요한 것으로서 바울에 의해 크게 사랑받고 있었다. "평강의 주께서 친히 때마다 일마다 너희에게 평강을 주시기를 원하노라"고 그는 빌립보에 있는 사람들에게 편지를 쓰고 있다(살후 3 : 16).

본인은 평안의 성경적 관점을 이 세 가지 측면에서 묘사하고자 하였지만, 그 개념이 그럼에도 불구하고 본질적으로 가장 온전하다고 강력히 주장할 수가 없다. 성경 기자들은 우리로 하여금 이 세 가지 중에 두 가지를 목표로 삼도록 격려하지 않는다. 사람은 형제들과의 반목을 계속 유지하면서 하나님 및 그 자신과의 평안을 합당하게 추구할 수가 없다. 뿐만 아니라 그는 하나님과의 주된 화평을 무시하면서 그의 형제들과의 화평을 합리적으로 추구할 수가 없다.

신학적으로 말해서, 이 세 가지 측면의 평안이 전체의 부분으로서 함께 추구되어야 하는 이유는 평안의 모든 결핍이 하나의 공통되는 끈으로 묶여져 있다는 사실 가운데 있다. 그 공통되는 끈은 죄이다. 죄는 우리를 하나님의 적으로 만들며, 다른 사람들의 적 그리고 우리 자신의 적으로 만든다. 죄는 우리를 하나님과 다른 사람들 그리고 우리 자신들로부터 이간시킨다(즉, 그것은 자기혐오나 거짓된 보상, 깊은 죄의식 또는 뚜렷한 정신분열증을 초래한다). 심지어 우리에게서 평안을 빼앗아가는 외적 환난들 속에서도 우리는 타락한 우리에게 물려준 인류에게 임한 저주를 간파하게 된다. 이 일반적인 병폐에 대한 해결책은 십자가와 부활이다. 이에 비추어 생각해 볼 때, 예수께서 부활 후에 그의 제자들에게 인사하실 때 "너희에게 평강이 있을지어다"(20 : 19, 21, 26)하는 말씀을 반복한 것이 일상적인 인사에 불과하다고 믿기는 힘들다. 예수께서는 고별담화에서 그의 제자들에게 평안을 약속하시고 있으며, 부활 후 "너희에게 평강이 있을지어다"라는 이 승리에 찬 말씀으로 그들에게 인사하신다. 제 4복음서에서는 단지 이 두 가지 구절에서만 **평안**이라는 단어가 발견되며 그것은 단순한 우연이 아니다.

따라서, 예수께서 약속하시는 그 평안은 그것이 문제의 **뿌리**를 캐고 있다는 의미에서 혁신적이다. 예수께서는 그의 평안을 그 제자들에게 **남겨 두신다**. 즉, 예수께서 십자가를 통하여 "떠나가심"은 그의 평안을 남겨놓기 위해 그가 밟으시는 단계이다.

예수께서는 세상이 흉내낼 수 없는 방법으로 평안을 주신다 : "내가 너희에게 주는 것은 세상이 주는 것 같지 아니하니라"(14 : 27). 이것은 사실이다. 왜냐하면 예수께서 주시는 평안의 **성격**과 예수께서 그것을 주시는 독특한 **방법**에 있어서 그러하기 때문이다. 예수께서 그의 제자들에게 남겨두시는 그 평안은 외적인 그리고 잠정적인 환경과는 궁극적으로 독립해 있다. 그것은 그리스도의 대속적인 십자가 사역에 의존하며 영원하신 하나님께 대한 신뢰에 의존하는 것이지 건강이나 능력, 특권, 새로운 습득이나 새로운 자극에 의존하고 있지 않다. 세상의 평안은 안정된 평안을 만들어낼 수 없는 일시적인 변수들에 의존하고 있다.

그러나 예수께서 이 평안을 물려주시는 방법 또한 특이하다. 세상은 사람들의 평안을 **원한다**. 이것은 어떤 인사말들(예를 들면, **샬롬**, 즉 네 길이 형통하길 빈다 : 아듀, 즉 우리는 당신과 당신의 가족들을 하나님께 부탁한다)에서 뿐만 아니라 오랫동안 사귀어 온 친구들의 심심한 염원 속에서도 그러하다. 그러나 그 모든 바람에 대해서 세상은 개인적인 평안의 선물을 하사할 수 없을 뿐만 아니라 누구에겐가에 대해 오직 그것을 바랄 뿐이다. 기껏해야 그것은 형제들 간에 또는 국가들 간에 화해를 이룰 뿐이며 그 성취도 흔히 일시적인 것임이 입증되고 있다. 그것과는 대조적으로 그리스도는 그를 따르는 모든 사람들에게 평안의 선물을 하사하시면서 그가 그들을 위해 성취하시는 구원의 한 본질로서 그것을 부여하신다. 십자가는 하나님과의 화평을 얻었다. 이 주된 평안으로부터 흘러나오는 죄사함과 화목과 치유는 다른 사람들과의 평화 그리고 우리 자신 안에서의 개인적인 평화를 위한 유일하게 합당한 근거를 형성해 준다.

"나의 평안"이라는 표현은 우리를 어리둥절하게 한다. 어떤 유한한 인간이 이러한 말을 하였다면 우스꽝스러웠을 것이다. 우리는 괴테나 나폴레옹같은 어떤 사람이 그의 평안을 그의 추종자들에게 남겨주리라는 약속을 하는 것을 상상할 수가 있는가? 간디라 할지라도 그러한 표현은 하기 힘들었을 것이다. 어떻게 간디가 그의 제자들에게 그 자신의 평안을 물려줄 수 있는가? 그러나 예수께서 우리에게 남겨주신 평안은 적어도 다음 두 가지 면에서 그의 평안이다. 첫째, 그것은 그 자신이 제공하시는 평안이며 둘째, 그것은 그 자신이 육체 가운데 계셨을 때 몸소 체험하신 그 평안의 일부이다. 그것은 그가 십자가 상에서 이루신 일의 산물이며 이 평안이 잘 자라날 수 있는 토양은 하나님께 대한 효성스러운 신뢰와 순종인데, 이것은 그가 온전한 본을 보여주신 덕목들이다. "나의 평안을 너희에게 주노라"고 예수께서 말씀하신다.

우리의 불안과 쓰라림은 대부분 우리의 소유욕과 뛰어나고자 하는 욕망 그리고 인정받고자 하는 욕구에서 생겨난다. 자아에 대한 우리의 사랑이 너무 강하기 때문에 그것은 우리가 바라는 바를 우리에게 주지 못하는 자들에게 대한 증오로 바뀐다. 그러한 죄가 만연하는 곳에는 평안이 없다. 예수께서는 소유욕을 물리치셨다. 그는 그의 아버지의 영광과 뜻을 열망하였지 개인적인 탁월함과 대중적인 인기를 원하지 않으셨다. 자신의 생명을 사랑하시기는커녕 그는 다른 사람들을 위해 그것을 포기하셨다. 마땅히 그에게 속한 것을 그에게 드리기 시작하지 않은 다른 사람들을 위해 참으로 그것을 포기하셨던 것이다. 따라서 예수께서는 그의 평안에 대해 말씀하실 수 있었다.

여기서 우리 솔직하게 생각해 보자 : 예수의 평안은 모든 사람이 원하는 것이 아니다. 때로 그것은 그 평안의 성격에 대한 오해 때

문이기도 하다. 행복의 근거를 흥미에 두고 있는 사람에게 있어서
평안이라는 단어는 옛난로의 스러져가는 불꽃에 의해 서서히 흔들
리는 완고한 구식 사람의 환상을 떠올리는 것일 수도 있다. 혁명
당원에게 있어서 평안이라는 단어는 어떤 악한 상태를 점잖게 즐기는
것에 불과하다. 예수께서 약속하신 그 평안이 하나님과 다른 사람들과
자기 자신을 포함하여 완전한 원형을 이루고 있음을 깨달음으로
인해서 그것에 등을 돌리는 사람은 한층 더 슬픈 자이다. 이 평안이
그리스도와의 살아있는 관계 및 그에 대한 기쁜 복종의 발걸음을
전제로 하고 있다는 것과 이 평안이 현실 도피가 아니라 환난 가운데
있어서도 담대한 평정을 지니는 것이라는 것, 그리고 이 평안이
지나친 자기 관심에 대해 날마다 죽는 일을 포함한다는 것을 깨달
음으로 인해서 그것에 등을 돌리는 자도 역시 그러하다.

그리스도를 주님과 구세주로 알고서 나오는, 그리고 엄청난 심연을
지나 예수께서 주시는 평안을 의지하고자 나오는 겸손한 무리들도
있다. 나는 자신의 결백을 혐오한 어떤 선배 경관에 의해 수년 동안
그 경력이 망쳐졌던 캐나다의 한 크리스천 경관을 알고 있다. 나는
죠니 에릭슨(Joni Eareckson)을 알고 있다. 첫 아이를 사산하고 둘째
아이도 출생한 지 7주 되어 죽은 영국의 어떤 크리스천 부부도 알고
있다. 또한 크리스천이 되었을 때 불교를 철저하게 신봉하였던 자신의
가족들로부터 심한 핍박을 받았던 사려깊은 한 타이 사람을 나는
알고 있다. 그리스도인이 되었기 때문에 일자리를 놓친 퀘벡에 사는
한 교사를 알고 있다. 이 사람들과 같은 많은 사람들은 예수께서
평안을 주신다는 진리를 증거하는 살아있는 증인들이다. 그들 중 어떤
사람들의 경우에는 끊임없이 눈물이 흘러나왔으며 끈질긴 질문이
거듭거듭 던져졌다. 그러나 어느 경우에나 본질적으로 안정된 평안이

믿음의 산물로서 솟아나왔다.

예수께서 그의 제자들에게 남기시는 평안은 고통당하는 자에게나 두려워하는 자 모두에게 효력있는 해독제가 된다 : 예수께서는 "너희는 마음에 근심도 말고 두려워하지도 말라"(14 : 27)고 분부하심으로써 평안을 보내시겠다는 그의 약속을 매듭지으신다. 그처럼 풍성한 유산을 누릴 수 있음에도 불구하고 우리에게서 평안을 빼앗아가도록 염려하고 초조해 하는 것은 참으로 죄악된 일이다. 우리로 하여금 초조하게 만드는 것이 일상 생활의 끊임없는 압력이든, 우리에게 이따금씩 부딪혀오는 장애물이든, 아니면 그리스도인들에게 적용되는 특별한 억압이든 간에 이것은 사실이다. 하나님을 믿으니 또 나를 믿으라고 예수께서는 주장하신다. 그리고 나의 떠남이 나의 평안의 선물을 포함해서 너희를 위한 큰 유산을 양도하게 될 것임을 확신한다고 그는 주장하신다. 이 선물은 너희 것이니 너희는 마음에 근심도 말고 두려워하지도 말라.

　　　내 영혼아, 평안하라. 주께서 네 곁에 계시나니
　　　　슬픔이나 고통의 십자가를 인내로써 짊어지라.
　　　네 하나님의 지시와 인도하심을 따르라.
　　　　모든 것은 변해도 그는 신실하실 것임이라.
　　　내 영혼아 평안하라. 너의 가장 좋으신 천국 친구께서
　　　　가시밭 길을 지나 너를 기쁜 목적지로 인도하시는도다

　　　내 영혼아, 평안하라. 네 하나님께서
　　　　과거에 인도하셨던 것처럼 미래에도 인도하시리라.
　　　네 소망, 네 확신을 그 어느 것도 흔들지 못하게 하라.

지금은 이해할 수 없는 것이 마침내는 밝혀지리라.
내 영혼아, 평안하라. 파도와 바람도 그가 이 세상에서
그들을 호령하셨던 그 음성을 아직도 알고 있도다.

내 영혼아, 평안하라. 우리가 주님과 영원히
함께 하게 될 그 시각이 서둘러 달려오도다.
그때에는 실망과 근심과 두려움이 사라지고
슬픔이 잊혀지며 사랑의 온전한 기쁨이 회복되는도다.
내 영혼아, 평안하라. 변화와 눈물이 지나가면
우리는 모든 평안과 복됨을 마침내 맞이하게 되리라.

― 캐더린 본 슐레겔(Katherine von Schlegel ; 1697~ ?)

예수께서 그의 제자들을 위로하시나 그들의 관심의 얄팍함을 책망하시다.

"내가 갔다가 너희에게로 온다 하는 말을 너희가 들었나니 나를 사랑하였더면 나의 아버지께로 감을 기뻐하였으리라 아버지는 나보다 크심이니라"(14 : 28, 29).

예수께서는 그의 제자들을 매우 침울하게 만든 주제, 즉 그의 가심을 다시금 언급하셨다. 그는 "내가 갔다가 너희에게로 온다"고 그들에게 해주셨던 말씀을 상기시키신다(14 : 28, 참조. 14 : 3). 그러나 이제 그는 이 화제를 매우 새로운 방법으로 다루신다. 그는 그 제자들에게로 향하시어, 그가 곧 가시게 되는 것을 그들이 언짢게

여기는 것은 사실상 그들이 얼마나 그를 사랑하지 않는가를 가리키는 것이라고 그들에게 말씀하신다. "나를 사랑하였다면 나의 아버지께로 감을 기뻐하였으리라 아버지는 나보다 크심이니라"고 말씀하시면서 그는 그들이 그를 별로 사랑하지 않고 있음을 암시하시고 있다.

우리가 "아버지는 나보다 크심이니라"는 마지막 구절을 파악하게 될 때까지는 예수께서 무엇을 말씀하시는지를 이해하기가 힘들다. 여호와의 증인들이나 고대 아리안(Arian)의 이단(예수 그리스도의 신성을 부인하는)을 고집하는 다른 사람들은 이 절이 그들의 입장의 유효성을 증거하는 것으로서 인용하고 있다. 그 언어 자체는 양면적인 것으로서 신중하게 다루어져야 한다. 예를 들면, 나는 "미국 대통령이 나보다 크다"고 정직하게 주장할 수 있었다. 그러나 그러한 진술은 그 대통령이 나보다 더 틀림없이 인간에 속하고 있다거나 그가 존재론적인 면에서 또 다른 평면 위에 있다는 것을 의미하는 말로 받아들이는 사람은 아무도 없었다. 그것은 단지 그가 권위와 지위와 계급, 특권에 있어서, 그리고 그에게 부여된 명예에 있어서 더 크다는 것을 의미할 뿐이다. 마찬가지로 아버지가 그보다 크다는 예수님의 말씀은 아버지께서 본체론적인 측면에서 우세함을 누리신다거나 예수께서 보다 열등한 신격을 지니고 있음을 입증하는 것은 아니다.

혹자는 예수께서 그러한 생각을 토로하시고 진지하게 받아들여지기를 기대하신 것은 예수와 그의 아버지 사이의 본질적인 하나됨을 전제로 하는 것이라고 주장할 수도 있다. 만일 내가 하나님께서 나보다 크시다고 좀 엄숙하게 말하고자 한다면, 나는 우스꽝스러운 옷을 그 진리에 입히고 있는 셈이 된다. 왜냐하면 하나님과 나 사이의 거리는 너무도 엄청나기 때문에 그러한 비교는 형식적으로 사실이라 할지라도 어떤 면에서 우스꽝스러운 것이기 때문이다. "이 정원을 소유하는 인간은 나보다 더 크다"라고 말하는 것은 정원 쟁탈전보다 더 가소로운 것이 될 것이다.

만일 이 구절이 예수 그리스도의 신성을 명백하게 단언하는 제4복음서의 다른 구절들과 마찰을 빚는다면 어떤 해석도 가능하지 않을 것이다. 그 정확한 접근법(2장에서 논의된 바와 같이)은 그리스도의 인격과 사역에 대한 요한복음서의 어떤 강조점들을 회상하는 것이다. 우리는 영원하신 하나님의 아들이 그 자신의 영광을 벗어버리고 인간으로 — 의존적이고 순종적인 인간으로 태어나셨다는 것을 배웠다. 아버지께서는 아들에게 무엇을 해야 할 것인지를 말씀하시고 있으며 그 역은 말씀하시지 않았다. 다시 말해서 아버지께서는 더 큰 권세를 지닌 사람이 더 작은 권세를 지닌 사람보다 크다는 의미에서 더 크실 뿐만 아니라 아버지께서는 그의 영광을 보유하시고 있는 반면 아들은 그의 사역 기간 동안 기꺼이 그것을 옆으로 밀어놓으셨다는 의미에서도 더 크시다(참조. 17 : 5 "아버지여 창세전에 내가 아버지와 함께 가졌던 영화로써 지금도 아버지와 함께 나를 영화롭게 하옵소서"). 바렛(C. K. Barrett)은 그것을 이처럼 훌륭하게 풀이해 놓았다 : "아버지는 보내고 명하는 하나님이시며 아들은 보냄을 받고 순종적인 하나님이시다. 여기에서 요한의 생각은 지상 사역에서의 아들의 굴욕에 초점을 맞추고 있다. 즉, 그의 죽음을 통해서 절정과 종말에 이르는 굴욕에 초점을 맞추고 있는 것이다."

그 문맥상, 아버지께서 아들보다 크다는 진술은 왜라는 이유로서의 기능을 하고 있다. 제자들이 진정으로 예수님을 사랑했다면 그들은 그의 가심을 기뻐하였을 것이었기 때문이다. 그 주장은 다음과도 같을 수 있다 : 만일 그들이 예수님을 사랑하였다면, 그들은 그에게 가장 좋은 것을 원하였을 것이다. 아버지께로 돌아가는 것은 화육(化肉)되기 이전에 그가 아버지와 함께 나누었던 영광에로 돌아가는 것을 의미하였을 것이다. 그의 굴욕은 끝나게 될 것이며 그의 승리는 성취되고 중보적인 왕으로서의 그의 통치가 시작될 것이었다. 그를 사랑한다고 고백하는 자들이 이러한 사실에 그와 함께 기뻐해야 하지 않겠는가? 그들의 침울함은 그들의 이기심을 입증해 준다. 그들은 그를 잃는다는 생각에 비참해졌던 것이다. 그들은 어떠한 기쁨 — 그에게 가장 좋은 것을 그들도 즐거워함으로써 보여주게 될 그 기쁨을 입증하지 못하고 있다.

예수께서 기대하실 수도 있었던 그러한 종류의 반응은 때로 그리스도인의 장례식에서 발견할 수 있다. 그리스도 안에서 사랑받던 형제나 자매, 소중히 여김받던 아내나 남편의 사별은 눈물과 비통한 정서적 번민을 자아내게 마련이다. 그러나 동시에 조문객들까지도, 떠나간 그 신자가 누릴 기쁘고도 새로운 전망들에 대해 생각하면서 즐거워할 수 있다. 눈물은 거룩한 미소와 뒤섞이게 된다 : 우리는 "소망없는 다른 이와 같이 슬퍼하지" 않는다(살전 4 : 13). 그러나 이 양면적인 기쁨과 슬픔 대신에 예수님의 제자들은 단지 이기주의만을 드러내었다.

예수께서는 그들을 책망하실 때에도 그들을 위로하신다 : "이제 일이 이루기 전에 너희에게 말한 것은 일이 이룰 때에 너희로 믿게 하려 함이라"(14 : 29, 참조. 13 : 19). 그는 가능한한 그들의 고통을 오래 지속시키기 위해서 십자가를 통해 그가 곧 떠나실 것에 대해 그들에게 말씀하시지 않았다. 그 지극히 치명적인 사건들이 드러나게 될 때, 그가 그 자신이 무엇을 하고 계시는지 알고 계셨음을 감지하고서 견고한 믿음을 지니게 되도록 하기 위해 미리 그들에게 말

쓤하시지 않았던 것이다. 그들은 예수님의 적들이 그에게 너무도
강했다던가 아니면 그가 잠시나마 그 상황을 통제하지 못하였다고는
생각하지 않을 것이다. 그는 또 다른 경우에 이렇게 주장하셨다 :
"아버지께서 나를 사랑하시는 것은 내가 다시 목숨을 얻기 위하여
목숨을 버림이라 이를 내게서 빼앗는 자가 있는 것이 아니라 내가
스스로 버리노라 나는 버릴 권세도 있고 다시 얻을 권세도 있으니
이 계명은 내 아버지에게서 받았노라"(10 : 17, 18). 마태복음에 의
하면, 예수께서는 체포 현장에서 똑같은 종류의 말씀을 하신 것이
여전히 발견된다 : "너는 내가 내 아버지께 구하여 지금 열 두 영
더되는 천사를 보내시게 할 수 없는 줄로 아느냐 내가 만일 그렇게
하면 이런 일이 있으리라 한 성경이 어떻게 이루어지리요"(마 26 : 53,
54). 제자들은 그가 그의 가심에 대해 그들에게 말씀하실 때 그는
그들의 최대 유익을 염두에 두시고 있었음을 깨달아야 했다. 즉, 그는
다시는 결코 흔들림이 있을 수 없는 믿음에로 나아가는 길을 그들을
위해 마련해 놓으신 것이었다.

간단히 말해서 예수께서는 이 절들(14 : 28 이하) 속에서 그의 제
자들을 위로하시나 그들의 이기심을 책망하신다. 그는 그 이상의 것을
하시고 있다. 그는 그들의 관심의 **얄팍함**을 책망하신다. 요한복음의
독자들은 제자들의 실제적인 관심이 그들이 피하기를 열렬히 원했던
그 한 가지 일, 즉 그의 가심에 있었음을 모두 알고 있다. 예수께서는
그의 가심을 통해서 그들의 구속을 성취하시며 아버지의 임재에로
나가는 길이 되시며 성령을 부으신다. 만일 그들이 그들의 직접적
이고도 얄팍한 관심에만 주의를 기울인다면, 그들은 이 모든 것을
놓치게 될 것이다.

그 구절은 풍자적인 내용을 담고 있다. 제자들은 예수의 가심을

탄식하였으며 따라서 그들은 그를 사랑하는 것보다 그들 자신을 사랑한다는 것을 드러내었다. 그러나 이 선택이 인정되었던 바로 이 자기애 때문에 제자들이 참으로 관심을 쏟고 있었던 것을 얻지 못하였을 것이다. 역으로 만일 제자들이 주 예수께서 원하셨던 것, 그에게 가장 유익하였던 것에 보다 더 많은 관심을 갖고 있었다면 그리고 그들 자신의 근심에 보다 덜 관심을 갖고 있었다면, 그들은 그들의 이기심을 동시에 통제하였을 것이다.

우리는 제자들에게 너무 가혹해서는 안 된다. 오늘날 우리도 쉽사리 비슷한 함정에 빠지기 때문이다. 만일 우리가 자아를 사랑한다면, 우리는 자아의 가장 큰 유익을 놓치게 된다. 우리가 자아에 대해 죽고 예수 그리스도의 뜻을 진심으로 구한다면, 우리는 그의 뜻이 또한 우리에게 가장 큰 유익이 될 것임을 마침내 발견하게 된다. 이것을 믿는 것 — 참으로 그것을 믿는 것 — 은 우리의 미숙한 투쟁 가운데 많은 것을 제거할 것이며, 옛사람이 스스로를 고집하는 그 사망의 고통들을 제거할 것이다. 그것의 부르짖음은 기만적이다. 그것은 이기주의에 호소하나 자아에 가장 큰 유익을 주지 못한다. 왜냐하면 그것은 오직 예수 그리스도 안에서만 발견되는 축복을 고려할 수 없기 때문이다. 죄악된 자기애의 비극적인 아이러니는 그것이 자아를 위해 참으로 귀한 것을 아무것도 얻지 못하며 모든 것을 잃어버린다는 사실이다. 예수께서 그의 제자들을 위로하시는 한편 그들 관심의 얄팍함을 책망하시고 있는 것은 바로 이러한 이유에서이다.

예수께서 죽으시나,
그것은 그가 사랑의 희생과 순종의 아들로서 죽으시는 것이지
운명의 덫에 얽히거나 죄의 올무에 걸려서
애처로운 또는 죄를 범한 희생물로서 죽으시는 것이 아니다.

"이후에는 내가 너희와 말을 많이 하지 아니하리니"하고 말씀하시면서 예수께서는 그가 지적해 왔던 그 시각이 이제 임박하였음을 그들에게 상기시키신다. "이 세상 임금"이 오겠음이라 그러나 저는 내게 관계할 것이 없으니 오직 내가 아버지를 사랑하는 것과 아버지의 명하신대로 행하는 것을 세상으로 알게 하려 함이로라"(14 : 30, 31).

"이 세상 임금은 마귀이다. 이 문맥에서 그가 "오는 것"은 그 "때"(12 : 27), 그 고난의 때가 오는 것과 동일하다. 마귀는 예수를 대적하고 그로 고난당하고 죽게 하시기 위해 온다. 그는 유다를 부추겨서 가장 극악무도한 배신을 하게 하였으며(6 : 70 ; 13 : 2, 27), 이제 그는 자신의 상을 주장하기 위해 온다. 그러나 비록 그 수난이 예수와 사단 사이의 투쟁이라 할지라도, 거기에는 분명히 결과가 있다. 그 수난은 사단의 패배를 동반한다. 예수께서는 일찍이 이렇게 선언하셨기 때문이다 : "이제 이 세상의 심판이 이르렀으니 이 세상 임금이 쫓겨나리라"(12 : 31).

비슷한 맥락에서 예수께서는 이제 유다에 대해 "저는 내게 관계할 것이 없으니"(14 : 30)라고 말씀하신다. 그 말씀은 원래 문자적으로 "그는 내 안에서 아무것도 갖고 있지 못하다"는 뜻으로 풀이되며 그것은 헬라어로 기록되어 있기는 하나 "그는 나에 대해 아무런 권리도 없다"를 의미하는 히브리 관용어를 반향하고 있다. 이 세상 임금은 예수께 대해 권리를 주장할 수 없었을 것이다. 예수께서는 이 세상에 속하시지 않기 때문이다. 예수께서는 마귀의 통치 영역 밖에 계신다. 요한복음의 다른 곳에서 예수께서는 그가 죄로 책잡힐 것이 없음을 밝히시고 있다(8 : 46). 여기에서 그는 마귀가 그에 대해 주장할 것이 없음을 주장하심으로써 똑같은 사실을 예증하신다. 그 밖의 모든 다른 인간들에 대해 마귀가 주장하는 바는 그들의 죄이며 그들의 죄의식이다. 그러나 예수께서는 무죄하시다.

그에게 죄가 없으시고 이 세상 임금이 그에 대한 요구를 할 수 없기 때문에 예수께서는 그의 임박한 수난이 그가 마땅히 받아야 할 몫이 아님을 알고 계시다. 그가 십자가로 가시는 것은 그 자신이 마땅히 죽어야 할 만하기 때문이 아니고 사단의 권세 때문도 아니며 오직 아버지께서 그에게 가도록 명하셨고 예수께서는 아버지를 너무도 사랑하신 나머지 아버지께서 명하신 일을 기꺼이 이행하시고자 했기 때문이다.

"오직 내가 아버지를 사랑하는 것과 아버지의 명하신대로 행하는 것을 세상으로 알게 하려 함이로라"(14 : 31)하고 예수께서 말씀하신다. 그의 아버지의 명령은 그의 목숨을 버리고 다시 그것을 얻는 것이다(10 : 18). 그 수난은 드러내어지고 있으며 예수께서는 죽으셔야 한다. 그러나 그는 자랑과 순종의 아들로서 자발적인 자기 희생을 통해 죽으시는 것이지 운명의 덫에 빠지거나 죄의 올무에 걸려 애처롭거나 유죄한 희생물로서 죽으시는 것이 아니다.

오늘날 그리스도인들은 예수의 죽음을 그들 자신과 관련해서 생각한다. 우리는 그의 죽음이 그가 우리를 지고하게 사랑하신다는 것을 입증하는 것으로 인식하고 있다. 우리는 이 찬송을 부를 때 깊은 감동을 받는다 :

웬 말인가 날 위하여 주 돌아가셨나
이 벌레같은 날 위해 큰 해 받으셨나

내 지은 죄 다 지시고 못박히셨으니
웬 일인가 웬 은헨가 그 사랑 크셔라

— 아이작 왓츠 (Isaac Watts ; 1674~1748)

이것은 사실이다. 참으로 사실이다. 그러나 여기에는 일방적인 측면이 없지 않다. 왜 예수께서 십자가로 가셨는가를 우리가 생각해 볼 때 간과해서는 안 되는 또 하나의 요소가 있는 것이다. 예수께서 죽음을 택하신 이유는 그가 우리를 사랑하셨기 때문만이 아니라 그가 아버지를 사랑하셔서 무엇보다도 그의 뜻을 따라 행하기를 열망하셨기 때문이다.

우리가 이 신적인 요소를 무시한다면 구속 계획의 장엄함을 감소시키는 일이 된다. 그리스도의 사랑이 우리와 같은 인간들을 그 유일한 또는 심지어 주된 대상으로 삼고 있다고 생각하는 것은 우리 이기심의 발로이다. 이것은 우리를 위한 그리스도의 사랑을 최소화하려는 것이 아니라 오히려 아버지께 대한 그의 사랑의 탁월함을 인식하려는 것이다. 십자가는 영원한 하나님의 아들이 얼마나 깊이 그의 아버지를 사랑하시며 얼마나 철저하게 그가 아버지께 순종하고 그를 기쁘시게 해드리는가를 밝힌다. 겟세마네에서도(막 14), 예수의 고뇌는 그의 아버지의 뜻과 관련되어 묘사되고 있지 다른 사람들을 위해 그 자신을 희생시키는 측면에서 묘사되어 있지는 않다.

마찬가지로, 아버지께서 세상을 너무도 사랑하신 나머지 그의 아

들을 보내셨다(3 : 16)는 것이 사실이기는 하지만, 이것은 그 아들에
대한 그의 사랑을 전제로 한다. 놀라운 것은 그 아들의 사역과 수난과
승리가 **우리를 위한** 아버지의 사랑을 증거할 뿐만 아니라 **그의 아들을
위한** 아버지의 사랑도 증거한다는 사실이다. 아버지께서 그의 아들의
손에 모든 것을 맡기신 것은 이러한 방법에 의한 것이기 때문이다.
따라서 제 4복음서는 "아버지께서 아들을 사랑하사 만물을 다 그
손에 주셨으니"(3 : 35)라고 말하고 있다.

그 아들의 뜻은 그의 아버지를 기쁘게 해드리는 것이지 우리를
구원하는 것만은 아니다. 그리고 아버지의 뜻은 모든 사람으로 하여금
그 아들을 공경하게 하는 것이지 우리를 용서하는 것만은 아니다.
구속의 드라마 속에서 이 신적인 관계들을 파악하기 위해서는 우리의
교만을 꺾고 말로 표현할 수 없는 특권에 대한 우리의 감각을 고
양시키는 것이다. 구원받고 새롭게 되는 것, 새 생명을 받는 것,
용서받는 것, 이 모든 것은 우리가 하나님의 삼위 인격들 가운데서의
사랑의 온전함 속에 사로잡히기 때문에 얻는 것으로서 이루 말할
수 없이 엄숙하며 황홀하도록 훌륭하다.

이 진리들을 배우는 일은 숭배를 고무할 뿐만 아니라 모방을 촉
구한다. 아버지께 대한 예수님의 사랑의 순종은, 예수님께 대한 나의
사랑의 순종을 가늠하는 표준이 된다. 이러한 이유 때문에 다음
단락에서 예수께서는 "내가 아버지의 계명을 지켜 그의 사랑 안에
거하는 것 같이 너희도 내 계명을 지키면 내 사랑 안에 거하리라"
(15 : 10)고 명백하게 단언하신다.

예수께서는 떠나시나 그를 따르는 자들에게 큰 유산을 남겨놓으
신다. 즉, 성령과 예수님 자신의 평안이 바로 그것이다.

예수께서는 그의 제자들을 위로하시나 그들의 얄팍한 이기심을

아들로서 죽으시는 것이지 운명의 덫에 얽히거나 죄의 올무에 걸려서
애처로운 또는 죄를 범한 희생물로서 죽으시는 것이 아니다.

"일어나라 여기를 떠나자"고 예수님은 요한복음 14장에서 마지막
말씀을 하신다. 그 말씀은 너무도 극적으로 고별담화를 중단시키고
있기 때문에, 그것은 많은 설명들을 불러일으켰다. 많은 학자들은
그러한 단어들이 한 담화의 끝남을 가리키며 따라서 다음의 두 장은
적합한 자리에 배치되지 못했다고 주장한다. 그들은 요한복음 15장과
16장이 원래 14장 앞에 있었거나 요한복음 14장과 15-16장이 어떤
민감하지 못한 편집자가 그 책을 잘못 배열해 놓음으로 말미암아
생긴 같은 담화에 대한 두 가지 보고라는 이론을 내세우고 있다.
이 어느 이론도 그리 권할 만한 것은 못된다. 그 어느 주장도 본문의
뒷받침을 얻고 있지 않으며, 14장 시작부터 16장 끝까지(이 책이
보여주고자 시도하고 있듯이) 생각의 진전이 있다는 사실은 그들의
주장을 대항하고 있다.

우리가 어떤 배열의 이론을 채택하지 않는다 할지라도, 요한복음
14장 끝에서의 헬라어 문법이 난해하다는 사실은 인정되어야만 한다.
나의 해설은 NIV(New International Version) 성경을 따르고 있으며
나의 판단으로는 그것이 가장 정확한 것 같다. 그러나 그 본문을
다음과 같은 구두법을 사용하여 해석하는 것도 가능할 것이다 :
"[마귀는] 내게 관계할 것이 없다. 그러나 내가 아버지를 사랑하는
것과 아버지의 명하신대로 행하는 것을 세상으로 알게 하기 위하여
일어나라 여기를 떠나자." 14장 30절 이하를 이렇게 해석해서는 안
된다는 법은 없으나 그것은 아마도 NIV의 구두법을 따르는 것보다
덜 적합할 것이다.

한 영국학자 도드(C. H. Dodd)는 14장 31절의 마지막 말씀을 격려하는 말로서 비유적으로 받아들인다 : "이 세상 통치자가 올 것이다. 그는 내게 대해 아무런 권리가 없으나, 내가 아버지를 사랑하며 그가 명하시는 바를 정확하게 행한다는 것을 세상에 보여주기 위해, 자 이제 그를 만나러 행진하자 ! " 이러한 해석이 관심을 끌지 않는 것은 아니다. 그것은 심한 난점에 부딪히게 된다. 첫째, 15장과 16장이 그러한 선동적인 말씀 뒤에 어떻게 무리없이 이어질 수 있는가 하는 점이 분명하지 않다. 둘째, 고별담화 전체를 통해서 예수께서는 임박한 수난의 때를 그 자신이 겪어야 하는 것으로서 받아들이고 있다. 그것은 오직 그 혼자만이 겪어야 하는 투쟁이다. 제자들이 그 말에 당황해 하며 고민스럽게 받아들이는 한 그것은 그들의 몫이다. 셋째, 본문은 "그를 만나러 행진하자 ! "고 말하지 않는다. 오히려 본문은 "여기를 떠나자" 또는 NIV의 표현대로 "떠나가자"라고 말한다.

모든 것을 고려해 볼 때, 그 말들을 "자, 떠나자"로 받아들이는 것이 가장 좋은 것 같다. 예수님과 그의 제자들이 실제로 다락방을 떠나서 꾸불꾸불한 예루살렘 거리를 지나 여행을 시작하여 성문을 통과하고 비탈길을 내려오며 기드론 시내를 건너고 감람산으로 올라오는 동안 나누었던 고별담화 속에서 하나의 중간 휴식을 뜻하는 것으로 이 말을 해석하는 것이 가장 좋은 것 같다. 18장 1절에 의하면 그들은 예수께서 요한복음 17장의 기도를 하시기 전까지는 실제로 기드론 시내를 건너지 않았다.[1]. 그러나 15-17장의 내용은 그들이 다락방을 떠난 그 시각과 그들이 그 성벽을 떠나 그 계곡 아래로 내려오던 그 시각 사이에 주어졌을 것이다. 요한복음 15장에서 포도나무 비유를 이끌어낸 것이 그 지역 포도원이나 성문에 조각된 포도나무 모양일 수가 있었는가 ? 요한복음 16장 17-19절의 대화는 꾸짖으신다. 예수께서는 죽으시나 그것은 그가 사랑의 희생과 순종의 그 길이 열두 사람이 다닐 정도로 좁고 그들로 하여금 보다 더 적은 무리가 되어 다니도록 만들었기 때문에 제자들 무리의 대화가 소근거릴 수밖에 없었음을 암시한다는 주장이 가능한가? "예수께서 이 말씀을 하시고 눈을 들어 하늘을 **우러러** 기도하셨다"(17:1)는 구절은 예수님과 그의 사람들이 눈을 들어 하늘을 우러러 본 것이었지 천장을 바라본 것은 아니었다는, 즉 그들이 밖에 있었다는 생각을 격려하고 있는가? 단언하기는 힘들며 결정적인 증거도 없다. 그러나 나는 다른 어느 것보다 이러한 종류의 해석을 더 지지한다.

주

1) 18장 4절은 "예수께서 이 말씀을 하시고 제자들과 함께 기드론 시내 저편으로 나가시니"라고 말하고 있으므로 많은 학자들은 그와 그의 제자들이 그때까지는 다락방을 떠날 수 없었다고 주장하였다. 만일 그렇다면 14장 31절은 내가 제시한 방법으로는 거의 받아들여질 수 없을 것이다. 그러나 헬라어로 사용된 그 동사는 그렇게 강하게 받아들여질 수 있는 것만은 아니다. 비록 그것이 "밖으로 나가다" 또는 "떠나다"를 보통 의미하고 있기는 하지만 그것은 때로 보다 약한 뜻으로 "가다" 또는 "나가다" 또는 "앞으로 가다"를 의미하기도 한다. 몇 가지 절에서와 마찬가지로 18장 4절에서 바로 그 동사는 이처럼 약한 의미를 담고 있다 : "예수께서 그 당할 일을 다 아시고 나아가 가라사대 너희가 누구를 찾느냐" 이 시점에서 예수는 분명히 밖에 계시며 다가오는 무리들도 그러하다. 예수께서는 어떤 문자적 의미에서 "밖으로 가신"(go out) 것이 아니고 오히려 "앞으로 나아가신"(go forward) 것이다. 18장 1절에서도 이와 같이 사용될 수 있을 것이다.

5
예수 그리스도와의
영적 친교

요한복음 15 : 1—16

¹내가 참 포도나무요 내 아버지는 그 농부라 ²무릇 내게 있어 과실을 맺지 아니하는 가지는 아버지께서 이를 제해 버리시고 무릇 과실을 맺는 가지는 더 과실을 맺게 하려 하여 이를 깨끗케 하시느니라 ³너희는 내가 일러준 말로 이미 깨끗하였으니 ⁴내 안에 거하라 나도 너희 안에 거하리라 가지가 포도나무에 붙어 있지 아니하면 절로 과실을 맺을 수 없음 같이 너희도 내 안에 있지 아니하면 그러하리라 ⁵나는 포도나무요 너희는 가지니 저가 내 안에, 내가 저 안에 있으면 이 사람은 과실을 많이 맺나니 나를 떠나서는 너희가 아무것도 할 수 없음이라 ⁶사람이 내 안에 거하지 아니하면 가지처럼 밖에 버리워 말라지나니 사람들이 이것을 모아다가 불에 던져 사르느니라 ⁷너희가 내 안에 거하고 내 말이 너희 안에 거하면 무엇이든지 원하는 대로 구하라 그리하면 이루리라 ⁸너희가 과실을 많이 맺으면 내 아버지께서 영광을 받으실 것이요 너희가 내 제자가 되리라 ⁹아버지께서 나를 사랑하신 것 같이 나도 너희를 사랑하였으니 나의 사랑 안에 거하라 ¹⁰내가 아버지의 계명을 지켜 그의 사랑 안에 거하는 것 같이 너희도

내 계명을 지키면 내 사랑 안에 거하리라 ¹¹내가 이것을 너희에게 이름은 내 기쁨이 너희 안에 있어 너희 기쁨을 충만하게 하려 함이니라 ¹²내 계명은 곧 내가 너희를 사랑한 것 같이 너희도 서로 사랑하라 하는 이것이니라 ¹³사람이 친구를 위하여 자기 목숨을 버리면 이에서 더 큰 사랑이 없나니 ¹⁴너희가 나의 명하는 대로 행하면 곧 나의 친구라 ¹⁵이제부터는 너희를 종이라 하지 아니하리니 종은 주인의 하는 것을 알지 못함이라 너희를 친구라 하였노니 내가 내 아버지께 들은 것을 다 너희에게 알게 하였음이니라 ¹⁶너희가 나를 택한 것이 아니요 내가 너희를 택하여 세웠나니 이는 너희로 가서 과실을 맺게 하고 또 너희 과실이 항상 있게 하여 내 이름으로 아버지께 무엇을 구하든지 다 받게 하려 함이니라

요한복음 15장의 처음 몇 절들보다도 피상적인 차원에서 더 잘 알려진 성경 구절은 거의 없다. 여기에서 예수께서는 참 포도나무라고 주장하신다. 그의 아버지는 농부이시며 그를 따르는 자들은 가지들이다. 열매 맺는 가지들은 더 많은 열매를 맺도록 하기 위해 전정(剪定)되어진다. 열매 맺지 못하는 가지들은 베어지고 불살라진다. 예수를 따르는 자는 그 자신이 포도나무 위의 가지처럼 오직 그리스도 안에 "있을" 때에만 열매를 맺을 수 있다는 사실을 배워야 한다. "나를 떠나서는 너희가 아무것도 할 수 없음이라"(15 : 5)고 예수께서는 주장하신다. 참 포도나무에 남아있는 신자는 효과적인 기도를 약속받는다 : "너희가 내 안에 거하고 내 말이 너희 안에 거하면 무엇이든지 원하는 대로 구하라 그리하면 이루리라"(15 : 7). 이것은 아버지의 영광에 관한 것이다. 그 사상은 예수께서 일찍이 고별담화에서 가르치신 내용의 메아리이다(참조. 14 : 13 이하).

앞의 내용을 이처럼 고립적으로 반향하고 있음에도 불구하고 요한복음 15장은 전체적으로 중대한 단계로 나아가고 있다. 이제 예수께서는 생명과 열매 맺음, 기도, 증거 그리고 그가 멀리 떠나계실 그 기간 동안 그의 제자들이 경험하게 될 반대 등에 그 이야기의 초점을 맞추신다. 이 내용의 이야기가 지속적으로 발전되어가고 있으며 16장 15절까지 줄곧 비슷한 주제들이 이어진다.

15장의 처음 몇 절은 우리에게 비유 — 적어도 공관복음서에 기록된 그러한 것들과 비슷한 비유 — 를 소개하고 있지 않다. 어떤 이야기나 줄거리가 없다. 우리에게 주어진 것은 해설이 없는 확대된 비유법 — 또는 바렛트(C. K. Barrett)의 말대로 "포도 재배에 관한 어떤 보편적인 관찰" 뿐이다. 그렇다 할지라도 그리스도인들은 이 절들에 대해 오랫동안 애착을 품어왔는데, 그것은 그것이 심오하면서도 난해하기 때문이다.

이 절들은 그리스도인의 신앙 안에 있는 어떤 깊은 실재들을 다루고 있기 때문에 심오하다. 예수께서 그 구절의 중심이다. 즉, 그 자신이 그 참 포도나무이신 것이다. 참(true)이라는 단어는 포도나무를 다루고 있는 그밖의 다른 성경 구절들을 우리에게 상기시킨다. 특히 구약 성경은 이스라엘 백성들에게 하나님의 포도원을 자주 상기시킨다 (보기. 시 80：8-16；사 5：1-7；27：2 이하；렘 2：21；12：10-13；겔 15：1-8；19：10-14). 이 구절들 대부분은 이 포도원이 많은 큰 총애와 '특권을 입었음에도 불구하고 또한 얼마나 부패하였었는지를 강조하고 있다. 하나님께서 "좋은 포도 맺기를 바랐더니 들포도를 맺혔도다"(사 5：2). "내가 너를 순전한 참 종자 곧 귀한 포도나무로 심었거늘 내게 대하여 이방 포도나무의 악한 가지가 됨은 어찜이뇨"(렘 2：21)하고 하나님은 말씀하신다. 이제 예수께서는 그 자신이 **참** 포도나무이심을 선언하신다.

일찍이 시편 **80편**에서는 포도나무와 인자를 연관시켜 놓고 있는데 아마도 요한복음 15장에서는 그 연관성을 반향(反響)하고 있는 것 같다. 하나님의 참 백성은 그 참 포도나무 안에 있는 가지들인 자이다. 이것은 15장이 우리에게 말하고 있는 바이다. 예수의 몸이 참 성전(요 2장)이며 그가 하늘로부터 온 참 떡(요 6장)인 것 같이, 그리고 갈증을 참으로 해소시켜 주는 물(요 4장)이고 선한 목자(요 10장)이며 사람들을 죽은 자 가운데서 부활케 하는 생명인 것 같이 그는 참 포도나무이시다. 구약성경의 모든 그림자는 그의 본질의 빛 안에서 사라져 버린다(골 2 : 17과 비교해 보라).

요한복음 15장은 그밖의 다른 이유들로 인해 심오하며 강압적이다. 그것은 그리스도와 그를 따르는 자들 간의 연합, 그들이 그것을 떠나서는 열매를 맺을 수 없는 연합(15 : 4 이하)을 다루고 있다. 그리스도와 그리스도인들과의 이 친밀함 속에 무엇이 내포되어 있든지 간에 그것은 영적 활력의 중심부를 차지한다. 이 열매 맺는 행위는 너무도 중요하기 때문에, 열매 맺는 모든 가지는 더 많은 열매를 맺도록 하기 위해 가지치기를 받는다. 이것도 역시 신자들의 경험에 있어서 핵심적인 것이 된다. 우리는 고통스러운 가지치기가 우리로 하여금 자기 연민과 혼돈 속에서 부르짖도록 만들기 이전에는 정녕코 그리스도인의 길을 걸어갈 수가 없다. 그러나 시간이 흐름에 따라 우리는 그 거룩하신 농부께서 그가 하시려는 바를 알고 계시다는 것을 알게 되고 우리 삶이 보다 더 풍성한 열매를 맺게 하시는 것을 감사한 마음으로 인정하게 된다. 요한복음 15장이 수세기 동안 신자들의 사랑을 받는 구절이 되어오고 있다는 것은 놀라운 일이 아니다.

그러나 그 구절은 심오한 만큼 난해하다. 정확하게 어떤 종류의 열매를 우리는 맺어야 하는 것인가? 어떤 신자든지 7절과 8절의 그 터무니없는 기도의 약속들을 함부로 누릴 수 있는 것인가? "그리스도 안에 있는" 것은 참으로 무엇을 의미하는가? 무엇보다도 이 포도나무 안에 있다고 하는 가지들이 열매 맺지 못하게 되는 것은 어째서인가? 그리고 어떻게 해서 이 가지들이 베어버려지고 멸하여질 수 있는가?

나는 이 질문들에 대해 직접 대답할 의도를 갖고 있지 않다. 그러나 그 장의 다음 절들, 9-16절은 모든 다른 질문들 뒤에 숨겨져 있는 한 질문을 다루고 있다. 우리가 그 질문을 파악하게 된다면, 나머지 질문들도 파악하게 될 것이다. 요한복음 15장 9-16절은 예수님과 신자간의 친밀성, 포도나무와 가지와의 친밀성의 성격을 다루고 있다. 나는 그것을 예수께서 방금 사용하신 그 확대 비유에 대한 예수님 자신의 설명으로 받아들인다. 15장 1-8절과 15장 9-16절 사이의 수많은 평행절들은 다음과 같은 사실을 시사하고 있는 것 같다. 즉, 예수 안에 "있는" 것에 대한 지속적인 강조, 열매 맺는 것에 대한 언급, 포도나무/예수께 속하여 있는 특권 감지, 기도에 관한 큰 약속들 안에 있는 두 부분의 극치 등을 시사하는 것으로 보인다. 이것들은 우리가 관찰하게 될 평행절들 가운데 일부에 지나지 않으며, 이 평행절들을 파악하게 될 때, 우리는 15장 9-16절에 대한 해설이 동시에 15장 1-8절의 주제에 대한 해설이며 후자의 난해성에 대한 해답임을 발견하게 될 것이다.

요한복음 15장 8-16절은 예수님과 신자간의 친밀성의 성격에 관해 다음 다섯 가지 사실을 강조하고 있다.

예수 그리스도와 신자간의 친밀함은 어떤 면에 있어서는 예수님과 그의 아버지간의 친밀함과 병행을 이루는 그러한 것이다

"아버지께서 나를 사랑하신 것 같이 나도 너희를 사랑하였으니 나의 사랑 안에 거하라 내가 아버지의 계명을 지켜 그의 사랑 안에 거하는 것 같이 너희도 내 계명을 지키면 내 사랑 안에 거하리라 내가 이것을 너희에게 이름은 내 기쁨이 너희 안에 있어 너희 기쁨을 충만하게 하려함이니라"(15 : 9-11).

여기에는 다음 세 가지의 공통요소가 있다.

1. 예수께서 아버지의 사랑의 대상이신 것과 마찬가지로 신자는 예수님의 사랑의 대상이다. 이 사실은 본문에 명백히 진술되어 있다 : "아버지께서 나를 사랑하신 것 같이 나도 너희를 사랑하였으니"(15 : 9 상반절).

이 복음서의 첫번째 절에서 우리가 그 말씀이 하나님이셨음을 읽었다면, 우리는 그 말씀이 하나님과 함께 계셨음을 바로 그 절에서 읽은 셈이 된다. 그리고 사용된 그 독특한 표현은 그 말씀이 하나님의 임재 가운데 계셨음을 의미한다. 영원 전부터 이것은 그러하였으며 그 "시간" 내내 아버지께서는 아들을 사랑하셨다. 요한은 하나님이 사랑이시라고(요일 4 : 8) 우리에게 말할 때 이 사실을 전제로 하고 있다. 항상 홀로 은둔하여 살았던 어떤 하나님이 사랑의 하나님으로 실재적으로 묘사되어질 수는 없다. 그러나 삼위일체의 하나님으로 존재하는 어떤 하나님은 실제로 심오한 사랑을 발휘하실 수도 있을 것이다. 예수께서는 아버지께서 창세 전부터 그를 사랑하셨음을 명백하게 밝히신다(17 : 24). 아들에 대한 아버지의 이 사랑은 "하나님이 세상을 이처럼 사랑하사 독생자를 주셨으니 …"(3 : 16)라는 말 속에 가정되어 있는 대조적인 사실을 다시 그 전제로 삼고 있다. 마찬가지로 바울도 "자기 아들을 아끼지 아니 하시고 우리 모든 사람을 위하여 내어주신 이가 어찌 그 아들과 함께 모든 것을 우리에게 은사로 주지 아니하시겠느뇨"(롬 8 : 32)하고 주장할 때 그 아들에 대한 아버지의 영원한 사랑을 그 전제로 삼고 있다. 하나님은 그의 최고의 선물, 가장 소중한 선물은 이미 주셨는데 그 선물은 그가 사랑하시는 아들이다.

아들에 대한 아버지의 사랑은 그 아들의 화육(化肉) 이전 상태에 국한되지 않는다. 두번씩이나 요한복음은 아버지께서 아들을 사랑하시는 사실을 우리에게 말해 준다(3 : 35, 5 : 20). 그리고 두 경우 모두에서 그 문맥에 언급되고 있는 분은 예수 그리스도, 즉 육신이 되신 아들임을 보여주고 있다. 공관복음에 의하면 예수께서는 세례 요한에게 세례받으실새 하늘이 갈라지고 하늘로부터 "너는 내 사랑하는 아들이라 내가 너를 기뻐하노라"(막 1 : 11과 병행절들)는 아버지의 공적인 선언을 들으셨을 때에 가서야 비로소 그의 공적 사역을 시작하셨다. 변화산상에서의 사건은 그 아버지의 사랑을 입증해 주는 또 하나의 공적 증거이다 : "이는 내 사랑하는 아들이니 너희는 저희 말을 들으라"(막 9 : 7과 병행절들).

그리고 우리는 예수님의 매우 놀라운 말씀을 읽게 된다. "아버지께서 나를 사랑하신 것 같이 나도 너희를 사랑하였으니"(15 : 9 상반절), 우리는 그 아들이 아버지를 사랑하고 있으며 우리의 구원은 아버지를 기쁘시게 해드리려는 예수님의 소원에서 비롯된다는 사

실을 이미 발견하였다(14 : 30, 31과 이 책의 제 4장). 그러나 우리는
아버지께서 예수님을 사랑하신 바로 그 사랑으로 예수께서 우리를
사랑하신다는 몹시 놀라운 사실을 듣게 된다.

> 참으로 당신의 달콤하고도
> 놀라우신 사랑이
> 내 길을
> 인도하실 것입니다.
> 그리고 그것은
> 결코 없어지지 아니할 터이니
> 나의 찬양 또한
> 다함이 없을 것입니다.
>
> ― 조지 허버트 (George Herbert : 1593~1632)

이 글 속에는 그러한 사랑을 바탕으로 한 영원에 대한 언급이 있다.
예수께서 몇 절들 뒤에 "너희가 나를 택한 것이 아니요 내가 너희를
택하여 세웠나니 …"(15 : 16)하신 말씀은 그리 놀라운 것이 아니
다.

따라서 어떤 의미에서 그 아들은 우리에 대한 그 아버지의 사랑의
중보자이시다. 그러나 우리는 아버지 자신이 우리를 사랑하시지 못
한다고 생각해서는 안 된다. 오히려 완전히 반대이다. 대제사장적인
기도에서 예수께서는 아버지께, "아버지께서 나를 보내신 것과 또
나를 사랑하심 같이 저희도 사랑하신 것을"(17 : 23)이라고 말씀하
신다. 그럼에도 불구하고, 예수께서 "아버지께서 나를 사랑하신 것

같이 나도 너희를 사랑하였으니"(15 : 9 상반절)라고 하신 말씀은 예수께서 그의 아버지와 더불어 누리시는 그 어떤 친밀함을 신자들이 예수님과 더불어 누린다는 생각을 우리로 하여금 할 수 있도록 촉구하며 또 그 사실에 놀라움을 금치 못하게 해준다. 아버지는 포도나무를 소중히 여기는 농부이시다. 또 그 포도나무는 가지들을 아끼신다. 그 농부께서 가지들을 아끼지 않으시며 오직 포도나무에만 모든 관심을 쏟으신다는 것이 아니다. 그러나 그 가지들은 포도나무에 의해 양분을 공급받지 않는다면 동산에 있을 수가 없으며 농부의 애정을 받을 수도 없다. 그 아들이 그 아버지의 사랑의 중보자이신 것은 이러한 의미에서이다.

2. 그 예수께서 순종을 통해서 그의 아버지의 사랑 안에 계신 것 같이, 신자는 순종을 통해 예수님의 사랑 안에 있어야 한다. 예수께서는 "내가 아버지의 계명을 지켜 그의 사랑 안에 거하는 것 같이 너희도 내 계명을 지키면 내 사랑 안에 거하리라"(15 : 9 하반절-10)고 주장하신다.

예수께서는 아버지의 사랑의 대상이시다. 하지만 그는 그렇다고 해서 다른 사람의 사랑을 누리는 일이 가져다주는 책임을 망각하고서 그가 누리는 사랑 안에 있는 월계관을 의지하지는 않으신다. 오히려 예수께서는 그의 아버지의 명령에 순종함으로써 그의 아버지의 사랑 안에 있다. 아버지는 예수님을 홀로 두지 않으신다. 예수께서는 아버지를 기쁘시게 하는 일을 항상 행하시기 때문이다(8 : 29). 우리는 그 아들이 계시와 권위 가운데서 사람들과 관련하여 그의 아버지와 어떠한 관계를 맺고 계시는지, 그리고 복종과 신뢰 가운데서 아버지와 관련하여 사람들과 어떠한 관계를 맺고 계시는지를 이미 상세하게 살펴보았다. 그리고 이제 우리는 그의 아버지의 뜻에 대한 예수님의 복종에 다시금 강조점이 놓여 있는 것을 보게 된다.

이 복종은 신자들에게 모범이 되고 있다. 성경은 우리 앞에 얼마나 귀한 모범을 제시하고 있는가! 하나님의 아들일지라도 고난을 통해 순종을 배웠다. 여기에서 그는 우리가 느끼는 유혹들과 무관한 신은 아니시다. 이러한 이유로 인해 그의 명령은 하나님의 권위뿐만 아니라 인간적인 경험의 권위도 지니고 있다 : "내가 아버지의 계명을 지켜 그의 사랑 안에 거하는 것 같이 너희도 내 계명을 지키면 내 사랑 안에 거하리라"(15 : 10).

일찍이 예수께서는 "너희가 나를 사랑하면 나의 계명을 지키리라" (14 : 15)고 가르치셨다. 제자들의 심오한 사랑의 실재는 그들의 순종에 의해 입증될 수 있다. 그러나 제자들의 순종은 그들의 사랑에 대한 증거로서가 아니라 예수의 사랑 안에 거하는 수단으로서 제시된다.

우리는 본문이 무엇을 말하지 **않고** 있는가를 살펴보는 일에 특별한 관심을 기울여야 한다. 예수께서는 우리의 순종이 아무튼 그의 사랑을 얻는다든가 또는 그의 사랑이 너무도 음울하고 인색해서 일종의 도덕적 뇌물을 써서 그것을 그에게서 억지로 **빼앗아야** 한다는 것을 암시하시고 있지는 않다. 만일 그러했다면, 그 신적인 사랑이 앞세워지지 않았을 것이다. 우리는 그 사실을 알고 있다(3 : 16 ; 참조. 요일 4 : 10 이하).

아마도 우리는 신약의 몇 가지 예들을 상고함으로써 예수께서 의미하시는 바를 가장 쉽게 이해할 수 있을 것이다. 아나니아와 삽비라는 세례받은 신자들이었다. 그러나 그들은 성령 앞에서 속임수를 썼기 때문에 죽임을 당하였다(행 5장). 그들은 예수님의 사랑 안에 있지 않았다. 물론 죽임을 당한 것 그 자체가 그들이 예수님의 사랑 안에 거하지 않았다는 것을 입증하지 않는다. 결국 스데반도 죽임을 당하였다(행 7장). 그러나 스데반은 순교자의 죽임을 당하였고, 아나니아와 삽비라는 신적인 재판행위의 결과로서 죽었다.

우리는 주의 만찬에 합당치 않은 자세로 접근하였다가 결과적으로 과오를 범한 고린도 사람들을 생각해 볼 수 있다. 그들 가운데 일부는 죽었다(고전 11장). 그들은 예수의 사랑 안에 있지 않았던 것이다. 요한은 앞서 나가다가 그리스도의 가르침 안에 남아있지 않는, 자칭 신자들을 언급하고 있다. 그러한 사람들에게는 하나님이 없다고 요한은 주장한다(요이 9장). 유다도 "하나님의 사랑 안에서 자기를 지키며"(유 21장)라는 글을 쓸 때 승귀하신 그의 이복 형제의 가르침을 다시금 메아리쳐 울려 보내고 있다.

우리는 하나님의 사랑과 예수님의 사랑을 다루는 이 말씀들과 다른 성경 구절들 속에서 주시되어야 하는 것은 하나님의 사랑과 관련된 사상의 폭넓은 스펙트럼이 있다는 사실이다. 그리고 이 스펙트럼은 문맥에 따라 변한다. 성경은 모든 사람들에 대한 하나님의 진노를, 그의 거룩한 성품에 근거한 진노를 주장한다. 그러나 그것은 모든 사람들에 대한 하나님의 사랑을, 그의 아들을 보내시고 그들을 그에게로 오라고 초청하시는 그 사랑을 주장하기도 한다. 또한, 성경은 좁은 의미에서의 하나님의 사랑에 대해 이야기한다. 그는 에서보다 야곱을, 사울보다 다윗을, 그의 영광스러운 은혜의 찬미를 위해 어떤 백성 전체를 택하신다.[1] 하나님의 사랑에 관한 어떤 구절들이 담고 있는 어떤 내용들을 다른 구절에 전이시키는 것이 불합당할 때가 종종 있다. 그리고 어떤 구절의 내용들을 다른 구절과 전혀 연관시키지 않고 사용하는 것은 항상 옳지 못하다.

요한복음 15장의 문맥에서 예수께서는 **그의 제자들에 대한 사랑**을 이야기하고 있지, 어떻게 그들이 그의 제자들이 되었는가에 대해 이야기하지 않고 있다. 제자가 되는 것, 예수님과 친밀한 관계를 맺는 것은 어떤 책임들을 수반한다. 시작에서 그것은 순종을 요구한다. 오직 순종만이 그 제자가 예수님의 사랑 안에 있게 될 것을 보장한다. 마찬가지로, 앞절에서의 확대된 포도나무 비유에서, 어떤 가지도 포도나무에 남아 있지 않는 한 열매를 맺을 수 없다. 그리고 열매 맺지 않는 가지는 베어다가 불살라진다. 포도나무에 붙어있음으로 말미암아 자라고 열매 맺는 그곳에는 또한 생명도 있다. 성장과 열매가 없는 곳에는 생명도 없다. 제자직에 관해서 예수께서는 "너희가 과실을 많이 맺으면 내 아버지께서 영광을 받으실 것이요 **너희가 내 제자가 되리라**"(15 : 8)[2]고 말씀하심으로써 그 비유를 설명하신다. 따라서 그 질문은 공평하게 다루어져야 한다. 참된 신자가 그들의 구원을 잃을 수 있는가 없는가? 어떤 사람이 포도나무에 붙어 있는 가지였는데, 그 다음에 버려져서 멸해질 수 있는 것인가?

이 질문은 중요한 것이다. 그러나 그것은 성경에 대해 높은 안목을 갖고 있는, 그러므로 성경의 그 진술들이 궁극적으로 서로서로 조화될 수 있다고 생각하는 사람들에게만 중요할 뿐이다. 만일 어떤 사람이 이러한 관점을 나누지 못한다면, 그로 하여금 성경의 어떤 부분은 이것을, 또 어떤 부분은 그것과 상반되는 저것을 가르친다고 상상하지 않도록 미연에 방지할 길이 없다.

그러나 성경에 대해 높은 식견을 가지고 있는 사람은 신자가 완전히 버려질 수 없다고 말하는 것처럼 보이는 구절들을, 신자가 실제로 완전히 버려질 수도 있다고 말하는 것으로 보이는 다른 구절들과 통합해 보려고 노력한다. 즉, 그는 진리의 한 하나님께서 일련의 두

가지 구절들 뒤편에 계시다고 믿는다. 한편, 그는 예수님의 말씀, "나를 보내신 이의 뜻은 내게 주신 자 중에 내가 하나는 잃어버리지 아니하고 마지막 날에 다시 살리는 이것이니라"(6：39)는 진술과 "내 양은 내 음성을 들으며 나는 저희를 알며 저희는 나를 따르느니라 내가 저희에게 영생을 주노니 영원히 멸망치 아니할 터이요 또 저희를 내 손에서 빼앗을 자가 없느니라"(10：27, 28)는 진술을 상기한다. 그는 "너희 속에 착한 일을 시작하신 이가 그리스도 예수의 날까지 이루실 줄을 우리가 확신하노라"(빌 1：6)는 바울의 확신에 찬 말을 기억한다. 한편 그는 그리스도 안에서 열매 맺지 못하는 가지들은 베어 버려진다는 이 문장을 읽고서, 이 모든 말씀을 어떻게 정당하고도 정직하게 다룰 수 있는지를 연구해 본다.

이것은 그 주제를 완전히 설명하기에 적합한 단락은 아니다. 그러나 아마도 그것은 내가 판단하기에 하나의 실마리가 될 수 있는 어떤 지침을 제시하는 데 도움이 될 것이다. 그릇된 실마리들도 많다. 예를 들면, 혹자는 열매를 맺지 못하는 그 사람은 신자로서가 아니라 가지로서 던져지고 불살라진다고 암시한다. 그러한 "실마리"는 그 비유와 그 비유가 표현하는 바를 너무도 혹독하게 분리시켜 놓는다. 혹자는 그 구절이 전체적으로 그리스도인들을 다루지 않고 예수님을 참 메시아로 받아들이지 못한 유대인들을 다루고 있다고 암시한다. 포도나무 비유는 유대인의 가지들이 베어 버려지고 이방인의 가지들이 접붙여지는 내용을 다루고 있는 로마서 11장의 바울의 감람나무 비유와 유사하다. 그러나 요한복음 15장은 "접붙임"에 대해 전혀 이야기하지 않는다. 그 문맥은 유대인과 이방인을 구분하지 않고 있으며 베어짐을 당하는 **그리스도 안의** 가지들에 대해서만 이야기하고 있다. 그리스도인들(유대인이든 이방인이든)이 내용 가운데 다루어지고 있다.

이 문제의 참된 해결은 우리의 대화 신학이 아마도 부적합하다는 사실을 인식하는 데서 비롯될 것이다. 우리는 일단 사람이 결단을 내리면 그는 구원받으며 그것이 전부라고 생각하는 경향이 있다. 이 견해를 뒷받침해 주는 몇 가지 성경적 증거가 있다. 예수 그리스도께 대한 믿음을 지닌 사람은 참으로 거듭남을 경험하게 된다(요 3장). 그리고 빌립보 간수에 대한 단순한 지시(행 16장)는 끝없는 자격들에 대한 이야기로써 과소평가 되어져서는 안 된다. 그럼에도 불구하고, 사람의 영적 상태는 존재론적으로 보다는 현상학적으로 언급되어져야 한다는 사실을 뒷받침해 주는 성경적 증거가 많이 있다. 즉, 그 사람의 존재에 관한 것보다는 그의 행동과 반응에 따라 언급되어야 한다는 사실을 뒷받침하는 성경적 증거가 많다는 것이다. 성경에서 참된 회심은 어떤 사람의 존재 안에서 어떤 참 변화가 일어나는 것을 전제로 하고 있다. 그러나 이것은 성경 기자들로 하여금 사람의 말과 행위를 다루는 것을 중단시키지는 않는다. 오직 하나님만이 마음을 판단하실 수 있다. 당신과 나는 말과 행동을 판단할 수 있을 뿐이다.

예를 들면, 씨뿌리는 자의 비유(막 4와 병행절들)에서 예수께서는 네 가지 다른 형태의 토양을 묘사하신다. 오직 하나, "좋은" 땅만이 열매를(다양한 수확으로) 맺는다. 나머지 셋 땅 중에서 두 땅, 곧 흙이 얇은 돌밭과 가시떨기가 무성한 밭에서는 식물이 자란다. 딱딱하게 굳어있는 땅에서는 식물이 자라지 못한다. 새들(마귀)이 와서 씨를 쪼아가지고 가기 때문이다. 그러나 나머지 두 가지의 좋지 못한 땅들은 약속된 어떤 것들을 자라게 하기 시작한다. 사실상 얇은 땅에 심겨진 씨는 처음에는 가장 약속에 충실한 것으로 보인다. 예수님은 이렇게 말씀하신다 : "또 이와 같이 돌밭에 뿌리웠다는 것은 이들이니 곧 말씀을 들을 때에 즉시 기쁨으로 받으나 그 속에 뿌리가 없어 잠간 견디다가 말씀을 인하여 환난이나 핍박이 일어나는 때에는 곧 넘어지는 자요"(막 4 : 16, 17). 간단히 말해서, 참된 회개는 성급한 결단에 의해서가 아니라 오랜 기간을 두고 맺어지는 열매에 의해 가늠되어진다.

사도 요한도 교회를 떠나 거짓 가르침과 저속한 도덕을 전파하는 어떤 적그리스도들에 대해 논할 때 이와 같은 전망을 택하여 사용하고 있다. 세례를 받고 한때는 참 신자들과 더불어 교제하는 즐거움도 누린 일이 있었던 이 사람들을 어떻게 보아주어야 할 것인가 ? 요한은 이렇게 기록한다 : "저희가 우리에게서 나갔으나 우리에게 속하지 아니하였나니 만일 우리에게 속하였더면 우리와 함께 거하였으려니와 저희가 나간 것은 다 우리에게 속하지 아니함을 나타내려 함이니라"(요일 2 : 19). 다시 말해서, 요한은 그들의 배신 행위가 그들이 결코 참 신자가 아니었음을 입증하고 있음을 명백히 주장한다. 그들은 진리로부터 돌이켰으며 그들이 참여하였던 교제를 저버렸고 그들이 한때 차지하였던 자리를 배척하였다. 요한은 그들이 참 신자들이었을 리가 없으며, 그렇지 않았다면 그들은 그러한 일을 결코 행하지 아니하였을 것이라고 주장한다.

참 믿음은 끝까지 변치 않는다. 히브리서 기자는 동사의 시제를 재미있게 혼합 사용하면서 이렇게 말한다 : "우리가 시작할 때에 확실한 것을 끝까지 견고히 잡으면 그리스도와 함께 참예한 자가 되리라"(히 3 : 14). 요한도 "교훈 안에 거하는 이 사람이 아버지와 아들을 모시느니라"(요이 1 : 9)고 말한다.

이러한 사실을 이해한다는 것은 어떤 사람이 그의 안에 구원의 뿌리를 갖고 있지 않으면서도 얼마나 가깝게 그 문제에 근접할 수 있는가를 또한 아는 것이다. 사람은 철저한 동의를 하게 되는 단계에 이르러 믿게 될 수도 있다. 그는 분별있는 교회에 제시하는 모든 테스트에 합격하고 세례받을 수 있다. 그는 예수의 한 제자, 그를 따르는 자가 되어(어떤 사람의 눈으로 보기에도) 예수님의 가르침을 신봉할 수 있다. 그는 그가 사귀는 무리들로 인해 거룩한 어떤 것을 맛보고 간증할 수도 있다. 현상학적인 차원에서 본다면, 그 사람은 그리스도인이며 황제이다. 그는 가지이다. 그는 싹이 트고 자라게 되는 씨이다. 그러나 그 시점에 이르러 그가 진리를 배척하고 열매를 맺지 못하게 되거나 반대에 부딪혀 시들게 된다면, 내가 인용하였던 그 성경 기자들은 다음과 같은 사실에 동의한다 : 그는 처음부터 참 신자이었을 리가 없다. 요한복음 2장 23-25절은 어떤 사람이 어떤 점에서 예수를 의지하면서도 참 신자가 아닐 수 있다는 사실을 명백히 밝힌다. 가룟 유다는 열두 제자에 의해 받아들여졌고 그 누구도 그의 반역적인 변절을 의심하지 않았다. 그러나 최종적인 판정은 그가 차라리 태어나지 않는 편이 그에게 더 나을 뻔하였다는 것이다.

이것들은 침울한 이야기들이다. 그러나 그것들은 예수님의 주장의 핵심을 강조해 주는 역할을 한다. 신자는 예수님의 사랑 안에 머무를 책임이 있으며 그는 순종을 통해 이것을 수행한다. 이것은 완전한 순종을 시사하지 않는다. 열매 맺는 가지는 여전히 손질되어지고 전정되어질 필요가 있으며, 예수님이 다시 오실 때까지 계속 그렇게 다루어질 것이다. 우리는 우리 자신이 너무도 지혜롭고 완전히 헌신되었다는 교만한 생각을 해서는 안 된다. 분투노력하여 예수님의 사랑 안에 남아 있는 자들은 예수님께서 친히 그들을 지키시고 있음을 발견한다. 바울의 말을 빌리면, 그들은 하나님께서 자기의 기쁘신 뜻을 위하여 그들로 소원을 두고 행하게 하신다(빌 2 : 13)는 것을 배우기 위해서 그들의 구원을 이루어 나간다. 그러나 모든 자격이 조심스럽게 고려되어질 때, 요한복음 15장에서의 예수님의 가르침이 우리 마음속에서 뜨거운 메시지로 부각되어질 것이다. 즉, 예수께서 순종을 통해 그의 아버지의 사랑 안에 계시는 것과 마찬가지로, 신자는 순종을 통해서 예수님의 사랑 안에 있어야 한다. 그것이 바로 포도나무 안에 있는 것이다. 그것이 바로 예수님과의 친밀한 관계가 수반하고 있는 것이다. 이 점에서 실패한다면, 우리는 우리가 예수 그리스도께 헌신한 것이 효력을 가지고 있는지 의심해 보아야 한다.

우리가 예수님과 더불어 가지는 친밀성과 예수께서 그의 아버지와 더불어 누리는 친밀성을 지나치게 병행시키는 것은 위험하다. 예수님의 사랑 안에 있어야 하는 책임은 너무도 가혹하고 멋없고 준엄한 것으로 우리 귀에 들려서 사랑과 기쁨이 아닌 두려운 그리고 심지어는 열광적인 맹신을 자아내게 할 위험이 있다. 아마도 그것은 예수께서 그 필적시키는 일 가운데서 어떤 세번째 요소를 제시하는 이 위험성을 그가 인식하고 있기 때문일 것이다.

3. 예수님의 지고한 기쁨이 아버지께 대한 이 순종의 관계 속에 있는 것과 마찬가지로, 그리스도인의 최고의 기쁨은 그 아들에 대한 그의 순종의 관계 속에 있다. 예수께서는 그가 순종에 관해 이미 이끌어낸 평행 구절을 언급하시면서 "내가 이것을 너희에게 이름은 내 기쁨이 너희 안에 있어 너희 기쁨을 충만하게 하려함이니라"(15 : 11)고 말씀하신다.

이것은 아버지께 대한 예수님의 순종을 새롭고도 고상한 단계로 올려놓는다. 예수께서는 그의 아버지의 뜻을 행하기를 기뻐하신다. 그의 기쁨은 그의 아버지를 기쁘시게 하는 일에 달려있다. 아버지께 대한 그의 사랑은 너무도 심오하고 확고부동하기 때문에 그가 가장 원하시는 바는 그를 기쁘게 해드리는 것이다. 아버지를 기쁘게 해드리는 것이 그 아들에게 가장 깊은 기쁨과 만족을 주기 때문이다. 예수께서는 이것이 그 자신에 관해서도 사실이심을 인식하신다. 그리고 그는 이 기쁨을 그의 추종자들이 나누기를 원하신다. 만일 그들이 그의 순종을 닮는다면 그는 그의 기쁨을 깊이 맛보게 될 것이다. 그 궁극적인 목표는 "충만한 기쁨"인데, 그것은 완전하고도 절대적인 순종을 전제로 한다.

그러므로 예수께서 약속하시는 그 기쁨은 외적 상황에 의해 좌우되는 단지 어떤 값싼 반짝임이 아니다. 그것은 "여호와의 율법을 즐거워하는"(시 1 : 2) 경건한 자가 맛보는 심오한 기쁨이다. 전심을 기울인 순종에서 오는 숭고한 즐거움이다. 순례의 길을 떠난 모든 그리스도인들은 이것이 그러하다는 것을 안다. 그의 가장 큰 기쁨은 무조건적인 헌신으로서 그가 그리스도께 순종할 때 솟아나온다. 복잡한 도덕적 의미를 지닌 어떤 어려운 문제가 그에게 떨어지고 그는 예수님을 위한 지고의 길을 철저히 고수하고자 여러가지 끈질긴 유혹들을 배척할 때, 그때에 그는 이루 다 형언할 수 없는 기쁨을 경험한다.

얼마 동안 그의 순종 안에서 우왕좌왕하는 그리스도인보다 더 비참한 자는 없다. 그는 죄악의 쾌락을 즐길 만큼 죄를 사랑하지도 않으며 거룩함을 풍길 만큼 그리스도를 사랑하지도 않는다. 그는 그의 반역이 사악하다는 것을 감지하나 순종하는 일을 별로 달갑게 여기지 않는다. 그는 이 세상에서 더 이상 평온함을 느끼지 않으나 그의 과거의 일들과 그의 옛 음악의 애달픈 서정시에 대한 기억은 그로 하여금 성도들과 함께 노래하는 것을 방해한다. 그는 가장 불쌍히 여겨져야 할 사람이며 그는 영원히 양 다리를 걸칠 수 없다.

예수께서는 그의 아버지께 순종적이셨기 때문에 완전한 열매를 맺는 삶의 기쁨을 경험하셨다. 그리고 그는 그를 따르는 자들도 전폭적으로 그에게 순종함으로써 바로 그 풍성한 기쁨을 최대한으로 나누기 원하신다.

이것은 예수 그리스도와 신자가 예수님 사이의 친밀함이 그의 아버지 사이의 친밀함과 병행을 이루는 세번째 방법이다. 우리는 이 목록이 고갈되리라고 생각해서는 안 된다. 예를 들어서, 부활 후에 예수께서는 그의 제자들에게 "아버지께서 나를 보내신 것과 같이 나도 너희를 보내노라"(20 : 21)고 말씀하심으로써 또 다른 병행적인 내용을 이끌어 내신다. 한편, 우리는 이 병행 목록이 끝날 것이라고 생각해서는 안 된다. 최종적인 평가에 있어서 예수님은 유일무이하시다. 완전한 하나님인 동시에 완전한 사람으로서 그만이 홀로 포도나무이시고 우리는 그 가지들인 것이다.

> **신자와 예수 그리스도 사이의 친밀함은**
> **결코 개인주의적인 것이 아니고 다른 신자들을 위한 사랑,**
> **곧 우리를 위한 그리스도의 사랑과 닮은**
> **그 사랑의 따스함 안에서 나눌 수 있는 친밀함이다.**

"내 계명은 곧 내가 너희를 사랑한 것 같이 너희도 서로 사랑하라 하는 이것이니라 사람이 친구를 위하여 자기 목숨을 버리면 이에서 더 큰 사랑이 없나니"(15 : 12, 13).

형식상, 이 두 절과 앞의 내용을 연결시켜 주는 것은 **계명**이라는 단어이다. 예수님의 제자들은 그의 계명들을 순종하여 그의 사랑 안에 머무름으로써 기쁨을 경험해야 한다. 이 계명들은 한 계명, 곧 서로 사랑하라는 계명, 심지어는 친구를 위해 자진해서 목숨을 내어버릴 정도로 사랑하라는 한 계명으로 이제 요약된다.

그날 저녁 일찍이 예수께서는 그의 "새 계명"을 주셨다. "새 계명을 너희에게 주노니 서로 사랑하라 내가 너희를 사랑한 것 같이 너희도 서로 사랑하라 너희가 서로 사랑하면 이로써 모든 사람이 너희가 내 제자인줄 알리라"(13 : 34, 35). 이 명령은 여러 면에서 새로운 것이 되고 있다. 그것은 하나의 새 기준을 이끌어 내고 있는 점에서 새롭다 : "내가 너희를 사랑한 것 같이." 그것은 거듭거듭 우리에게 필요한 것으로 다가오고 있는 면에서 새롭다. 하나님의 긍휼이 매일 아침 새로운 것 같이 그것은 우리에게 새롭다 : "교리적인 기독교는 항상 진부할지라도, 체험적인 기독교는 항상 새롭기 때문이다"(캔들리쉬 : R. Candlish). 그러나 무엇보다도 예수께서 선언하신 그 사랑이 이 새 시대에 그리스도인의 특징이 되고 있다는 점에서, 즉 주시하고 있는 세상 앞에서 참 신자를 구별해 주는 특징이 되고 있다는 점에서 새롭다.

그런데 왜 예수께서는 여기에서 그 주제로 돌아온 것인가? 계명이라는 단어의 형식상의 관련성과는 멀리 떠나서, 왜 그 사랑의 계명이 이 문맥에서 새롭게 부각되어야 하는 것인가? 여기에는 아마도 여러가지 이유가 있을 것이다. 예수님의 명령에 대한 순종을 다룬 보편적인 견해를 어떤 특정한 그리고 중심적인 명령에 고정시키는 것은 좋은 심리학이다. 게다가 사랑 자체는 포도나무 열매의 부분으로 해석될 수도 있다(요한복음 15장에서의 그 열매의 성격에 관해서 본 장 뒷부분에서 더 다루기로 하겠다). 더욱이 예수께서는 한 그룹으로

집합한 제자들에게 그의 포도나무 비유를 제시하셨다. 그는 그들에게
복수로 말씀하셨다 : 너희 — 너희 모두 — 는 그 가지들이다. 그렇게
하시는 가운데 그는 다양성 안의 통일성의 신학이 바울 안에서 만개
(滿開)하기를 예기하셨다. 몸은 하나이나, 많은 지체들을 가지고 있다.
포도나무는 하나이나, 많은 가지들을 가지고 있다.

　분명히 신자와 예수 그리스도 간의 친밀성을 논하는 문맥 속에서,
이 친밀함은 독점적이거나 책략적인 또는 이기적인 관계가 아님을
상기시키는 것이 필요하다. 그것은 함께 나누는 친교이다. 믿음 안
에서 형제 자매들과 함께 나누는 친교, 그리스도의 사랑이 그 표준이
되는 사랑의 따스함 속에서 함께 나누는 친교이다.

　이것은 신자들 가운데서의 깊은 사랑의 엄숙함을 자랑하지 않는
어떤 값싼 영적 반짝임을 부적합한 것으로 판정한다. 슬픈 일이지만,
우리 그리스도인들은 이 세상에서 우리의 원한과 증오와 쓰라림을
부둥켜안고 있는 동안은 저 새 하늘과 새 땅에서의 사랑의 기쁨을
결코 묘사할 수가 없다. 한 익살꾸러기는 이렇게 말한다 :

　　　당신이 사랑하는 자들과 함께 위에서 산다는 것은
　　　얼마나 진한 영광인가 !
　　　당신이 아는 자들과 함께 이 아래에서 산다는 것은
　　　전혀 다른 이야기일세.

　서구 사회에서 우리는 조잡한 영적 개인주의의 사이비적인 그리
스도인의 모범을 세움으로써 이 면에서의 우리의 실패를 보상하고자
하는 경우가 흔히 있다. 그처럼 유리한 입장에서 자기 자신을 그리는
신자는 그가 예수님과 더불어 특별한 친밀함을 누리고 있다고 상상할

수 있다. 그러나 예수님 자신은 그 자신과 그를 따르는 자들 간의
친밀함은 다른 그리스도인들을 위한 사랑의 틀 속에서 함께 나누는
친밀함이다. 한 청교도 목사는 이렇게 이야기하고 있다 :

> 그는 주님 사랑을 지닌 친구들을 원하지 않네.
>   누구라도 주님과 함께 대화하고 동행할 수 있다네.
> 주님의 성도들은 이곳과 저 세상에 있고
>   나는 그들과 영원히 함께 있어야 한다네.
>
> 성도들의 교제 속에는
>   지혜와 안전과 기쁨이 있다네.
> 그리고 내 마음이 연약해지고 낙심될 때,
>   그들의 따뜻한 빛이 내 마음을 위로한다네.
>
> — 리처드 박스터(Richard Baxter ; 1615~1691)

  혹자는 이 구절이 사랑을 너무 지나치게 축소하고 있다고 항의한다.
예수께서는 산상설교(마 5-7장)에서 그의 제자들에게 **원수들을 위한**
사랑을 명하시지 않는가? 그렇다면 왜 이 구절은 **친구를 위하여**
목숨을 버리는 것보다 더 큰 사랑이 없다고 말하고 있는가?
  우리는 제 4복음서에서 하나님께서 세상을 사랑하시지(3 : 16)
않는다고 상상해서는 안 된다. 그밖의 다른 신약성경은 예수께서
죄인들을 위해, 하나님의 대적들을 위해 죽으셨음을 명백히 밝힌다
(롬 5 : 7-10). 그럼에도 불구하고, 하나님께서 세상에 보여주신 사
랑—그 아들의 사랑의 사역을 통해—은 제자 그룹의 형성에 관

하여는 어떤 면에서 세상을 대적하는 결과를 낳는다(15 : 18 이하).
그 그룹 안에서 예수께서는 그의 특별한 사랑을 쏟으시며 그들로
하여금 신성(神性) 안에서 함께 나누는 사랑에 사로잡히도록 만드
신다. 더욱이 이 문맥에서 예수께서는 그의 제자들의 세상을 향하는
태도를 계발시키는 일에 주된 관심을 갖고 계시지 않는다. 오히려
그는 그의 제자들 및 교회의 신분과 구별된 특징을 확립하기 원하
신다.

예수께서 십자가 사건 이전에 마지막으로 하신 확대담화가 제자
들로 하여금 서로 사랑하고 예수님의 명령을 순종하도록 권면하는
데에 그처럼 많은 시간을 할애하고 있으며 교리적인 정결함을 명하는
일에는 거의 시간을 할애하지 않고 있는 사실은 주목할 만하다.
이것은 교리적인 정결이 별 의미가 없는 일임을 시사하기 위한 것이
아니다. 많은 구절들은 그리스도로부터 돌아서는 것이 도적적인 타
락이나 부정함 안에 근거할 수 있을 뿐만 아니라 거짓된 교리 안에도
근거하고 있을 수가 있음을 주장하고 있다. 그러나 고별담화에서
교리는 배교 행위를 격퇴하기 위해 유념해야 하는 최소한의 내용
으로서가 아니라 격려와 믿음을 위한 토대로서의 목회적 관심과
더불어 제시되고 있다.

예수 그리스도와의 깊은 친교를 사모하는 신자는 이 새 계명을
따라야 한다. 형제를 사랑하지 못하는 자는 내게 가장 추악하게
보인다. 푸념하는 자는 나의 신경을 건드린다. 험담하는 자나 거만한
자 그리고 성숙하지 못한 자나 어리석은 자는 나의 결심을 소모시
킨다. 그러나 기억해야 할 중요한 대답은, 가지가 포도나무를 떠나
서는 아무것도 할 수 없으며 예수께서는 친히 그의 친구들을 사랑
하셨다는 것이다. 그의 추악하고도 험담 잘하는, 교만하고도 성숙하지

못한 그리고 어리석은 친구들을 사랑하셔서 그들을 위해 죽기까지 하셨다는 사실이다.

신자와 예수 그리스도 간의 친밀함은 우정이라는 명사에 의해 소중히 여겨져야 하는 친밀함이다.
그러나 그것은 신중한 자격검토를 거친 우정이다.

예수께서는 이제 **친구들**이라는 단어를 골라내신다. 제자들은 그들 친구를 위해 그들의 생명을 내어버리는 이것보다 더 큰 사랑을 나타내 보일 수가 없다. 그러나 예수님 자신은 최고의 표준이 되실 것이었다. 그는 얼마 안 있어 그의 친구들을 위해 그의 목숨을 내어 놓으실 것이었기 때문이다. 그러나 그 친구들에 대한 예수님의 관계는 서로에 대한 그들의 관계와 아주 똑같지는 않다. 예수님께서는 이렇게 말씀하시기 때문이다 : "너희가 나의 명하는대로 행하면 곧 나의 친구라 이제부터는 너희를 종이라 하지 아니하리니 종은 주인의 하는 것을 알지 못함이라 너희를 친구라 하였노니 내가 내 아버지께 들은 것을 다 너희에게 알게 하였음이니라"(15 : 14, 15).

이 구절을 이해하기 위해서는, 제자들이 예수님의 친구라고 일컬어지고 있으나 예수께서는 그들의 친구라 일컬어지고 있지 않다는 것을 주목하는 것이 지극히 중요하다. 사실상 성경의 그 어느 곳에서도 아버지나 주 예수께서 어떤 사람의 친구가 되셨다는 언급은 찾아볼 수 없다. 아브라함은 하나님의 친구라 칭하여졌을 수 있으나 (사 41 : 8), 성경은 하나님을 아브라함의 친구라 부르지 않는다. 한 번 예수께서는 좀 느슨하게 "나의 친구들"(눅 12 : 4)이라는 표현을 사용하시고 있는 듯하다. 그러나 그 어느 곳에서도 이 표현이 교환되고 있지는 않다.

얼핏 보기에 이것은 좀 이상하다. 기독교 찬송가에 비추어 볼 때 더욱 그러하다. 우리는 다음과 같은 찬송을 음미하면서 부른다 :

> 나는 한 친구를 매우 귀한 친구를 발견했네.
> 내가 그를 알기 전에 그가 날 먼저 사랑했네.
> 그가 나를 사랑의 끈으로 이끄시고
> 이처럼 나를 그에게 묶으셨다네.
> 그리고 내 마음 둘레를 꽁꽁 묶으셨으니
> 그 끈은 아무도 끊을 수 없네.
> 나는 그의 것이고 그는 나의 것이기 때문일세.
> 영원히, 영원히

— 제임스 그린들리 스몰(James Grindley Small ; 1817~1886)

또 이런 찬송도 있다 :

> 죄짐 맡은 우리 구주 어찌 좋은 친군지
> 걱정 근심 무거운 짐 우리 주께 맡기세.
> 주께 고함없는 고로 복을 얻지 못하네.
> 사람들이 어찌하여 아뢸 줄을 모를까.

— 죠셉 스크라이븐(Joseph M. Scriven ; 1820~1886)

또 이러한 찬송도 있다 :

예수님! 죄인들의 놀라운 친구시여!
예수님! 내 영혼을 사랑하는 이시여!
친구들이 나를 버리고 적들이 나를 공격하여도,
나의 구세주께서는 나를 온전케 하시네.

— 윌버 채프맨(J. Wilbur Chapman ; 1859~1918)

이 모든 찬송가들은 참된 사상을 표현하며 나는 그 찬송들을 부르기를 주저하지 않는다. 결국, 성경은 결코 예수님을 친구가 아닌 분으로 묘사하지 않는다. 만일 우정이 쏟아지는 사랑에 의해서만 순전히 가늠되어진다면, 예수님은 가장 위대한 친구이신 것이다.

그러나 성경이 결코 그를 친구라는 명사로써 언급하고 있지 않다는 사실은 여전히 남아있다. 잠시 생각해 보면 그 이유를 알 수 있다. 친구라는 단어는 매우 상호적인 애정 관계를 나타내고 있기 때문에 그것은 예수님과 그의 추종자들 사이에 실제로 존재하는 관계를 몹시도 왜곡하고 거짓 설명을 하게 될 것이다. 간단히 말해서, 참된 사랑을 내포하고 있지도 않고 또한 예수님과 그가 구속하신 자들 사이의 근본적인 구분을 간직하고 있지도 않은 우정에 대해 호의적인 관점을 지닐 위험이 있는 것이다.

그러므로 예수께서 이 구절에서 그를 따르는 자들을 친구들이라 부르실 때, 그것은 신중한 조건을 지닌 우정이다. "너희가 나의 명하는 대로 행하면 곧 나의 친구라"(15 : 14). 분명히 이 우정은 상호적일 수가 없는 것이다! 예수님의 친구가 된다는 것은 이 점에 있어서 예수님의 사랑 안에 있는 것과 구별될 수 없다. 즉, 두 가지 모두가 순종을 향하고 있다. 그러나 예수님은 이것이 종노릇이나 노예 신세와 같지 않다고 주장하신다. 종은 이 "친구"와 같이 그가 지시받는 것을 행해야 한다. 그러나 종은 으레 그러하였듯이 흑암 속에서 움직이며 맹목적으로 지시를 수행하는 반면에 그 친구는 그 주인의 사업에 참여하며 명령의 의미를 이해한다.

어떤 포악한 군주가 그의 운전기사에게 차를 대기시키도록 명하였다고 가정해 보자. 그 운전기사는 여행 일정과 사업의 성격 또는 이 여행을 고무시킬 수도 있는 여흥 등에 관한 상세한 설명을 물어보는 일 없이, 가서 그 일을 행할 것이다. 그러나 만일 그 독재자가 한 절친한 친구에게 그 차를 가져오라고 말했다면, 그 친구는 감히 몇 마디 질문을 해볼 것이다. 그 친구는 그 군주에게 무엇을 해야 할지를 말해 주기 원치 않을지도 모르나, 그는 마땅히 사업상 간섭을 할 것이다.

예수께서 종과 친구 사이에서 이끌어 낸 구분은 순종과 불순종 사이의 구분이 아니고 이해하지 못하는 것과 이해하는 것 사이의 구분이다. 친구는 되어져가는 일에 대해 참여하도록 허락된다. 이 이해는 그 사람의 우월한 지적 능력이나 훈련된 정신적 총명에서 유래하지 않고 자비롭게 허락된 계시에서 유래한다. 즉, 예수께서는 그가 아버지께로부터 배운 모든 것을 그의 친구들에게 알게 하시는 것이다.

따라서 어떤 의미에서 그리스도인들은 예수 그리스도께 대한 순종을 맹세하기 때문에 계속해서 그의 노예가 된다. 바울은 이러한 식으로 그 자신을 계속 언급하고 있다(보기. 롬 1:1). 동시에 그리스도인들은 또 다른 면에서 더 이상 종이 아니고 친구이다. 왜냐하면 그들은 하나님의 구속 계획에 관한 어떤 것을 배우는 놀라운 특권을 받았기 때문이다. 바울은 비슷한 대조를 사용하고 있다. 비록 그가 그 자신을 하나의 종으로 부르고 있기는 하지만 그는 신자들이 더 이상 종이 아니고 아들임을 또한 지적하고 있다. 그들은 그들을 자녀처럼 대우하는 언약 저편에 놓여져 있으며 그들로 하여금 그들의 약속된 유업의 기쁨에 참여할 수 있게 해주는 언약 아래 있기 때문이다(갈 4 : 1-7).

본문은 독자에게 "당신은 예수님의 친구입니까?"라고 묻고 있다. 그 대답은 모호한 표현이 되어서는 안 된다. 즉, "나는 나 자신을 예수님의 친구로 여깁니다"라든가 "그렇게 되려고 노력하지요" 등의 대답이어서는 안 된다는 말이다. 예수님의 친구는 다음 두 가지 특징을 지닌다 : 그는 예수께서 명하시는 바를 행한다. 그리고 예수께서 자비롭게 계시해 주신 하나님의 계시를 이해한다.

이것은 그 장 첫 부분에 있는 포도나무에 관한 확대 비유와 어떠한 관련이 있는가? 부분적으로 그것은 포도나무에 있는 가지가 무엇을 뜻하는지, 또는 예수 그리스도 안에 있는 것이 무엇을 뜻하는지를 설명하기 위한 또 다른 방법이다. 그러나 그것은 그 이상의 것일 수도 있다. 예수님의 친구들에 관한 이 절들은 예수님과 그의 추종자들 사이의 **구별**을 담고 있다. 그리고 아마도 가지들은 그들 자신이 포도나무는 아니라는 사실을 이따금씩 상기할 필요가 있을 것이다. 포도나무는 가지들을 부축하고 양분을 공급해 주며 열매를 맺을 수 있게 해준다. 그러나 그 관계가 꼭 상호적인 것은 아니다.

**신자들과 예수님 사이의 친밀함은 궁극적으로
우리가 그리스도를 선택하는데 근거하지 않고
그리스도께서 우리를 선택하는데
근거하는 열매가 풍성한 친밀함이다.**

예수님은 명백히 말씀하신다 : "너희가 나를 택한 것이 아니요 내가
너희를 택하여 세웠나니 이는 너희로 가서 과실을 맺게 하고 또 너희
과실이 항상 있게 하여"(15 : 16 상반절), "내가"라는 단어가 원문에서
강조되어 있다.

요한복음에서는 신적 선택이 강하게 강조되어 있다. 이곳에서든지
아니면 정경의 다른 부분에서든지 간에, 이러한 강조를 파악하기
위해서는, 다음의 세 가지 범위 내에서 관찰하는 일이 해로운 공론
(空論)을 제거시켜 준다 : (1) 성경에 의하면 하나님은 절대적으로
주권을 가지신 분이나 그의 주권은 결코 사람을 로봇이나 꼭두각시의
지위에로 비하시키지 않는다. 사람의 선택이 중요하다. (2)사람은
그의 존재와 행동과 소유에 관해 하나님 앞에서 책임이 있다. 그러나
그의 책임은 결코 하나님을 우발적인 분으로 만들지 않는다. (3)
지극히 난해한 이 분야의 교리 안에서의 신학적 오류는, 성경 저자들
자신이 제안하는 추론에 우리가 우리 자신을 국한시키고 하나님의
주권과 사람의 책임이 성경에서 어떻게 연관되어 있는가를 신중하게
살펴볼 때, 크게 피할 수 있게 된다. 예를 들면, 성경 기자들은 삶의
도덕적 분야를 제외한 모든 분야에서 하나님께서 주권자이시다는
사실을(랍비와 필로처럼) 인간의 선택에서 그 유래를 찾는 법이 결코
없다. 따라서 우리도 그러한 추론은 삼가야 한다.

만일 우리가 예수님의 선택의 의미에 대해 씨름하고 있으면서도

성경에서 선택이 어떠한 기능을 하고 있는가를 관찰하지 못하는 그 문제를 뛰어넘을 수 있다면[3], 우리는 요한복음에서 인간의 교만이 겸손의 교훈을 배워야 할 필요가 있는 장면이 나타날 때마다(보기. 6 : 70 ; 13 : 18) 선택의 문제가 대두되고 있다는 사실을 주목하게 될 것이다. 여기에서도 마찬가지이다. 예수님의 추종자들은 영적 열매를 소개받고 있으며 예수님의 친구로 호명되고 있고 예수님의 특별한 사랑의 대상이기도 하다. 그러나 진상을 바르게 보기 위해서 예수께서는 그의 사람들에게 이 사실을 상기시키신다. "너희가 나를 택한 것이 아니요 내가 너희를 택하여 세웠나니 이는 너희로 가서 과실을 맺게 하고 또 과실이 항상 있게 하여."

만일 우리가 마치 예수께서 우리의 현존으로 인해 복을 받으시기라도 한 것처럼, 우리가 그를 의지하기로 선택함으로써 그에게 호의를 베풀기라도 한 것처럼 이야기하는 그 건방진 영적 오만을 피하기 원한다면, 이 진리는 압도적으로 중요하다. 사람은 회개하고 믿어야 할 책임이 있다는 것을 나는 조금도 의심하지 않는다. 그러나 그 어느 시대의 어떤 신자라도, 자신의 올바른 선택에 의해서 자기가 예수님을 선택하였으며 자기 이웃은 그렇게 하지 않았다고 주장할 수 있는 합법적인 근거를 갖고 있지 못하다는 사실을 인정하는 것이 유익하다. 그 보좌 앞에서 분명 영원히 불려지게 될 노래들 가운데 하나는 이러하다 :

> 나는 주님을 찾았었습니다. 후에 나는 알았지요.
> 주께서 내 영혼을 감동시키셔서
> 나를 찾으시는 주님을 나로 하여금 찾게 하셨다는 것을.
> 참되신 구세주시여, 발견한 것은 내가 아니었습니다.

오히려 내가 주님께 발견된 것이었지요.

주께서 당신의 손을 뻗치셔서 나의 손을 붙잡으셨습니다.
나는 풍랑이 이는 바다 위를 걸어갔으나 빠지지 않았습니다.
오 주여, 그것은 내가 주님을 붙들었기 보다는
주께서 나를 붙드셨기 때문이었습니다.

나는 발견하고 걸어가며 사랑합니다. 그러나 주여,
그 모든 사랑은 주께 대한 나의 대답에 불과합니다.
주께서 오래 전에 내 영혼을 애타게 찾으시고
언제나 나를 사랑하셨기 때문입니다.

작자 미상

때로 우리는 산문에서 보다는 우리의 찬송가 안에서 더 빨리 성경적 진리를 찾아낸다. "영원한 사랑으로 사랑하셨고 알기를 갈망하는 은혜로 인도하셨다"라는 찬송을 부르기를 주저하는 그리스도인들이 있겠는가 ?

예수께서 우리를 택하신다는 사실에 궁극적인 근거를 두고 있는 예수님과의 친밀성은 지속적인 열매를 맺는다. 이제 우리는 잘려지고 멸절되는 가지들에 대한 이야기는 더 이상 듣지 않는다. 오히려 우리는 오래 지속하며 그것으로써 가지의 진정성(眞正性)을 입증하는 열매 — 참 열매를 맺는 가지들에 대한 이야기를 듣게 된다.

신자와 예수 그리스도간의 친밀함은
그리스도의 주권 하에서 올려지는 기도의 결과를 그 열매로
한다.

이것은 아마도 예수께서 그의 백성을 선택하시는 데서 비롯되는 결과에 대한 분류일 것이다 : "이는 너희로 … 내 이름으로 아버지께 무엇을 구하든지 다 받게 하려 함이니라"(15 : 16 하반절). 그처럼 큰 기도의 약속이 14장 13절 이하에 선언되어 있으며 포도나무 비유 끝에도(15 : 7 이하) 선포되어 있다. 그것은 무엇을 의미하는가 ?

대부분의 그리스도인들은 그것이 무엇을 의미하지 않는다는 것을 아주 분명히 알고 있다. 예수님의 이름으로 구하는 것은 그의 이름을 어떤 마술적인 주문이나 알라딘의 램프처럼 사용하는 것이 아니다. 예수님의 이름은 우리의 모든 변덕을 만족시키기 위해 주어진 마술 공식이 아니다. 그것은 도금된 리무진차를 내게 마련해 주지 않을 것이다(만일 그 차를 마련해 주었다 할지라도 그것은 또한 연료를 마련해 주어야만 하였을 것이다 !).

그러나 예수님의 이름으로 기도하는 것은 무엇을 의미하는가 ? 적어도 예수님의 이름으로 기도한다는 것은 다음과 같은 것이다 : (1) 모든 이름을 대표하는 이름으로 드려지는 기도이다 ; (2) 하나님의 영광을 구하는 기도이다(참조. 15 : 8) ; 그리고 (3) 그리스도의 주권 하에서 의식적(意識的)으로 드려지는 기도이다. 마찬가지로 예수님의 이름으로 행하여지는 세례는 부분적으로 그리스도의 주권 하에 오는 것을 의미한다. 따라서 요한은 이렇게 기록하고 있다 : "그를 향하여 우리의 가진바 담대한 것이 이것이니 그의 뜻대로 무엇을 구하면 들으심이라"(요일 5 : 14). "이 문맥에서 그의 뜻대로"라는 말씀은

"내 이름으로"라는 말씀과 그리 다르지 않다.

이것은 **될대로 되**라는 표현을 경건한 방식으로 말한 것에 불과한 겉치레 약속이 아니다. 이것은 우리가 좀더 잘 사용할 수 있도록 배울 필요가 진정으로 있는 힘있는 특정한 약속이다.

약 15년 전 어느 여름에 나는 월요일 저녁마다 다른 그리스도인, 즉 나보다 좀 나이가 든 어떤 목사와 기도하기 시작하였다. 우리는 우리 모두가 한가한 시간은 어느 때든지 함께 시간을 갖도록 하였다. 그리고 어떤 때는 단 한 시간 정도만 기도하였고 또 어떤 때는 여러 시간 동안 밤새워 기도하기도 하였다. 이 새로운 경험을 몇 주 한 후에 나는 약간 지루함을 느끼기 시작하였으나 기도하는 것을 못마땅하게 여기거나 시간 낭비라고 느끼지 않았다. 오히려 그 반대로 나는 자신의 문제를 의탁하는 일이 약간 즐겁게 여겨졌다. 그렇다고 해서 나는 내가 진정으로 하나님과 거래를 하고 있는 것처럼, 내가 맺어야 할 열매를 맺고 있는 것처럼 느끼고 있지는 않았다.

다음 주에 나의 친구 목사는 접근 방법을 바꾸었다. 나의 기억을 더듬어 본다면, 그는 내게 기도의 기초 원리를 가르쳐 주었다. 그는 우리가 여러가지를 한꺼번에 마구잡이로 기도하지 말고 그 주간에 우리가 마땅히 기도해야 할 것 몇 가지만 찾아보도록 제안하였다.

첫번째 관심은 다이안느(Diane)라고 불리우는 한 소녀였다. 다이안느는 그릇된 궤도 위에서 자랐다. 그녀는 자기 아버지가 누구인지도 몰랐다. 간호학교에서 회심하기 전까지는 그녀는 상스럽고 거칠고 겁이 많았다. 그러나 그리스도인이 되자 그녀의 모든 것이 달라졌다. 그녀는 아름답게 피어났다. 그런데 그녀가 전문 간호원이 된 지 2년 후에, 그녀는 일종의 급성 백혈병에 걸리게 되었다. 진단

결과는 그녀가 6주나 2달 내에 죽는다는 것이었다.

다이안느는 120마일 떨어져 있는 그녀의 병상에서 내게 편지를 썼는데 그 내용은 온통 쓰라림과 두려움, 자기 연민 그리고 분노로 가득차 있었다. 우리는 그녀를 위해 어떻게 기도해야 하는가? "주여, 다이안느를 축복해 주십시오"라고 기도해야 하는가? 때로 그것은 우리가 정직하게 기도할 수 있는 유일한 기도이기도 하다. 우리는 더 이상 기도할 말을 찾을 수 없기 때문이다. 아니면, 우리를 "주여, 다이안느를 데려가 주십시오"한다거나 아니면 "주여, 그녀를 고쳐 주십시오" 해야 하는가? 우리는 주께서 그녀를 고치실 수 있다는 것을 의심하지 않았다. 그러나 우리 가운데 누구도 하나님께서 그녀를 고쳐주시리라는 것을 확신하지 못했다. 믿음이 어떻든 간에 그것은 당신의 머리가 이루어지지 않으리라고 말하는 그 어떤 일이 일어날 것이라고 믿도록 당신의 심장을 자극하는 일이 아니다.

무엇을 위해 기도해야 하는가? 나의 동료와 나는 지혜를 구하고 성경을 펼쳤다. 우리 두 사람은 다이안느가 그리스도임을 확신하고 있었으며 하나님께서 자신의 백성을 지키시리라는 많은 약속들을 기억해 냈다. 따라서 우리는 하나님께서 다이안느의 경우에서 그의 말씀을 존귀하게 하시고 그의 약속들을 성취하시도록 기도하였다.

우리는 온전한 믿음으로 이것을 **예수님**의 **이름으로** 기도하였다. 우리는 이것이 그가 보증하신 말씀과 일치한다는 것을 알았기 때문이다.

그것이 월요일 밤에 있었던 일이었다. 목요일에 나는 다이안느가 화요일에 쓴 편지를 받았다. 그녀는 그녀에게 기쁨이 샘솟고 자신이 찬송부르는 것을 발견하였다고 말하였다. 그녀는 주님의 온전하신 뜻 안에서 안식을, 깊은 안식을 발견하게 된 것이다. 그리고 그녀는 만일 하나님의 뜻이라면 자기가 주님께로 가서 그와 함께 거할 것이라는 기대도 하게 되었다. 다이안느의 편지는 주 예수께 대한 사랑과 그 안에서의 안식을 누리는 믿음으로 흘러넘쳤다.

그녀는 몇 주 후에 죽었으나, 얼마 되지 않아서 그녀는 그녀가 일하고 고통당하고 죽어간 그 병원에서 놀라운 영향력을 발휘하였다.

다음 월요일 저녁기도 시간은 이전의 그 어느 기도 때보다 더 뜻깊었다. 더욱이 우리는 전 주간에 여덟 가지를 놓고 기도하였는데, 세 가지가 내가 상세하게 이야기 한 그 한 문제처럼 극적으로 응답되었다. 나머지 세 가지는 오랜 시간이 걸리는 요청들이었으며 마지막 두 가지는 우리가 제시한 질문들을 성경 말씀에 비추어 보고서 변경시켰다.

나는 이러한 주간 기도 모임들에 대해 말하기를 주저하고 있는 형편이다. 그것은 극적이나, 나의 기도시간은 항상 극적인 것만은 아니었다. 뿐만 아니라, 이것이 중보 기도의 유일한 접근 방법이거나 내가 기도 기술을 통달한 일종의 영적 거물이라는 인상을 남겨놓아서는 안 된다. 나는 하나의 순례자일 뿐이다. 특별한 믿음을 가진 자가 아니다. 나는 여전히 이 기본적인 질문들과 씨름하고 있는 자이다. 그러나 이것은 내가 확신할 수 있다. 즉, 신자와 예수 그리스도간의 친밀함은 그리스도의 주권 하에서 올려지는 기도의 결과를 그 열매로 한다는 사실이다. 따라서, 필요한 것은 예수님의 이름에 대한 확신을 갖고 기도하는 법을 우리가 배울 수 있도록 성경 지식을 늘리는 것이다.

우리는 또한 이 장에서의 "과실"의 성격을 이 절에서 또한 조금 배울 수 있다. 어떤 사람은 전도를 통해 그리스도께로 이끈 생명들을 헤아림으로써 그 열매를 평가하기 원하며 또 어떤 사람은 갈라디아서

5장에서의 "성령의 열매"를 생각하는 편을 더 좋아한다. 그러나 그 구절을 정확하게 따져본다면 두 해석 모두가 너무 편협하다. 그 열매는 기도하는 것과 사랑하는 것 뿐만이 아닌, 예수 그리스도의 뜻을 좇아 행하여지는 모든 것이다. 예수님은 그것보다 더 특정적인 분이 아니다. 그는 그러실 필요도 없다. 예수님 때문에 서로 사랑하는 것이 그리스도인의 열매이다. 요한일서 5장에 있는 대로 "그의 뜻대로" 예수님의 이름 안에서 기도하는 것이 그리스도인의 열매이다. 아버지께 영광 돌리는 우리 삶의 모든 것들(15 : 8)이 그리스도인의 열매이다. 그리고 우리가 예수 그리스도와 함께 누리는 친교는 포도나무에 가지가 연합하는 일처럼 풍성한 열매를 맺게 한다.

하나님은 우리에게 이 진리들에 대한 크고도 명료한 비전(vision)과 그 심오한 체험을 허락하신다.

주 ───────────────────────────────

1) 요한복음에서 이 주제에 대한 더 상세한 연구를 위해서는 나의 저서「신적 주권과 인간적 책임 : 요한 신학의 일면들」Divine Sovereignty and Human Responsibility : Some Aspects of Johannine Theology)(London : Marshall Morgan and Scott ; Atlanta : John Knox, 1980)을 보라.

2) 여기에서 미래 직설법 *genesesthe*와 부정과거 가정법 *genesthe* 사이에서 극단적으로 어려운 본문 선택이 제시되고 있다. 문법적으로 전자가 이 문장 구조에서 후자의 의미를 취하게 되는 경우는 매우 드물다. 아무튼 본문은 열매 맺는 일이 사람을 제자로 만들어 준다고 우리에게 말해 주고 있는 것이 아니라, 그 열매 맺음은 어떤 사람이 진실로 제자임을 보여주는 필요한 징표라는 것을 우리에게 말해주고 있다. NIV는 의역을 하고 있지만 분명히 옳다.

3) 주 1)을 보라.

6

대가를 계산함

요한복음 15 : 17 − 16 : 4

[17]내가 이것을 너희에게 명함은 너희로 서로 사랑하게 하려 함이로라 [18]세상이 너희를 미워하면 너희보다 먼저 나를 미워한 줄을 알라 [19]너희가 세상에 속하였으면 세상이 자기의 것을 사랑할 터이나 너희는 세상에 속한 자가 아니요 도리어 세상에서 나의 택함을 입은 자인 고로 세상이 너희를 미워하느니라 [20]내가 너희더러 종이 주인보다 더 크지 못하다 한 말을 기억하라 사람들이 나를 핍박하였은즉 너희도 핍박할 터이요 내 말을 지켰은즉 너희 말도 지킬 터이라 [21]그러나 사람들이 내 이름을 인하여 이 모든 일을 너희에게 하리니 이는 나 보내신 이를 알지 못함이니라 [22]내가 와서 저희에게 말하지 아니하였더면 죄가 없었으려니와 지금은 그 죄를 핑계할 수 없느니라 [23]나를 미워하는 자는 또 내 아버지를 미워하느니라 [24]내가 아무도 못한 일을 저희 중에서 하지 아니하였더면 저희가 죄 없었으려니와 지금은 저희가 나와 및 내 아버지를 보았고 또 미워하였도다 [25]그러나 이는 저희 율법에 기록된 바 저희가 연고 없이 나를 미워하였다 한 말을 응하게 하려 함이니라 [26]내가 아버지께로서 너희에게 보낼 보

혜사 곧 아버지께로서 나오시는 진리의 성령이 오실 때에 그가 나를 증거하실 것이요 ²⁷너희도 처음부터 나와 함께 있었으므로 증거하느니라.

¹내가 이것을 너희에게 이름은 너희로 실족지 않게 하려 함이니 ²사람들이 너희를 출회할 뿐 아니라 때가 이르면 무릇 너희를 죽이는 자가 생각하기를 이것이 하나님을 섬기는 예라 하리라 ³저희가 이런 일을 할 것은 아버지와 나를 알지 못함이라 ⁴오직 너희에게 이 말을 이른 것은 너희로 그 때를 당하면 내가 너희에게 이 말 한 것을 기억나게 하려 함이요 처음부터 이 말을 하지 아니한 것은 내가 너희와 함께 있었음이니라

요한복음 15장이 시작되는 절들은 본서 5장에서 다루어졌는데, 그것은 그리스도인이 누리는 영광들, 곧 예수 그리스도와의 친밀함, 영적 열매들의 충만, 다른 "가지들"과 더불어 나누는 사랑의 교제 그리고 생산적인 기도 등을 알려주고 있다. 이것들은 가장 큰 기쁨과 소망의 이유가 된다.

그러나 그리스도인이 되는 일에는 고통스러운 일면이 없는가? 그리스도 자신은 음침한 사망의 골짜기를 걸어오신 슬픔의 사람이었을지라도, 그리스도인들에게는 오직 행복과 빛만이 있는가? 우리는 단지 그의 기쁨에만 참여하고 그의 눈물에는 참여하지 않는가? 그 혼자만이 십자가를 지시는가?

이러한 질문을 하는 것조차도 대다수의 현대 복음주의가 하찮은 것에 머물고 있음을 보여주는 것이다. 우리는 그리스도인의 길이 고투없이 축복을, 시련없이 개가를, 지침없이 증거하는 일을 가져온다고 생각하도록 자주 배워왔다. 우리는 그리스도인들이 승리의

기쁨을 저절로 맛보게 되며 낙담스러운 패배는 거의 직면하게 되지 않는다고 믿도록 격려받는다. 그들은 끊임없이 신선한 자극이 넘치는 영역 가운데서 살며 결코 지루함과 씨름하지 않고, 사랑하고 사랑받되 핍박이나 추방, 미움이나 배척을 당할 필요가 없다고 믿도록 촉구된다. 그들은 자신만만하고 원기가 넘치며 결코 공포나 외로움 그리고 의심을 맛보지 않으며, 그들은 성취감에 만족을 누리나 그것은 자기를 부인하고 날마다 죽는 결과로서 얻어진 것은 아니라고 믿도록 고취된다. 그것은 그 약속들이 거짓되고 알맹이가 없다는 것이 아니라 그것들이 십자가 없는 면류관을 약속함으로써 진리를 왜곡하고 있다는 것이다. 우리는 잘 관리된 포도나무 가지의 풍요로운 열매를 너무도 쉽게 원하고 있으나 거룩하신 "정원사"께서 훈련을 통해 가지치기하는 것에 대해서는 거의 생각하지 않는다.

예수께서는 그 어려운 일들을 발뺌하시지 않는다. 만일 구원이 삭개오의 집에 이르른다면, 그것은 회복에 관한 큰 원칙들을 가져다주는 셈이 된다(눅 19 : 1-10). 만일 예수께서 탕자에 관한 놀라운 비유를 말씀하시고 그 아버지의 인내와 용서를 강조하신다면(눅 15 : 11-32), 그는 또한 그 대가를 계산하는 자칭 제자들을 격려하기 위해 의도된 비유를 말씀하고 있는 것이나 다름없다(눅 14 : 25-35). 누가복음 9장 끝부분에는 예수님을 열렬하게 따르기로 자원하는 사람들을 묘사하는 세 가지 삽화가 제시되어 있다. 오늘날에도 그러한 사람들은 신속하게 세례받고 교인이 되며 간증하고 효율적인 전도에 몰두하게 될 수 있다. 그러나 이 세 가지 사례에서 예수께서는 제안된 위임의 수준을 알아보시기 위해 용의주도한 장벽을 세워두시고 있다.

길 가실 때에 혹이 여짜오되 어디로 가시든지 저는 좇으리이다

예수께서 가라사대 여우도 굴이 있고 공중의 새도 집이 있으되 인자는
머리 둘 곳이 없도다 하시고 또 다른 사람에게 나를 좇으라 하시니
그가 가로되 나로 먼저 가서 내 부친을 장사하게 허락하옵소서 가
라사대 죽은 자들로 자기의 죽은 자들을 장사하게 하고 너는 가서
하나님의 나라를 전파하라 하시고 또 다른 사람이 가로되 주여 내가
주를 좇겠나이다마는 나로 먼저 내 가족을 작별케 허락하소서 예
수께서 이르시되 손에 쟁기를 잡고 뒤를 돌아보는 자는 하나님의
나라에 합당치 아니하니라 하시니라(눅 9 : 57-62)

이와 비슷한 것이 요한복음 15장 17절-16장 4절에 일어나고 있다.
제자가 되는 영광을 이미 상세히 설명하신 뒤 이제 예수께서는 그
대가에 관한 것을 주의깊게 밝히시고 있다. 그리스도인들은 타락
가운데 있는 모든 인류에게 공통적으로 가해지는 압력들을 직면하게
될 뿐만 아니라 그리스도인이 됨으로 말미암는 특별한 어려움들도
또한 직면하게 될 것이다. 이 어려움들은, 세속으로부터의 대항이
불가피하며 예수와의 연합은 예수께로 퍼부어졌던 바로 그 증오를
필연적으로 일깨우고 만다는 사실로부터 발생하게 된다.
    모든 세대의 그리스도인들은 세 가지 특별한 어려움을 예상해야
한다.

그리스도인들은 세상의 미움을 예상해야 한다(15 : 17-25).

이러한 예상은 약간의 중요한 원칙들 하에서 가장 잘 드러난다.

1. 세상의 증오는 하나님의 백성들 가운데서의 사랑과 대조를 이룬다. 예수께서는 이렇게 말씀하신다 : "내가 이것을 너희에게 명함은 너희로 서로 사랑하게 하려함이로라 세상이 너희를 미워하면 너희보다 먼저 나를 미워한 줄을 알라"(15 : 17, 18). 어떤 면에서 17절은 과도기적이다. 그러나 그 거슬리는 대조는 결코 우연한 것이 아니다. 그것은 "세상"(요한이 사용한 용어)의 특성과 그리스도인들의 공동체의 특성을 날카롭게 대조시키는 역할을 한다. 세상이 미워하는 것은 당연하다. 그리스도인들이 사랑하는 것도 당연하다. 사실상 "세상이 너희를 미워하면"이라는 구절은 세상의 증오를 의심치 않게 한다. 왜냐하면 그 표현은 "세상이 너희를 미워하면 — 그리고 그것이 미워한다 — …"을 의미하기 때문이다.

이 원칙은 여러가지 다른 면들을 제시한다. 요한복음은 그리스도인들이 실제로 서로 사랑할 것이라는 사실을 전제하고 있다. 그리고 이 주제는 요한일서에서 매우 중요하기 때문에 사랑은 기독교 신앙고백의 유효성을 확증하는 세 가지 테스트 가운데 하나이다(요일 3 : 10 하반절-24 ; 4 : 7-21 ; 나머지 두 가지 테스트는 그리스도의 명령에 대한 도덕적 순종이며 기독교에 중요한 올바른 교리에 대한 믿음이다. 그리고 그 세 가지 테스트는 상호 관련되어 있다). 그러므로 그리스도인들은 몸 속에 슬며시 기어들어 오는 쓰라림과 분개와 증오를 감지해야 하며, 될 수 있는 한 속히 그것을 사랑으로써 지워버려야 한다. 사랑과 관심을 전혀 나타내지 않는 자칭 그리스도인 집단은 그 신앙의 정통성에도 불구하고 그리스도인이 아니다.

한편, 이 구절은 세상이 어떤 사랑을 나타낼 수 있다는 사실을 전혀 부인하고 있지 않다. 이교도 부모들도 그들의 이교도 자녀들을 사랑할 수 있을지 모른다. 불신자 남녀들도 사랑에 빠진다. 그러나 세상이 미워하는 것은 당연하다. "세상"은 그리스도의 주권을 전혀 인정하지 않거나 하나님의 사랑을 알지 못하는 사람들로 구성되어 있다. 정의를 내린다면, 이 백성들은 자기 자신이나 그들이 스스로 만든 신들에게 열중한다. 그들은 그들의 거짓된 가치들을 밀쳐버리고 진리와 더불어 사귀며, 하나님의 주권과 은혜의 빛 안에서 그들 자신의 위치와 역할을 보지 않는다면 그리고 보지 않는 한, 하나님을 사랑하거나 그의 백성들을 사랑하는 것이 불가능하다.

자기 자신을 "관대하다"고 판단하나 그리스도인의 절대치에 접하게 될 때에는 가장 관대하지 못한 많은 사람들에게서 보다 더 두드러지게 세상의 미움이 표출되는 곳은 없다. 그들은 여러가지 견해와 다양한 생활 방식과 심지어는 바보천치같은 습관들에 직면할 때 인내심을 표면한다. 그러나 만일 어떤 그리스도인이 기독교만이 유일하다거나(예수께서 주장하셨듯이), 도덕적 절대치는 그것이 하나님의 특성에 근거하기 때문에 존재한다거나(성경이 가르치고 있듯이), 또는 두려워해야 할 지옥과 얻어야 할 천국이 있다고 주장한다면, 그들은 그 불쌍한 바보를 통렬히 비난하기 위해 가장 심한 폭언도 불사한다. 세상이 미워하는 것이다.

2. 세상과 교회가 상호배타적이기 때문에 세상은 미워한다. 그리고 세상은 자기를 준봉하지 않는 것에 분개한다. "너희가 세상에 속하였으면 세상이 자기의 것을 사랑할 터이나 너희는 세상에 속한 자가 아니요 도리어 세상에서 나의 택함을 입은 자인 고로 세상이 너희를 미워하느니라"(15 : 19).

이 말씀의 요지는 우리 주님의 이복형제인 야고보의 말과 유사하다 : "간음하는 여자들이여 세상과 벗된 것이 하나님의 원수임을 알지 못하느뇨 그런즉 누구든지 세상과 벗이 되고자 하는 자는 스스로 하나님과 원수 되게 하는 것이니라"(약 4 : 4). 이것은 그리스도인들은 예수 그리스도의 주권 하에 있다는 정의와 세상은 그 주권 하에 있지 않다는 정의를 그 전제조건으로 하고 있다. 그러므로 교회와 세상은 다른 방향을 향하고 있으며 다른 질서 하에서 운영되고 있고 다른 충성을 요구한다. 세상과 교회 사이의 근본적인 차이점이 요한의 글 속에 강한 어조로 표현되어 있다 : "자녀들아 너희는 하나님께 속하였고 … 저희는 세상에 속한 고로 세상에 속한 말을 하매 세상이 저희 말을 듣느니라 우리는 하나님께 속하였으니 하나님을 아는 자는 우리의 말을 듣고 하나님께 속하지 아니한 자는 우리의 말을 듣지 아니하나니 진리의 영과 미혹의 영을 이로써 아느니라"(요일 4 : 4-6). 이것은 "나는 옳고 너는 그르다"라는 좁은 소견에서 나온 태도가 아니다. 이것은 어느 누구와도 논의할 수 없고 고치려고도 하지 않는 오만하고 고집스러운 방어적 배타주의도 아니다. 오히려 그것은, 만일 하나님께서 예수 그리스도 안에 그 자신을 진정으로 계시하셨다면, 그 진려와 일치될 수 없거나 그 진리를 듣기를 고의적으로 거절하는 그 어떤 것은 반드시 오류라는 사실을 인정하는 것이다. 그것은 하나의 단순한 논점이나, 참된 신자와 세상적인 사람들 간의 절대적인 양극의 근저를 이루고 있는 것이기도 하다.

교회와 세상이 상호배타적이라는 사실 자체가 세상이 미워하는 것에 대한 충분한 이유를 마련해 주고 있지 못하다. 그 증오는 세상이 그것의 관점을 따르기를 거절하는 모든 사람들에게 드러내보이는 분개에 그 뿌리를 두고 있다. 이것은 "세상"이 오직 한 종류밖에 없다는 것을 의미하지 않는다. 진리는 오직 한 가지이나 오류는 많은 종류가 있다. 이러한 의미에서 "세상"은 그 종류가 많다. 아니, 세상은 여러가지 추한 얼굴을 가지고 있다. 나치주의와 같은 체제는 본질상 반(反)하나님적이다. 그것은 정치적 스펙트럼의 저쪽 끝에 있는 공산주의처럼 그것의 가치와 기준들을 준봉하도록 강압적인 폭력을 써서 강요해 왔다. 나치주의자와 공산주의자는 서로 미워하나, 이 둘은 참 신자를 미워하며 그로 하여금 본질상 반(反)그리스도인적인 어떤 것을 따르도록 만들고자 한다.

그리스도인의 특유한 신분에 분개하는 "세상적인 것"에 대한 예들을 발견하기 위해 우리는 구태여 전체주의 정부를 관찰할 필요가 없다. 성경적으로 옹호될 수 없는 지독한 세속주의와 물질주의 그리고 특권이나 "또 다른 삶의 방식"을 구하는 부도덕적인 것에 특별한 관심을 갖는 집단들은, 일어나서 "이처럼 주께서 말씀하신다"고 사랑스럽게 주장하는 그리스도인에게 이구동성으로 분개한다. 서구 사회에서는 우리로 하여금 그러한 것들을 준봉하게 만드는 유혹들은 야만적인 세력에 대한 두려움보다는 추방이나 멸시에 대한 두려움에서 생긴다. 이것은 러시아에서의 형제들 및 자매들의 유혹들과 대조를 이룬다. 그러나 그 유혹들은 바로 그러한 이유들로 인해서 보다 더 배반적이며, 더 교활하며, 더 위험하다. 우리는 우리가 속고 있다는 것을 언제나 인식하지는 않는다.

예를 들면, 성공과 부는 승리하는 그리스도인의 삶이 가져다 주는 불가피한 결과로서 때로 제시되며, 이러한 이설(異說)에 의해 기만당하는 부주의한 신자는 그가 하나님을 추구하는 것과 세상을 추구하는 것을 곧 구분해 낼 수가 없다. 향락주의는 성취를 가장하여 스스로를 과시하며, 자유를 가장하여 방종을 드러내고, 정통성을 가장하여 분열을 조장하며, 비(非)행동을 가장하여 행동을 노출한다. 압박이 증가되어 마침내는 그 신자가 그 자신이 어떤 특별한 "소속"

집단에 속하지 않고 있다는 것에 대해 죄의식을 느끼게 되며, 그 "소속" 집단은 그러한 준봉을 주장하기 때문에 방관자의 입장에 있는 자들은 어느 정도 비방을 받게 된다. 북미의 어떤 지역에서는 젊은 신자들이 마약과 혼전 섹스를 멀리함으로 인해서 동료집단의 엄청난 압력에 직면하고 있다. 순결은 규율이 아니고 예외 규정일 뿐이라고 그들이 주장하며 그 그리스도인은 세상의 분개를 사기 시작한다. 그들의 외침은 언제나 일반으로 "따르라! 따르라!"하는 것이다.

재세례파 신자들이 신교도와 구교도들에 의해 박해당하여 그들의 가족을 데리고 쫓겨다닐 때, 그들은 그들의 자녀에게 언제 세례를 줄 것인지를 결정해야 하는 어려움에 부딪혔다. 그들은 유아 세례를 없애버렸고, 사람들은 믿음으로 말미암아 예수 그리스도를 개인적으로 알게 될 때, 철저한 순종을 통해 그를 개인적으로 알게 될 때에만 세례받아야 한다는 견해를 채택하게 되었다. 그러나 언제 그들은 그들 자녀에게 세례를 주어야 하는가? 아직 매우 어리지만 예수 그리스도께 대한 구원의 믿음을 갖고 있는 것처럼 보이는 재세례파 신자의 자녀는 세례를 받아야 하는가, 아니면 몇 년을 기다려야 하는가?

재세례와 신자들의 반응은 모든 사람을 기쁘게 하지 못할지도 모르나 적어도 그것은 세상과 교회 사이의 근본적인 반대에 대한 그들의 예민성을 보여 주었다. 신앙을 고백한 어린 아이의 경우에 있어서 그들은 그 아이가 세상의 유혹에 직면하고 세상을 따르라는 압력에 매력을 느끼며 그 유혹에 굴하지 않는 것에 대한 세상의 분개를 감지할 뿐만 아니라 **그것이 제시하는 온갖 유혹과 선택권에 대해 의식적 및 영적으로 등을 돌릴** 만큼 충분한 나이가 될 때까지는 세례를 연기시켰다. 그때와 마찬가지로 지금도 어린 신자들은, 세상과

교회가 상호배타적이며 세상은 그것을 따르지 않는 자에게 분개한
다는 사실을 인식할 필요가 있다.

3. 세상은 예수 그리스도를 미워하기 때문에 우리도 미워한다.
"세상이 … 너희보다 먼저 나를 미워한 줄을 알라"(15 : 18). 그러나
연대적 우선권 이상의 것이 문제가 되고 있다. 예수님의 주권에 대한
우리의 복종과 예수님의 가르침에 대한 우리의 동일시 등에 관한
문제가 폭넓게 다루어져 있는 것이다. 그러한 까닭에 예수께서는
계속해서 이렇게 이야기하신다 : "내가 너희더러 종이 주인보다 더
크지 못하다 한 말을 기억하라 사람들이 나를 핍박하였은즉 너희도
핍박할 터이요 내 말을 지켰은즉 너희 말도 지킬 터이라"(15 : 20).

이 절의 핵심은 예수께서 그 자신의 말씀을 인용하고 있는 부분
이다 : "종이 주인보다 크지 못하다." 요한복음에서 이 말씀들은 13장
16절에 발을 씻기신 삽화의 문맥 가운데서 제일 처음에 언급되고
있다. 거기에서 예수께서는 그의 제자들을 위해 한 가지 예를 제
시하시고 있다. 주인이신 그는 경멸받는 일, 즉 발 씻기는 일을 용
납하셨다. "종이 주인보다 크지 못하기" 때문에 제자들은 서로에
대해 매우 겸손하고 유용한 위치를 택하여야만 한다.

이제 예수께서는 다른 문맥에서 똑같은 말씀을 언급하시고 있다.
만일 아무 종도 그의 주인보다 크지 못하고 주인 자신이 세상의
치욕을 당한다면, 종들은 마찬가지 핍박을 예상해야 한다는 결론이
뒤따른다. 실제로, 어떤 종이 어떤 원리에 의해 그가 고난을 당해야
하는지를 질문하고자 한다면, 그 대답은 똑같다 : 종이 주인보다 크지
못하다. 만일 예수님의 종을 자칭하는 어떤 사람이 반대와 핍박을
피하는 것이 자신의 권리라고 생각한다면, 그는 참으로 겸손이 결여된

자이다. 그는 주인과의 관계에 있어서 그의 적합한 위치를 찾지 못하고 있는 자이다. 예수께서는 다른 곳에서도 이렇게 말씀하신다 : "제자가 그 선생보다 또는 종이 그 상전보다 높지 못하나니 제자가 그 선생 같고 종이 그 상전 같으면 족하도다 집 주인을 바알세불이라 하였거든 하물며 그 집 사람들이랴"(마 10 : 24, 25).

그리스도께 속하는 일은 그리스도께로 겨누어진 미움 가운데 어떤 것을 자초하는 일이다. 물론 어떤 의미에서 그것은 매우 고무적인 일이기도 하다. 우리는 우리가 우리 자신의 것이라는 근거 위에서 세상의 증오가 우리를 개인적으로 겨냥하고 있다고 생각해서는 안 된다. 그것과는 너무도 거리가 멀다. 반대가 야기되는 것은 우리가 그리스도와 동일시되기 때문인 것이다. 만일 우리가 고난당해야 하는 경우가 생긴다면, 우리는 "그 이름을 위하여 능욕받는 일에 합당한 자로 여기심을" 기뻐하면서(행 5 : 41) 채찍질당하고 모멸당한 사도들의 본을 따를 수 있어야 한다. 역으로, 우리가 예수의 이름으로 환대받을 때, 회중들이 우리를 칭송하며 크리스천 형제들과 자매들이 후하고 너그러운 찬성을 표할 때, 우리는 우리가 예수의 이름을 위해 핍박받는 것과 마찬가지로 예수의 이름을 위해 사랑받는 것도 마땅하다는 사실을 기억할 필요가 있다. 그리스도인들은 그들 자신 때문에 미움받거나 사랑받는 것이 아니며 배척당하거나 신뢰받는 것이 아니다. 오직 이 모든 것은 예수 그리스도 때문인 것이다.

그런데 왜 사람들은 예수님을 미워해야 하는가? 어떤 해를 그가 행하셨는가? 그가 육체 가운데 계셨을 때에 은행을 턴 일도 없었으며 누구를 약탈하거나 살해하거나 중상모략한 일이 없으셨다. 그는 그의 치유능력과 진리의 말씀과 흔들림이 없는 고결함으로 인해 널리 알려지셨으며, 그의 사랑의 풍성함으로 유명해지셨다. 그렇다면, 왜

사람들은 예수님을 미워하였으며 그 다음에는 그의 제자들을 미워
하였는가? 다음의 두 원리들이 이 질문에 답해준다.

4. 세상은 그것의 죄가 드러나기 때문에 미워한다. "내가 와서
저희에게 말하지 아니하였다면 죄가 없었으려니와 지금은 그 죄를
핑계할 수 없느니라 … 내가 아무도 못한 일을 저희 중에서 하지
아니하였다면 저희가 죄 없었으려니와 지금은 그 죄를 핑계할 수
없느니라"(15 : 22, 24).

예수께서는 만일 그가 오셔서 사람들에게 말씀하시고 이적들을
행하지 아니하셨다면 그들이 전적으로 무죄하였을 것이라는 사실을
이 절들을 통해 말씀하시고 있는 것이 아니다. 이것은 여러가지
요인들에 의해 명백하게 밝혀진다 : 요한복음에서 예수께서 오신 그
"세상"은 그가 그 무대에 나타나시기 이전에 이미 죄악되고 패역한
세상이었다. 예를 들면, 그는 세상 죄를 없애실 하나님의 어린 양
으로서 보내어졌다(1 : 29). 22절에서의 형식적인 대조들은 결코 종
료되지 않는다는 사실을 또한 주시하라. 그 본문은 두 부분으로
이루어져 있다.

    (1)만일 내가 그들에게 와서 말하지 않았다면 그들은 유죄가
       되지 않았을 것이다.

    (2)그러나 지금 그들은 그들의 죄를 변명할 여지가 없다.

그러나 형식상으로 볼 때, 팽팽한 대조법은 (2)항을 이렇게 읽도록
요구할 것이다 : "그러나 지금 그들은 유죄하게 되었다." 그러나 이
엄격한 대조법은 예수님을 세상 죄의 명백한 원인으로 만들 수도
있는데 이것은 피해져야 한다. 예수께서 오셨기 때문에 세상은 죄
가운데 있지 않게 된다. 오히려 그것은 죄에 대한 온갖 핑계를 빼

앗기게 되는 것이다. 이것은 예수께서 오시기 **이전에** 세상이 온통 죄악되었음을 시사하고 있다.

그 문맥을 자세히 살펴보면, 우리는 언급되어 있는 그 죄가 특정한 것임을 알 수 있다. 앞 절에서 예수께서는 그의 제자들에게, "그러나 사람들이 내 이름을 인하여 이 모든 일을 너희에게 하리니 이는 나 보내신 이를 알지 못함이니라"(15 : 21)고 말씀하신다. 그리고 나서 바로 예수께서는 "내가 와서 저희에게 말하지 아니하였더면 죄가 없었으려니와 지금은 그 죄를 핑계할 수 없느니라"(15 : 22)고 덧붙이신다. 그들이 범하는 죄는 하나님께서 예수 그리스도 안에 그 자신을 매우 어마어마하게 그리고 명백하게 계시하실 때에도 하나님을 알지 아니한 죄이다. 세상은 하나님에 관한 이러한 계시를 배척하며, 그 배척은 핍박과 미움으로 바뀐다.

타락 이후로 언제나 세상은 하나님을 대적하여 죄를 범해오고 있다. 그러나 하나님의 완전한 계시이신 예수 그리스도께서 오셨을 때에도 여전히, 세상은 그러한 빛에 대해 죄를 짓고 있었다. "그 정죄는 이것이니 곧 빛이 세상에 왔으되 사람들이 자기 행위가 악하므로 빛보다 어두움을 더 사랑한 것이니라 악을 행하는 자마다 빛을 미워하여 빛으로 오지 아니하나니 이는 그 행위가 드러날까 함이요" (3 : 19, 20). 제자들 자신만으로는 세상의 분노를 촉발시킬 수 없다. 그들은 세상의 악에 적합한 도전을 가하지 못하기 때문이다. 그러나 예수께서는 너무도 깨끗하시기 때문에 더러운 사람들은 깨끗하게 씻겨지거나 아니면 그의 깨끗함을 혐오해야 한다. 따라서 예수께서는 그의 제자들에게, "세상이 너희를 미워하지 못하되 나를 미워하나니 이는 내가 세상의 행사를 악하다 증거함이라"(7 : 7).

예수 그리스도 안에 나타난 하나님의 계시는 너무도 선명하고 너무도 깨끗하고 너무도 눈부시기 때문에 세상은 그를 대면할 때 온갖 핑계를 빼앗기게 된다. 그것의 핑계는 결코 대단한 것이 못된다. 이제 그것은 소용없게 되고 만다. 예수께서 죄를 드러내실 뿐만 아니라 그가 또한 죄의 유일한 해결책이시기 때문이다. 이러한 빛으로부터 돌아선 자들에게 어떠한 핑계와 희망이 있을 수 있겠는가? 세상은 예수님과 맞부딪히게 되며, 하나님의 은혜로 말미암아 그것의 죄에서 돌이키거나(그렇게 함으로써 요한의 표현대로 "세상"이 되기를 중단하거나), 아니면 예수님과 그의 아버지를 미워하게 된다(15 : 24).

간단히 말해서, 세상은 그것의 죄가 폭로되기 때문에 미워한다. 그것은 언제나 그래왔다. 왜 가인이 아벨을 죽였는가? "자기의 행위는 악하고 그 아우의 행위는 의로움이니라"(요일 3 : 12 하반절). 그 문제는 그리스도처럼 깨끗한 자가 나타날 때 더욱 예리하게 드러난다. 예수께로 나아와 그를 구세주와 주님으로 고백하는 일은 회개와 무릎 꿇는 일을 요구한다. 곤핍함과 무가치함과 죄를 깨닫지 않고서는 그리스도께로 나아올 수 없다. 그 누구도 머리를 꼿꼿이 쳐들고서는 구원 계획의 동참자로 나아올 수 없는 것이다. 그것은 불가능하다. 왜냐하면 예수님의 인격 안에 있는 복음의 빛은 우리의 어둡고 부패한 마음을 동시에 밝혀주며 모든 것을 깨끗하고 새롭게 하실 수 있는 유일한 그분을 가리켜준다. 자기 계시의 그 순간에 하나님의 은혜가 임하여 죄인은 긍휼을, 깨끗케함을, 생명을 구하거나 아니면 그 더러움을 폭로한 빛을 혐오한다. 후자는 "세상"이 보이는 반응이며, 그것이 세상의 미움의 주된 근거이다.

오늘날의 그리스도인들도 이와 똑같은 두 가지 반응을 일깨운다. 우리는 우리 자신을 나타내고 있지 않고 그리스도를 나타낸다. 그러나 그리스도의 빛이 우리를 통해 이 어두운 세상에 반사되어 그것의

독액을 드러내고 그것의 무자비한 증오를 얻기 때문에 우리가 그
리스도와 연합하고 계속해서 그를 따르는 일은 그리스도 자신께서
초래하셨던 바로 그 증오를 초래하게 된다. 바울은 이 사실을 잘
이해하고 있다. 감동적인 어떤 구절에서 그는 이렇게 기록하고 있기
때문이다 : "항상 우리를 그리스도 안에서 이기게 하시고 우리로
말미암아 각처에서 그리스도를 아는 냄새를 나타내시는 하나님께
감사하노라 우리는 구원 얻는 자들에게나 망하는 자들에게나 하나님
앞에서 그리스도의 향기니 이 사람에게는 사망으로 좇아 사망에
이르는 냄새요 저 사람에게는 생명으로 좇아 생명에 이르는 냄새라
누가 이것을 감당하리요"(고후 2 : 14-16). 그리스도인의 증거는 그
사람의 존재와 말들에 의해, 행동 및 간증에 의해 그리스도의 향기를
퍼지게 한다. 그러나 이 향기로운 냄새는 어떤 사람에게는 하나님의
봄에 분출하는 생명의 향기가 되는 반면, 어떤 사람에게는 썩어져가는
시체의 악취가 된다. 그리스도와 마찬가지로 그리스도인들은 이러한
의미에서 불화할 수밖에 없다. 세상 죄를 폭로하는 이 사역에 있어서
보혜사 성령께서 우리를 도우신다는 사실을 우리가 다음 장(16 : 8-
11)에서 배우게 되는 일은 우리에게 큰 위안이 될 것이다.

이 원리는 신자들에 대한 세상의 반응을 이해함에 있어서 많은
중요한 사실들을 암시해 준다. 라일(J. C. Ryle)의 말대로 "세상이
미워하는 것은 그리스도인들의 연약함과 모순이 아니라 그들이 받는
은혜이다"라는 사실은 주목할 만하다. 그리스도인은 고객을 속이기를
거절한 것으로 인해 사업장에서 핍박받을 수 있다. 캐나다의 어떤
크리스천 경관은 알코올 상용을 권하는 그의 상관의 명령을 조용
하고도 단호하게 거절하였기 때문에 수년씩이나 진급을 하지 못하
였다. 그러나 더 높은 상관이 그 문제를 들었을 때, 비로소 그것은

극복되었다. 그것을 드러나게 한 것은 그 사람이 아니었다.

큰 상점에서 일하는 어떤 그리스도인은 어떤 상품이 도착한 후에 손상되어진 것을 발견하고서는 청구서에 서명하기를 거절하며, 그 상품들이 결함이 있는 상태에서 배달되었다고 말하였다. 그는 점잖치 못하게 그 책임을 다른 부서로 전가하였다. 어처구니 없게도, 이러한 사실들은 그리스도인의 결백이 동료의 호응을 얻을 때에는 찬사를 받으나 이권이나 우정에 방해가 될 때에서 멸시되어진다는 것을 보여준다.

심지어 예수께서 세상에서 제자들을 택하셨다는 사실(15 : 19)도 세상의 미움을 불러일으키기에 충분하다. 그리스도인들은 어떤 소외된 집단이나 본질적으로 우월한 자들을 모아놓은 집단이 아니다. 그들 자신은 본질상 세상의 한 부분이다. 그러나 예수 그리스도 때문에 그들은 세상을 뒤로 하였고 세상은 그것을 좋아하지 않는다. 속이기를 중단하는 사기꾼은 다른 사기꾼들과 친하게 지내지 못할 것이다. 거짓말을 중단하는 거짓말쟁이는 다른 거짓말쟁이들의 사랑을 받지 못할 것이다. 그리스도를 위해 세속주의를 버리는 지독한 세속주의자는 그의 세속주의적 친구들로부터 월계관을 받으리라고 기대할 수 없다. 그리스도에 의해 세상으로부터 선택되어지는 일은 세상의 비난을 수반한다. 세상은 그것의 죄가 폭로되는 것을 견딜 수 없기 때문이다.

5. 세상은 아버지를 알지 못하며 아들 안에 아버지가 계시된 것도 깨닫지 못하기 때문에 미워한다. "그러나 사람들이 내 이름을 인하여 이 모든 일을 너희에게 하리니 이는 나 보내신 이를 알지 못함이 니라 … 나를 미워하는 자는 또 내 아버지를 미워하느니라 … 지금은

저희가 나와 및 내 아버지를 보았고 또 미워하였도다 … 저희가 이런 일을 할 것은 아버지와 나를 알지 못함이라"(15 : 21, 23, 24 하반절 ; 16 : 3).

세상의 "[예수의] 이름을 인하여" 예수님의 제자들을 핍박할 것이라고 본문이 말하고 있는데, 아마도 그것은 "예수님 때문에"나 "예수님을 위하여"라는 것 이상은 의미하지 않을 것이다. 세상의 악의에 찬 반대는 진정 아버지와 아들 모두에 대한 무지에 근거하고 있다.

어떤 상황에서는 무지를 내세우는 것이 적합한 변명이 되기도 한다. 내가 아프리카의 스와힐리(Swahili)어를 모른다는 것 때문에 욕을 먹을 수는 없다(어떤 이유로 인해 내가 그것을 배우도록 되어 있지 않는 한). 나는 우주 저편에 있는 물리적인 어떤 것을 내가 모르고 있다는 것 때문에, 또는 내가 엘리자베스 2세 여왕을 개인적으로 알고 있지 않다는 것 때문에, 비난받을 수 없다. 다시 말해서 어떠한 종류의 무지는 유죄의 온갖 혐의를 제거해 준다. 그러나 또 어떠한 무지는 변명의 여지를 남겨두지 않는다. 운전자로서 나는 내가 운전하고 다니는 그 도로의 넓이에 적용되는 속도 제한에 관해 알 책임이 있다. 어떠한 이유로 인해서 내가 교통 표지판을 읽지 못했다면, 경찰관이 내게 나의 범법 사실을 알려줄 때 몰랐었다는 나의 변명은 거의 참작되지 않을 것이다.

사실상, 이러한 상황에서는 나의 무지가 핑계가 될 수 없을 뿐만 아니라 나의 무지 그 자체가 과실인 것이다. 왜냐하면 나는 그 제한 규정을 알고 있어야 마땅하며 나의 무지는 나의 부주의함이나 태만함을 입증해 주기 때문이다.

인간은 하나님을 알도록 되어 있다. 우리는 그의 형상으로 만들어졌으며 우리의 양심 위에 그의 성품과 특성에 관한 너무도 많은 것들이 인쳐져 있기 때문에 우리는 영원히 변명할 수가 없다. 나는 하나님에 관해 알아야만 한다. 그에 관한 어떤 사실들만을 알아야 하는 것은 아니다. 만일 내가 그렇게 하지 못한다면, 내가 그를 알지 못한다는 것 자체가 이미 그에 대한 반역의 신호이며 다른 신들이나 나 자신을 추구한다는 신호이다. 그러한 무지는 태만죄에 속한다.

성경에 접근하는 자들의 경우에는 예수 그리스도 안에 나타난 하나님과 그의 계시를 모르는 것이 왜 무지의 죄인가 하는데 대한 부가적인 이유가 있다. 그 이유는 다음과 같다 : 예수께서 오시기 오래 전에 성경은 사람들이 도덕적으로 주의를 기울여 청종해야 하는 말들을 들려줄 한 "선지자"의 오심에 관해 예언하고 있다. 예를 들면, 하나님은 모세에게, "내가 그들의 형제 중에 너와 같은 선지자 하나를 그들을 위하여 일으키고 내 말을 그 입에 두리니 내가 그에게 명하는 것을 그가 무리에게 다 고하리라 **무릇 그가 내 이름으로 고하는 내 말을 듣지 아니하는 자는 내게 벌을 받을 것이요**"(신 18 : 18, 19)라고 선언하신다. 그러한 경고와 아울러, 무지에 대한 변명의 책임을 면제해 주기는 커녕 오히려 저주거리가 되고 있다.

그밖에 제 4복음서는, 만일 어떤 사람이 참으로 예수 그리스도를 안다면 그 사람은 아버지도 또한 안다고 가르친다(8 : 19). 그리고 그러한 지식은 영생의 핵심이다(17 : 3). 그것을 이렇게 표현하는 것 — 예수님을 아는 것이 하나님을 아는 것이라는 표현 — 은 예수께서 역사 속에 오셨으며 어떤 사람들에 의해 "알려지게" 되셨다는 사실을 전제로 한다. 예수께서는 하나님에 관한 지식을 중재하신다. 그러나 예수님과 그의 아버지와의 관계는 다른 면에서 고려될 수가 있다. 예수께서 역사 안에 오시기 **이전에** 사람들이 아버지를 알았다면, 그들은 예수께서 오셨을 때 그를 알아보았을 것이다. 그러므로 예수님을 알지 못한다는 것은 예수님께서 오시기 이전에 하나님을 모르고 있었음을 입증한다. 그러나 예수 그리스도 안에 나타난 하나님에 대한 계시의 눈부신 빛이 일단 역사 안에서 빛을 발하였다면, 그 구절을 첫번째 방법으로 표현하는 것이 더 낫다. 즉, 사람이 예수님을 알지 못한다면, 아버지도 알 수가 없다.

따라서 그 초점을 바꾸어놓는 사건은 예수 그리스도께서 **역사 안으로** 들어오신 일이다. 사람들은 구약 시대에 하나님에 의해 제시된 언약적 조건 아래에서 구약 시대의 하나님을 알 수 있었다. 어떤 사람들은 그를 알았으며 이미 계시된 빛에 의해 하나님을 앎으로써 그리스도를 알도록 준비되어진 신실한 남은 자들을 구성하였다. 하나님과 그의 특성 및 방법의 완전함을 알지 못한 자들은 그리스도를 미워할 수밖에 없었다. 그리고 그리스도를 미워하는 것을 배우자 그들은 곧 그리스도인들을 미워하게 되었다. 그들의 증오와 반대는 그들이 결코 하나님을 알지 못했음을 알려주는 철저한 증거가 되었다. 타락한 세상에 대한 하나님의 궁극적 계시이신 이 그리스도께서 일단 **역사 안**에 들어오시게 되자 그리스도께로 겨누어진 증오는 더욱 더 심해져서 세상이 하나님을 알 수 있는 그 한 가지 길을 스스로 끊어버리고 있었다는 증거를 쌓게 되었다.

순서야 어떻든지 간에 그리스도인들은 예수 그리스도께서 계시된 이후부터 예수님을 사랑하는 것이 하나님을 사랑하는 것이며 하나님을 사랑하는 것이 예수님을 사랑하는 것이라고 주장한다. 역으로, 하나님을 알지 못하는 것이 예수님을 알지 못하는 것이며, 예수님을 알지 못하는 것이 하나님을 알지 못하는 것이다. 그들을 아는 것이 영생을 소유하는 것이며(17 : 3), 그들을 알지 못하는 것은 영원한 죽음 속을 걷는 것이고, 빛이 환영받지 못하는 그림자와 어두운 곳을 걷는 것이다. 하나님께 대한 무지는 도덕적으로 비난받을 만하다. 왜냐하면 그 무지는 악과 이기심과 흑암의 세력과 도덕적으로 손을 잡는 것에 대한 증거가 되기 때문이다. 이러한 이유로 인해서, 하나님께 대한 무지는 예수님과 그의 추종자들을 핍박하는 추악한 악의를 노출시키며(15 : 20 이하), 심지어는 극악한 폭력을 발휘하기도 한다(16 : 2 이하).

6. 세상은 정당한 이유없이 미워하나 이 부당한 미움까지도 하나님의 주권의 범위 안에 떨어진다. 예수께서는 세상의 미움을 다음과 같은 말로 표현하신다 : "그러나 이는 저희 율법에 기록된바 저희가 연고 없이 나를 미워하였다 한 말을 응하게 하려 함이니라"(15 : 25) (율법이라는 단어는 모세오경만이 아닌 유대인들의 성경 전체를 언급하는데 흔히 사용되었다). 인용된 구절은 시편 35편 19절이거나 시편 69편 4절이다. 후자가 더 타당하다. 왜냐하면 시편 69편은 메시아적인 것으로 널리 간주되었기 때문이다.

예수께서는 여기에서 유대인들에게 강타를 가한 것으로 표현되고 있다. 이 책은 **그들의** 율법이다(참조. 10 : 34). 그것이 **그들의** 율법인 까닭은 그들이 그것을 이해하지 못하고 있을 때에도 그것을 빈틈없이 수호하였기 때문이다. **그들의** 율법은 연고없이 미워하는 것을 정죄하였다. **그들의** 율법은 메시아에 대한 그처럼 근거없는 미움을 예고하였다. 그러나 여기에서 그들은 강력하게 미워하고 있으며, 그것은 변명의 여지가 없다. 그들 자신의 율법의 지시에 의해 그들은 자기 정죄에 **빠지게** 된 것이다.

왜 예수님을 미워하는가 ? 우리는 왜 사람들이 예수님을 미워하는지를 이해할 수 있다. 더욱이 죄는 폭로되는 것을 원치 않으며 진리와 성결과 사랑의 빛이 찬란하게 드러나는 것에 대해 분개한다는 것을 우리는 더 잘 이해할 수 있다. 그러나 그러한 요소들은 세상의 슬픈 상태를 드러낸다. 즉, 그것들은 예수님 자신이 그러한 미움을 살 만한 어떤 이유를 제시해 주지 못한다. 스탈린이나 히틀러 안에 적대와 미움을 불러일으키는 것들이 있을 수 있다. 그러나 예수님 안에는 무엇이 있는가? 그는 선을 행하러 다니셨다. 흔히 그러하듯이, 우리가 만들어내는 판단과 견해는 고려되어지는 사물이나 사람들에 대해서 뿐만 아니라 우리 자신에 대해서도 많은 것을 알려 준다. 이러한 견지에서 볼 때 예수께로 향한 미움은 궁극적으로 부당한 것이다.

예수께서 시편에서 이 구절을 인용하시는 방법은 또 다른 진리를 밝혀준다. 즉, 세상의 부당한 미움까지도 하나님의 주권의 영역 속에 있다는 사실이다. 예수께서는 그에게 겨누어지는 모든 증오가 성경을 성취하고 있다고 주장하신다. 아주 똑같은 방식으로 헤롯과 본디오 빌라도가 예수님을 해할 사악한 음모를 꾸몄으며 그를 십자가에 못박는 데에 성공하였다. 그러나 그들은 사실상 하나님께서 미리 하시고자 계획하신 것을 이루어 놓았을 뿐이었다(행 4:27 이하, 2:23). 예수님과 그의 추종자들에 대한 세상의 증오는 예견되지 않은, 예상되어지지 않은 그 어떤 것이 아니다. 예수님께 불시에 일어난 그 어떤 것이 아니다. 오히려 그것은 하나님의 거룩한 말씀이 성취된 것이다.

이것은 핍박당하는 신자들에게 격려의 원천이 될 수 있을 뿐이다. 우리가 겪는 반대는 우리를 예수께로 이끌어 준다. 그리고 그것은 사물이 거의 통제 밖에 있다거나 하나님의 이유는 가장 불확실한 근거만을 가지고 있다는 것을 나타내는 표시가 되기는 커녕 오히려 하나님의 구원이 백성들을 변형시킨다는 것을 입증해 주고 그의 말씀이 성취되고 있다는 것을 증명해 준다. 심지어 세상의 불합리한 미움도 하나님의 주권을 피할 수 없다. 이것은 그 첫번째로 예상되는 근본적인 사건을 파악하게 된 신자들이 자신에 차서 확신하는 바이다. 그리스도인들은 세상의 미움을 예상해야 한다. 하나님께서 그것이 올 것이라고 말씀하셨기 때문이다.

그리스도인들은 증오하는 이 세상에서 증인으로 섬길 것을 각오하면서 이 사역에 보혜사와 함께 하여야 한다(15 : 26 이하).

예수께서는 계속해서 이렇게 말씀하신다. "내가 아버지께로서 너희에게 보낼 보혜사 곧 아버지께로서 나오시는 진리의 성령이 오실 때에 그가 나를 증거하실 것이요 너희도 처음부터 나와 함께 있었으므로 증거하느니라"(15 : 26, 27).

그리스도인들은 예수 그리스도께서 그들을 오직 미움을 견디도록 하기 위해서만 이 세상에 남겨두셨다고 생각해서는 안 된다. 첫번째 제자들에게 있어서 그 문제는 특히 심각하였다. 왜 예수께서는 그들을 뒤에 남겨두셨는가 ? 이제 본문은 오실 보혜사, 약속된 진리의 영께서 예수님에 관해 세상에 증거하실 것임을 주장하고 있다. 그리고 제자들이 그 증거에 합세할 것이다. 이것이 바로 그들이 뒤에 남겨지게 된 이유이다.

그 첫번째 그리스도인들은 특별한 증거를 하였으며, 거기에서 그들은 예수님과 함께 그의 사역의 "처음부터" 있었다(15 : 27, 참조.
행1 : 22 ; 10 : 37). 그러나 증거의 사명은 사도들에게만 주어진 것이
아니다. "예수가 주이심"을 **입으로** 시인하는 것은 그리스도인이 되는
핵심 부분이다(롬 10 : 9). 오늘날 그리스도인인 우리는 흔히 예수님을
증오하는 특징을 갖고 있는 세상에서 예수님을 증거해야 하는 비슷한
책임을 지니고 있다. 우리는 이 세상에서 증인으로 섬길 각오를 해야
하는 것이다.

그 전망은 처음에 예상되는 것처럼 삭막하지는 않다. 예수께서
사역 동안 일차적인 책임을 지시고 제자들이 이차적인 역할을 하였던
것처럼, 지금 성령께서는 일차적인 책임을 지고 계시며, 이차적으로
우리도 또한 증거하여야 하는 것이다(15 : 27). 그러한 빛에 비추어
우리의 증인의 삶을 생각해 볼 때, 우리는 책임을 특권으로 받아
들이게 된다.

이 세상에서의 보혜사의 사역이 16장 5 - 15절(본서의 7장)에서
보다 더 상세히 논의되어 있다. 여기에서는 성령께서 교회의 증거와
분리될 수도 있다는 사실만을 지적해 볼 필요가 있다. 그러나 보통
교회의 증거와 성령의 증거는 불가분의 관계에 있다.

초대 교회는 이러한 가르침을 기억하였으며 그것을 소중히 여겼다.
베드로와 다른 사도들이 산헤드린 앞에서 다음과 같은 말로 예수님의
부활을 옹호하였다는 것을 발견하는 것은 반가운 일이다 : "우리는
이 일에 증인이요 하나님이 자기를 순종하는 사람들에게 주신 **성령도
그러하니라**"(행 5 : 32). 그들은 그들이 증거하는 일에 그들 자신만
있지 않다는 사실을 의식하고 있었다. 스데반의 대적들은 "스데반이
지혜와 **성령으로 말함을** 저희가 능히 당치 못한다"는 것을 발견하
였다(행 6 : 10). 극심한 핍박 때에 교회는 항상 예수님의 지시를

상기하였다 : "너희를 넘겨줄 때에 어떻게 또는 무엇을 말할까 염려치 말라 그 때에 무슨 말할 것을 주시리니 말하는 이는 너희가 아니라 너희 속에서 말씀하시는 자 곧 너희 아버지의 성령이시니라" (마 10 : 19, 20).

이 구절들의 경이로움은 적극적인 반대를 당하는 역경 아래에서 증거해 온 그리스도인들과 성령의 은밀하신 역사를 감지한 그리스도인들만이 잘 음미할 수 있다. 그가 어떻게 그의 사역을 이행하시는지는 분석해 내기가 쉽지 않으며 우리가 만들어 낸 대부분의 공식은 말할 나위없이 수정될 수 있는 것들이다. 그는 신자들을 깨끗케 하시며 그들에게 거룩한 담대함을 부여하시고 그들에게 온유함을 가르치시며 합당한 진리를 그들의 마음에 일깨워주신다. 그는 기도하도록 고무하시며 하나님의 뜻을 행하고자 하는 우리의 소원을 증가시키신다. 동시에 그는 그 증거를 듣는 사람들의 마음속에 역사하시어 그들로 하여금 죄를 깨닫게 하시고 그들의 눈을 열어 말씀을 심으시고 딱딱한 마음을 부드럽게 하신다. 증거의 특권을 어렴풋이 깨닫기 시작하는 그리스도인들, 미움으로 가득찬 이 세상에서 증인의 삶을 살기로 단단히 각오하나 이러한 노력 가운데서 하나님의 성령을 의지해야 한다는 사실을 깨닫고 있는 그리스도인들은 다음과 같이 힘차게 찬양하며 기도한다.

생명의 숨결이시여, 우리를 깨끗케 쓸어주소서.
　당신의 교회를 생명과 능력으로 소생시키소서.
생명의 숨결이시여, 오셔서 우리를 깨끗케 하시고 새롭게 하시며
　당신의 교회로 하여금 이 시간을 잘 맞이하게 하소서.

하나님의 바람이시여, 우리에게로 부시고 우리를 깨뜨려 주소서.
  그리하여 우리로 우리의 필요를 겸손히 고백하게 하소서.
그리고 당신의 온유함으로 우리를 새롭게 만드시고
  소생시키시고 회복시키소서. 이 일을 위해 우리가 탄원하나이다.

사랑의 숨결이시여, 우리 안에 오셔서 숨결을 불어넣으소서.
  생각과 뜻과 마음을 새롭게 하소서.
그리스도의 사랑이시여, 오셔서 다시금 우리를 얻으소서.
  당신의 교회를 구석구석 소생케 하소서.

우리를 소생시키소서, 주님이시여!
  추수할 곡식은 많고 들은 회어졌는데 열심이 줄어들고 있습니까?
우리를 소생시키소서, 주님이시여! 세상이 기다리고 있습니다.
  당신의 교회로 하여금 빛을 발하도록 준비시키소서.

— 베씨 포터 헤드(Bessie Porter Head : 1850~1936)

그리스도인들은 한바탕의 혹독한 핍박을 각오해야 한다
(16 : 1 - 24).

그리스도인들이 미움으로 특징지워진 세상에서 증거할 각오를
해야 한다는 것을 주장하신 후에, 예수께서는 여전히 더 어두운
그림을 강조하시고 있다. 즉, 때로 잔인하고 극심한 폭력이 그의
추종자들에게 퍼부어질 것이다. 예수님께 대한 자신의 신앙을 고백

하려 하지 않은 유대인 지도자들의 비겁한 침묵에는 이러한 핍박이 가해지지 않을 것이다. "이는 출회를 당할까 두려워"(12 : 42)하여 그들이 침묵하기 때문이다. 그러한 타협가들은 하나님께 칭찬받는 것보다 사람들에게 칭찬받는 것을 더 사랑한다(12 : 43). 참된 신자들은 증거를 하나, 그러한 증거는 흔히 격렬한 제지에 부딪히게 된다.

세 가지의 단순한 요점이 제시되어 있다. 첫째, 어마어마한 핍박이 불가피하다(16 : 2). 이러한 전망 속에서 자신이 차지하게 될 유업을 알기 원하는 그리스도인들 각자가 읽어야 하는 중요한 저서는 폭스(Foxe)의 작품, 「순교자들의 책」(Book of Martyrs)이다. 거기에서 우리는 화형에 처해지는 신자들과 자신들의 무릎뼈가 으깨어지며, 자녀들이 익사당하는 것을 감수해야 했던 그리스도인들, 고문으로 관절들이 어그러지며 고환이 짓이겨지는 고통을 당하였던 그리스도인들에 관한 사실들이 문서로 잘 기록된 것을 볼 수 있다. 그들이 이러한 핍박을 당하였던 것은 그들이 악한 백성이었기 때문이 아니라 단지 그들이 그리스도께 속했기 때문이었다. 그들은 세상이 감당치 못하는 믿음의 영웅들의 목록에 들어 있다(히 11 : 35-38).

우리가 이러한 것들을 배울 때 두 가지의 상반되는 오류에 직면하게 된다. 첫번째는, 어떤 시기에는 어떤 장소의 **모든** 그리스도인들이 처절한 고통에 직면하였었다고 생각하는 것이다. 이러한 경우는 매우 드물다. 그리스도인 지도자들이 다른 사람들에 대한 무더기 표본으로 모두 함께 핍박당한다. 그리고 의심할 것도 없이 나머지 많은 사람들은 똑같은 결말을 당할까봐 두려워하며 살아간다. 그러나 전체 교회가 무력에 직면하는 경우는 거의 없다. 두번째로 가능한 오류는 순교의 때가 막 중단되었다고 상상하는 것이다. 그러한 판단은 지극히 잘못된 것이다. 우리는 에콰도르에서 아우카스(Aucas)에 의해 다섯 선교사들이 창에 찔려 죽은 것과 같은 기억할 만한 이야기들만 생각하지 말고 믿음으로 인해서 **굴락**(Gulag)에서 함정에 걸려 투옥되고 살해된 신자들에 대해서도 생각할 필요가 있다. 우리는 디트리히 본훼퍼(Dietrich Bonhoeffer)와 같은 사람들과 나치 정권 하에서 비슷한 신념을 위해 죽은 자들에 대해 생각한다. 그리고 우리는 모택동 숙청사건으로 죽은(보수파 사람들은 천이백만 명이 죽은 것으로 추정하고 있다) 수많은 사람들을 기억한다. 적어도 이들 가운데 일부는 그들이 단지 그리스도인이라는 이유 때문에 죽었다. 내가 기록한 바대로, 에티오피아에서는 매주 평균 세 명의 목사들이 처형되고 있는 것으로 추정된다. 대부분의 선교학자들은 12세기 이전의 모든 크리스천 순교자들의 수를 합한 것보다도 더 많은 그리스도인들이 12세기에 순교한 것으로 추정한다. 주님께서 갱신과 개혁을 허락하시지 않았다면, 서구 세계에 살고 있는 우리가 왜 막연하게 그러한 악들을 피하게 되는지를 생각해 보는 일은 어려울 것이다.

주목해야 할 세번째 요지는 최악의 핍박들 가운데 어떤 것들은, 하나님이 핍박자들에게 알려지지 않은 상태임에도 불구하고, 하나님의 이름으로 행하여질 것이라는 사실이다. 예수께서는 이렇게 경고하신다 : "때가 이르면 무릇 너희를 죽이는 자가 생각하기를 이것이 하나님을 섬기는 예라 하리라 저희가 이런 일을 할 것은 아버지와 나를 알지 못함이라"(16 : 2 하반절-3). 그것은 믿기 힘들다. 그러나 크랜머 대주교(Archbishop Cranmer)가 화형될 때 설교가 전파되었으며, 소름끼치도록 무서운 심문이 하나님의 진리를 옹호한다고 주장하는 사람들에 의해 행하여졌다.

그러나 세번째로 가장 중요한 요지는 예수께서 그의 제자들에게 이러한 것들을 말씀하신 것은 그들을 놀라 떨게 하기 위한 것이 아니라 그들로 하여금 그것을 이겨내도록 하기 위함이다. "내가 이것을 너희에게 이름은 너희로 실족지 않게 하려 함이니"(16 : 1), 만일 핍박이 아무런 경고도 없이 그들에게 엄습했다면, 아마도 그들은 쉽게 이탈하고 배신하였을 것이다. 그러나 예수께서 그의 교회를 세심하게 준비하셨기 때문에, 그것은 "순교자들의 피가 교회의 씨앗이다"라는 사실을 언제나 세상에 알려준다. 예수께서는 이렇게 덧붙이신다. "오직 너희에게 이 말을 이른 것은 너희로 그 때를 당하면 내가 너희에게 이 말한 것을 기억나게 하려 함이요 처음부터 이 말을 하지 아니한 것은 내가 너희와 함께 있었음이니라"(16 : 4). 예수께서 물리적으로 이곳에 존재하시는 한, 그는 이러한 예상되는 일들을 강조할 필요가 없었다. 예수께서는 위로를 주시기 위해 그곳에 존재하셨을 뿐만 아니라 바로 그의 존재 자체가 제자들이 받았던 반대들 거의 모두를 이제는 그 자신에게로 집중시키도록 만들었기 때문이다. 그는 떠나실 것이라고 말씀하신다. 그리고 그는 그의 추종자들에게 앞에 놓여 있는 것을 위해 준비시키실 뿐만 아니라 그 자신이 가장 뜨거운 불을 끌어당기기 위해 더 이상 존재하게 되지는 않을 것이므로 그들로 하여금 최전방의 목표물이 될 준비를 하도록 만드신다.

어떤 사람들에게 있어서는 원인이 끊임없이 보다 높은 곳에 있지 않는 경우에 참으로 하나님의 것이 될 수 있다고 믿기가 어렵다. 한 운동이 상대적으로 약하고 수적으로 소수일 때, 그리고 세속인이나 세속 세계가 인정하는 그 어느 목표점도 갖고 있지 않을 때, 그것을 하나님의 것으로 받아들이는 일이 어떤 사람들에게는 어렵다. 그러나 우리는 이것이 주 예수 자신께서 거쳐가신 길임을 기억해야 한다.

십자가의 길은 구세주의 길이다. 현세에 있어서의 새 하늘과 새 땅의 모든 축복을 주장하는 자들은 신약의 종말론을 파악하고 있지 못한 것이다. 참으로 장차 임할 시대의 그 여명이 밝아오고 있으며, 성령 자신께서 미래의 축복의 보증이 되신다. 그렇다고 해서 모든 물질적 축복과 번영이 따라오는 것은 아니며 핍박을 면하는 것이 지금의 우리에게 허락된 일은 아니다. 신약 기자들 가운데, 이미 시작된 미래의 특징들에게 관심의 초점을 맞추기를 가장 좋아하는 요한조차도, 이 시대의 그리스도인들은 미움과 핍박과 심지어는 폭력까지도 예상할 수 있음을 명백히 밝히고 있다.

아마도 본 장은 그 자체로 미루어 보아 어떤 사람에게는 사기를 떨어뜨리는 것이 될 수 있을지도 모른다. 상세히 설명되어 있는 요한복음 15장 17절—16장 4절의 성경 구절도 따로 떨어져 있는 것이 아니다. 그것은 예수 그리스도와의 친밀함 및 생활 가운데서 풍성한 열매맺는 일에 대한 대응부이다. 예수를 믿는 것은 영생을 소유하는 것이다. 그리고 이것은 모든 가치를 지닌다. 근본적인 표현으로서, 세상을 환영하는 일은 아무런 가치도 없다. 이 구절이 강한 필치로 쓰여져 있는 것은 바로 이러한 이유에서이며, 그것은 침울과 패배를 낳기는 커녕 오히려 거룩한 용기와 영적 결단력이 생기게 해주고 있다.

이 점들을 묵상하는 하나님의 사람들은 영원에 이르는 뿌리를 지니는 활력과 비전을 품게 된다. 따라서 윌리암 틴데일(William Tyndale)은 끊임없이 그를 핍박하는 자들을 피해 도망다니면서 성경을 영어로 번역하였다. 배반과 낙심과 두려움을 헤쳐나간 그는 마침내 붙잡혀서 화형당하였다. 그가 죽어가면서 외친 소리는 그의 영원한 전망을 밝혀 주었다 : "주여, 영국왕의 눈을 열어주소서!"

비슷한 맥락에서 윌리암 볼덴(William Borden)은 회교도 세계에서 선교사로 사역할 준비를 하였다. 부유한 가정에서 태어난 그는 자신의 돈과 모범을 선교에 쏟았다. 예일대학교와 프린스턴 신학교에서 최고의 훈련을 받은 후에 그는 사무엘 쮀머(Samuel Zwemer)와 함께 일하기 위해 이집트에 도착하였는데 얼마 못되어 그는 뇌막염에 걸렸다. 그는 죽어가면서 주저하지 않고 이렇게 간증하였다 : "보류해 놓은 것도 없고 물러서는 것도 없으며 후회하는 것도 없다."

스터드(C. T. Studd)는 운동선수로서 천부적 재능을 타고나 이튼과 캠브리지 대학교에서 훈련받았는데, 그는 부귀를 뒤로 하고서, 상상할 수 없는 역경을 겪으며 처음에는 중국에서 그 다음에는 아프리카에서 수십 년간 그리스도를 섬겼다. 그는 다음과 같은 시를 지었다 :

> 어떤 사람들은
> 교회나 교회 종각의 소리가
> 들리는 곳에서 살기 원하나
> 나는 지옥 안에서
> 구조선을 만들기 원하네.

이것이 우리에게 필요한 열정이다. 태산같은 역경들을 만나거나 승리하여 환호를 지를 때 우리가 지녀야 하는 열정이다. 반드시 우리는 최악의 사태를 각오하도록 하자. 그리스도께서는 우리가 곁길로 가지 않도록 하기 위해 그러한 것들을 우리에게 밀씀하셨다.

> 그리스도 군병들이여, 일어나 무장하라.
> 하나님께서 그의 영원하신 아들을 통해
> 공급하시는 힘을 덧입으라.

만군의 여호와와
   그의 강한 힘을 덧입으라
예수의 힘을 의지하는 자는
   정복자보다 위대하도다.

나날이 더욱 강건하여져서
   분투하고 싸우고 기도하라.
온갖 흑암의 권세를 짓밟고
   승리를 거두라.

모든 일을 마치고
   너의 모든 싸움이 지난 후,
너는 오직 그리스도로 말미암아 승리하고
   마침내 완전한 자리에 설지어다.

                                     - 찰스 웨슬리 (Charles Wesley : 1707~1788)

성령의 특별한 두 가지 사역

요한복음 16 : 5－15

⁵지금 내가 나를 보내신 이에게로 가는데 너희 중에서 나더러 어디로 가느냐 묻는 자가 없고 ⁶도리어 내가 이 말을 하므로 너희 마음에 근심이 가득하였도다 ⁷그러하나 내가 너희에게 실상을 말하노니 내가 떠나가는 것이 너희에게 유익이라 내가 떠나가지 아니하면 보혜사가 너희에게로 오시지 아니할 것이요 가면 내가 그를 너희에게로 보내리니 ⁸그가 와서 죄에 대하여, 의에 대하여, 심판에 대하여 세상을 책망하시리라 ⁹죄에 대하여라 함은 저희가 나를 믿지 아니함이요 ¹⁰의에 대하여라 함은 내가 아버지께로 가니 너희가 다시 나를 보지 못함이요 ¹¹심판에 대하여라 함은 이 세상 임금이 심판을 받았음이니라 ¹²내가 아직도 너희에게 이를 것이 많으나 지금은 너희가 감당치 못하리라 ¹³그러하나 진리의 성령이 오시면 그가 너희를 모든 진리 가운데로 인도하시리니 그가 자의로 말하지 않고 오직 듣는 것을 말하시며 장래 일을 너희에게 알리시리라 ¹⁴그가 내 영광을 나타내리니 내 것을 가지고 너희에게 알리겠음이니라 ¹⁵무릇 아버지께 있는 것은 다 내 것이라 그러므로 내가 말하기를 그가 내 것을 가지고

너희에게 알리리라 하였노라

예수께서는 이제 약속된 보혜사 성령의 사역에 그의 이야기의
초점을 맞추신다. 16장 5-15절과 나머지 고별담화 사이의 관계는
무엇인가? 피상적으로는 16장 4절과 16장 5절 사이에 형식적인
관련이 있다. 전자는 예수께서 장차 임할 핍박의 위험을 왜 요약해서
설명하시고 있는지를 다루고 있다. 거기에서 예수께서는 약간 어떤
것을 예상하는 듯한 어투로 "처음부터 이 말을 하지 아니한 것은
내가 너희와 함께 있었음이니라"고 말씀하심으로써 그의 이야기를
요약하신다. 요한복음 16장 5절은 예수님의 떠나심이 임박하였음을
우리에게 다시금 상기시킨다 : "지금 내가 나 보내신 이에게로 가
는데."

주관적인 면으로는, 16장 5-15절과 나머지 고별담화 사이의 연
관성이 보다 더 깊은 차원에서 다루어지고 있다. 이미 다루어진 세
가지 주제들이 다시 제기되고 있으며 그 중 두 가지는 세부적인
사항을 언급하고 있다. 제일 첫번째 것은 가장 의미없는 것으로서
제자들이 예수님의 떠나심을 슬퍼하는 일이다. 두번째 것은 세상에
서의 성령의 역할이다. 이것은 방금 제시된 강조점들을 살펴볼 때
특별한 중요성을 띠고 있다. 즉, 예수님의 추종자들은 쉽사리 그들을
미워하고 때로는 핍박하는 세상에서 증인의 역할을 할 것을 각오해야
하는 것이다. 그리고 여기에서 그는 보혜사께서 행하실 일에 관해
풍요로우나 압축된 문장으로 설명하시고 있다.

세번째 주제는 그 담화의 흐름을 잠시 중지시킨다. 예수께서는
십자가 사건이 있기 전에는 그의 제자들이 더 이상 이해하지 못한다는
것을 아시고서는 그들이 보다 더 그것을 잘 다룰 수 있게 될 때

그들에게 더 많은 정보와 설명을 들려주시기로 약속하고 있다. 이러한 지시는 진리의 영이신 보혜사의 사역에 의해 명백해질 것이며 이 일에 관한 그의 역할은 좀더 상세히 조사될 것이다.

그것에 관한 예수님의 첫 마디 말씀은 좀 이상하다 : "지금 내가 나를 보내신 이에게로 가는데 너희 중에서 나더러 어디로 가느냐 묻는 자가 없고"(16 : 5). 바로 이 질문이 시몬 베드로에 의해 던져졌으며 그날 저녁에 조금 일찍이 도마에 의해 시사되었다는 사실(13 : 36 ; 14 : 5)을 예수께서 깜빡 잊으셨다는 말인가?

이러한 난점의 주위를 배회하려는 시도는 참으로 수긍이 가지 않는다. 한 주석가는 그 동사의 현재 시제를 크게 강조함으로써 그 문제를 해결하고자 노력하고 있다. 즉 "너희 중에서 나더러 [일찍이] 물은(asked) 자가 없고" 보다는 "너희 중에서 나더러 [지금] 묻는 (asks) 자가 없고"로 해석한다. 그러나 여기에서 현재 시제를 사용하는 것은 아마도 우연적인 일일 것이다. 제 4복음서는 과거와 미래의 일을 위해 흔히 현재 시제를 사용하고 있다. 그리고 만일 그의 제자들이 같은 날 저녁에 이미 두번씩이나 제기한 질문을 다시금 던지지 않는다는 것 때문에 예수께서 그들을 책망하시고 있다면, 어떤 경우에 그것은 예수님 자신의 심술궂은 행위로 보인다. 그러한 책망은 예수께서 고별담화의 내용과는 전혀 어울리지 않는 야비한 짓을 즐기시고 있음을 시사할 것이다.

또 다른 주석가들은 예수께서 그의 사람들을 책망하시고 있는 것은 그들이 그의 목적지에 관해 묻고 있지 않기 때문이 아니라 그가 그의 아버지께로 돌아가실 것임을 알고 있음에도 불구하고 그들이 미래를 두려움없이 직면할 수가 없기 때문이라고 시사한다. 이 해석의 문제점은 16장 5절에서 명백히 이야기하고 있는 바를 그것이 회피하고 있다는 사실이다. 예수께서는 그의 제자들이 이 두려움에 대해 불평하기 때문이 아니라 그에게 "어디로 가시나이까?"하고 묻지 않는 것을 꾸짖으신다.

그 난제를 해결할 수 있는 방법은 두 가지이다. 첫째로, 비록 베드로의 질문이 예수님의 목적지와 관련하여 제시되고 있기는 하지만 ("주여 어디로 가시나이까?"), 사실상 그것은 예수님의 목적지와 관련되어 있지 않고 그의 떠나심과 관련되어 있다. 그러한 의미에서 베드로는 그의 말이 담고 있는 것으로 보이는 그 질문을 실제로 한 것은 아니었다. 한 가지 예가 이 사실을 명백하게 해준다. 금요일에 어떤 아버지가 그의 자녀들에게 그 다음 날 그들이 함께 공원에 가서 놀다올 것이라고 다짐할 수 있다. 토요일 새벽에 회사에서 그 아버지에게로 전화가 걸려왔는데 회사의 기계가 고장을 일으켰으므로 그가 빨리 와서 고쳐주어야 하는 긴급사태가 발생했다는 것이었다. 그것을 수리하는 데에는 적어도 12시간이 걸리게 되어 있었다. 그 아버지가 그의 아이들에게 계획 변경에 대해 설명하려 하자마자, 아이들은 그의 말을 막으면서 "아이참, 아빠 어딜 가시는데요?"하고 투덜거렸다. 베드로와 마찬가지로, 그 아이들은 아버지가 가는 목적지보다는 그가 나간다는 사실에 더 관심이 있었던 것이다. 목적지에 관한 그 질문은, 그 외적인 표현과는 전혀 다르게, 사실상 목적지에 관한 것이 결코 아니었다.

그것은 우리에게 두번째 방법을 고찰하게 만든다. 베드로를 포함한 예수님의 제자들은 아직도 매우 자기중심적이기 때문에 예수께서 무엇을 하고 계신지, 어디로 그가 가실 것인지 그리고 그 이유가 무엇인지에 관해 진정으로 인정깊은 질문을 하고 있지 못하다. 14장 28절 이하에서처럼, 그들은 그들 자신의 문제와 버림받았다는 생각,

위기와 파멸이 임박하고 있다는 느낌에 몰두하고 있기 때문에 사실상 예수님의 말씀을 듣고 있지 않는 것이다. 그들은 그들 자신을 많이 사랑하고 그들의 주님은 조금 사랑하고 있다. 그러므로 그들은 그가 아버지께로 돌아가신다는 사실에 대해 그와 함께 기뻐하고 있지 않으며, 그가 십자가에 달리실 것이라는 예고에 대해 그와 함께 애통해 하지도 않고 있다. 그들은 오직 그들 자신만을 위해 근심하고 있다. 어떻게 그들의 질문이 해석되든지 간에, 그것은 오직 그들 자신에게만 국한되고 있다. 예수께서 곧 이어서 "도리어 내가 이 말을 하므로 너희 마음에 근심이 가득하였도다"(16 : 6)라고 말씀하신 이유가 바로 그것이다.

오늘날 그리스도인들은 이 책망에 대해 오랫동안 묵상할 필요가 있다. 기독교계의 어떤 분파들은 신자의 경험과 신자의 특권, 신자의 축복, 신자의 믿음, 신자의 사랑, 신자의 행위를 강조한다. 전도는 하나님의 명예와 영광을 위해서가 아니라 오직 그러한 것들을 위해서만 행하여진다. 회심자들이 그 올바른 길을 믿거나 합당한 제사를 드리기만 한다면 그들이 얼마나 많은 것들을 받을 수 있는가 하는 면에 입각해서 우둔한 호소가 던져지고 있는 것이다. 간증은 그 회심자의 뉘우침과 기쁨과 슬픔, 승리 그리고 사랑에 대한 경험을 나타낸다. 이 가운데 그 어느 것도 반드시 나쁜 것은 아니다. 심지어 그것이 흔히 불균형을 이루고 있을 때에라도 그러하다. 그러나 예수 그리스도께 대한 초점은 어디에 맞춰지고 있는가? 의무적으로 대가를 지불하신 분으로서만 언급되고 있는 것은 아닌가? 물론 참 기독교는 인격을 변화시키며 개인적인 체험의 범주들 안에서 풍성하게 묘사될 수 있다. 그러나 자기 자신을 즐겁게 하고 자신의 욕구를 성취하기 보다는 예수님을 기쁘시게 하고 예수님의 소원을 이루어

드리는데 더 많은 관심을 가져야 하는 것이 아닌가?

기독교계의 또 다른 분파들은 희생의 중요성과 봉사의 필요성을 강조한다. 그들은 그리스도인이 정의를 위한 투쟁에 참여하는 것을 주장하며 훈련된 자기 부인을 근본적이고도 중심적인 그리고 통제된 특징으로 만들지 않는 그리스도인의 모든 신앙 고백은 불완전한 것으로 판단한다. 물론 성경적 기독교가 자기 부인을 요구하며 신자들로 하여금 희생적인 봉사를 담당하며 버림받은 자에 대해 깊은 동정을 품도록 가르치는 것은 사실이다. 그러나 자기 훈련이라는 함정에 크게 매혹되고 불의에 관한 결의에 너무도 몰두한 나머지 행동이 경배를 대치하고 개인적 희생이 개인의 구세주를 밀어내게 되는 일도 가능하지 않겠는가?

아직도 어떤 사람들은 기독교를 내부로부터 파괴하고자 위협하는 교리적 왜곡에 몸을 떤다. 그들은 성경의 높은 견지에 비추어 보아 의무의 불이행을 마비된 마음에서 생기는 악으로 간주하며 복음주의의 유약한 측면을 은밀히 파고드는 혼합주의에 대해 경고한다. 진리의 수호자들인 그들은 가장 빨리 이단의 냄새를 맡으며 그것에 와락 달려들어 그것을 폭로한다. 물론 참 기독교는 참으로 책의 종교이며 그것은 타협될 수 없는 어떤 교리들과 배타적인 주장들 — 그것은 어떤 사람을 진 밖으로 몰아낸다 — 을 뽑낸다. 그러나 예수님을 철저하게 숭앙하는 태도로써 **예수님 자신**을 따르는 일에는 최소한의 관심을 기울이면서도 정통적인 신앙을 갖고 올바른 진리의 공식에 많은 관심을 갖는 것도 가능하지 않을까?

요한복음 16장에서 제자들은 정확하게 이러한 불균형의 오류에 **빠지지는** 않고 있다. 그럼에도 불구하고 그들의 행위는 기독교에 대한 이처럼 불완전한 표현과 공통되는 점을 하나 지니고 있다. 즉, 예수님 자신과 그가 말씀하고 행한 것 이외의 다른 어떤 것이 그들의 주된 관심을 끌고 있는 것이다. 그밖의 질문들은 가치있고 훌륭하며 심지어는 필요하다. 누가 개인적 체험이나 희생적 봉사나 진리에 대한 확고한 헌신을 격하시키겠는가? 그러나 만일 이 훌륭하고 중요한 것들이 우리의 예배와 감정이입과 헌신 가운데서 중심을 차지하는 예수 그리스도의 자리를 치워버린다면, 우리는 예수님의 복된 소식을 악용하고 그 제자들의 유감스러운 본보기를 따르기 쉽게 된다.

제자들은 너무도 자기 생각에 골똘해 있었기 때문에, 그들은 예수님의 떠나심이 그들 자신의 유익을 위한 것이라는 사실을 미처 파악하지 못하였다. 그러므로 예수께서는 이 점을 반복하여 말씀하신다 : "내가 너희에게 실상을 말하노니 내가 떠나가는 것이 너희에게 유익이라 내가 떠나가지 아니하면 보혜사가 너희에게로 오시지 아니할 것이요 가면 내가 너희에게로 보내리니"(16 : 7), 성령께서는 예수께서 영광받으시기 전에는 내려오실 수 없었다(7 : 39). 예수께서 우리 죄를 속하시기 위해 십자가에서 죽으시고, 그의 승리를 나타내기 위해 무덤에서 살아나시며, 모든 권세를 받기 위해 승천하신 후에야 비로소, 성령께서 예수의 제자들 위에 부어질 수가 있었던 것이다. 신약성경에서 성령께서는 영생의 보증이시며 영원의 전령자이시고 숨겨지지 않으신 신성(神性)의 임재이시다. 그는 또한 우리로 하여금 그리스도의 몸이 되게 하는 분이시며, 우리를 새롭게 하시고 우리 안에 계시는 분이시다. 이러한 축복들이 그 토대가 마련되지 않고서 어떻게 우리에게 임할 수 있었겠는가? 그 토대는 그리스도의 승리이며, 그가 십자가와 무덤을 통과하여 아버지께로 돌아가신 일이다.

따라서, 예수께서 "떠나가신" 것이 제자들의 유익을 위함임은 의심할 나위가 없다. 이것은 곧 그들 자신의 경험에 비추어 볼 수 있었다. 그들이 그 사실을 식별할 수 없는 순간일지라도 이것은 가능하였다. 이 어두운 밤에 예수님을 따르는 자들의 행위를 몇 달 동안 그들이 예수님과 함께 하면서 취한 행위와 대조시켜 보라. 불과 몇 시간 내에 그들의 행위는 너무도 비열하게 변하였기 때문에(비록 그것이 이해될 수는 있는 것이었다 할지라도), 요한 마가라 불리우는 한 신자는 그것을 다음과 같은 말로 간결하게 묘사하였을 것이다 : "제자들이 다 예수를 버리고 도망하니라"(막 14 : 50). 그러나 몇 주 후에 일단 성령께서 그들에게 임하시자, 그들은 담대한 기쁨과 승리에 찬 믿음을 갖고서 적들의 공공연한 적개심에 대항하였는데, 이것은 누가로 하여금 "무리가 다 성령이 충만하여 담대히 하나님의 말씀을 전하니라"(행 4 : 31)는 기사를 쓰도록 촉구하였다. 심지어 그들이 채찍질당할 때에도, 그들은 기쁘게 증거하였다(행 5 : 41). 요한복음 16장에서 예수님이 하신 말씀, 즉 그가 떠나가시는 것이 제자들에게 유익하다는 이야기는 결코 과장된 말이 아니었다.

그러나 보혜사께서는 오셔서 무슨 일을 하게 될 것인가? 예수께서는 그의 사역들 가운데 두 가지를 어느 정도 상세하게 설명해 놓으시고 있다.

보혜사 성령께서 세상을 정죄하시기 위해 제자들에게 오신다(16 : 8-11).

예수께서는 이렇게 말씀하신다. "그가 와서 죄에 대하여, 의에 대하여, 심판에 대하여 세상을 책망하시리라 죄에 대하여라 함은 저희가 나를 믿지 아니함이요 의에 대하여라 함은 내가 아버지께로 가니 너희가 다시 나를 보지 못함이요 심판에 대하여라 함은 이 세상 임금이 심판을 받았음이니라"(16 : 8-11).

이 구절을 면밀히 살펴보기에 앞서서 두 가지의 예비적인 숙고를 해보는 것이 좋을 것이다. 그 첫번째는 이 절들이 어떻게 해석되든지 간에 성령의 이 사역과 동떨어져서는 타락한 인간이 죄와 의와 심판의 문제를 진정으로 파악할 수는 없다는 것을(비록 명백하게 진술하고 있지는 않을지라도) 암시하고 있다는 사실이다. 앞에서 우리는 믿음의 눈으로 예수를 깨달을 수도 없고 순종할 수도 없는 그 "세상"에 속한 인간이 어떻게 해서 세상에 속하기를 멈추고 예수님을 따르는 자가 될 수 있는가에 대해 의아하게 여겼었다. 그것에 대한 부분적인 대답이 이 절들 속에 제시되어 있으나(14 : 17), 그럼에도 불구하고 진리의 성령께서는 오셔서 세상을 책망하신다. 이것은 회심을 방해 하는 걸림돌 역할을 할 수 있었다.

두번째 숙고할 사항은 보다 더 분명하다. 내가 채택하게 될 이 절들을 해석해 볼 때, 이제 보혜사께서는 피고를 위한 변호인으로서 보다는 고발자로서의 기능을 더 적극적으로 수행하신다. 물론 어떤 의미에서는 "피고를 위한 변호인"과 "고발자"라는 표현 모두가 성 령에 대한 비유로 부적합하다. 피고를 위한 변호인으로서 성령께서는 진정으로 "피고" ― 죄악에 의해, 자신의 무가치함에 대한 자각에 의해 그리고 마귀의 참소에 의해 공격당하고 있는 그리스도인 ― 를 도와주신다. 그러나 이 보혜사께서는 외부 판단자에 대항하여 신자 들을 "변호"하지는 않으신다. 그것은 아버지 앞에서 우리를 위해 중보하시는 주 예수님 자신의 일이기 때문이다. 그리스도의 죽음과 부활에 의해 그 속전이 지불되었으며 용서가 확보되었다. 그것이 예수님의 중보적 역할의 근거인 것이다(참조. 히 9 : 25-28). 그러나 그것은 또한 그리스도인들이 죄로부터의 자유함을 개인적으로 체험해야만 하는 근거가 되기도 한다. 그들의 빚은 이미 갚아졌기 때문이다. 보혜사께서는 그의 "고객"을 의심과 두려움에 대항해서, 그리고 한 판단자 앞에서보다는 그의 영적 대적들에 대항해서 변호해야 하는 책임을 맡고 계시다. 이것은 "그 피고를 위한 변호인"의 일반적인 직무가 아니다.

마찬가지로, 고발자로서의 성령께서는 피고인, 즉 세상에 속한 사람을 책망하려는 목적을 갖고 계시다. 그러나 이 문맥에서 "책망하다"는 단어는 "재판관 앞에서 유죄를 선언하는 것"을 의미하지 않고 오히려 "각자가 자기 마음과 생각 속에서 자신의 유죄를 인정하도록 만드는 것"을 의미한다. 성령 사역의 목적은 유죄 판정을 하는 것 — 그것은 이미 판정되었다 (3 : 18, 36) — 이 아니라 피고로 하여금 자신이 처한 위험한 상태를 깨닫게 하는 것이다. 그것은 그로 하여금 자비를 탄원하도록 촉구할 수도 있다. 오직 자비만이 그를 구원해 줄 것이기 때문이다.

요한복음 16장 8 – 11절의 네 절들은 많은 논란을 불러일으켜 왔다. 그것들을 옳게 해석하기가 매우 힘든 이유는 헬라어 문장에서 그것들이 지독히 압축되어 있기 때문이기도 하며 또 한편으로는 그 구절에서 그 세 가지 주요 원리들을 일관성있게 해석하는 일이 매우 어렵게 보이기 때문이기도 하다. 더욱이, 그 가운데 어떤 단어들은 매우 광범위한 어의(語義)를 품고 있으며, 여러 해석가들은 그것들에 대해 다른 의미들을 채택하고 있다. 예를 들면, 어떤 사람들은 NIV에서 "죄를 깨닫게 하실 것이라"(16 : 8)로 풀이된 그 동사가 바로 그것을 의미한다고 주장하는 한편, 어떤 이들은 보혜사께서 제자들로 하여금 세상의 죄악을 깨닫게 하실 것이라고 주장하는데, 그것은 여기에서 성령께서는 세상과 관련해서가 아니라 단지 신자들과 관련해서만 역할하신다는 것을 의미하는 해석이다.

심지어 그 본문에서의 일상적인 단어들도 꼭집어 말하기가 힘들다. NIV에서는 "… 에 관해서"(in regard to)로 해석된 헬라어가 하나 있는데 그것은 흔히 "… 와 관련하여"(concerning)로 번역된다. 그러나 만일 우리가 그 본문을 보혜사께서 죄에 관하여 세상을 책망하실 것이라는 뜻으로 이해한다면 우리는 다음 문장에서 어려움에 부딪히게 된다. 즉, 보혜사께서 의에 대하여 세상을 책망하신다는 것은 무슨 말인가? 성령께서 **세상의** 죄를 인해 그리고 **그리스도**의 의로 인해 세상을 책망하신다고 우리가 말할지라도 (많은 사람들이 시사하는 바대로), 우리는 "책망한다"(convicts)는 동사의 의미를 무의식중에 함부로 바꾸어 놓는 셈이 된다.

이 본문을 적합하게 이해하기 위한 많은 분석들도 복잡하며 특수하다. 그리고 이것은 그 구절들을 이해하기 위해 우리가 취하여야 할 것도 아니다. 뿐만 아니라 이 시점에서 여러 학자들이 택한 여러가지 입장들을 포괄적으로 나열해 놓는 것도 지혜롭지 못하다. 관심있는 독자들은 언제든지 더 많은 주석들을 살펴볼 수 있다. 그런데 나는 이 구절에 대한 해석을 좀더 상세히 해두는 것이 좋으리라고 생각한다. 나의 판단으로는 그것이 본문의 문법을 가장 잘 설명해 주며 제 4복음서 전체의 신학을 올바르게 따르는 일이 될 것이다. 나는 다른 책에서[1] 전문적인 차원에서 이 견해를 옹호한 일이 있으며 여기에서도 그것을 반복할 것이다.

먼저 도식적인 방법으로 그것을 번역해 놓은 다음에 설명하는 것이 도움이 될 수도 있다.

그가 와서 죄에 대하여
　　의에 대하여
　　심판에 대하여
　　세상을 책망하시리라.
죄에 대하여라 함은
　저희가 나를 믿지 아니함이요
의에 대하여라 함은
　내가 아버지께로 가니
　너희가 다시 나를 보지 못함이요
심판에 대하여라 함은
　이 세상 임금이 심판을 받았음이니라

　보혜사 성령께서는 세상을 그 죄에 대해 책망하실 것이다. 즉, 그는 세상으로 하여금 개인적 및 집단적 죄를 자각하게 만들 것이다. 그가 이 사역을 이행하게 될 이유가 16장 9절에 제시되어 있다. 즉, 보혜사께서는 세상을 구성하는 사람들이 예수님을 믿지 않기 때문에 그 죄에 대해 세상을 책망하신다. 세상 사람들이 예수님을 믿지 않기 때문에 그들은 그의 가르침을 받아들이지 않으며 그의 주장들을 믿거나 그 가치를 인정하려 하지 않는다. 그들은 그에게로 돌이켜 구원을 얻으려 하지 않는다. 심지어 그들은 예수님의 필요성을 식별하지도 않는다. 그러므로 성령께서 오셔서 그들의 죄를 책망하신다. 만일 그가 그렇게 하시지 않는다면, 세상의 부분을 이루고 있는 어떤 사람이 세상의 사슬을 자유롭게 끊어버리고 예수께로 돌이킬 수 있는 방법이 없다. 예수께서는 단지 하나의 선택 대상은 아닐 것이다. 그는 믿어지실 분이 아니기 때문이다. 보혜사의 사역을 떠나서는, 세상은 그것의 죄를 인정하고서 예수께로 돌이키기를 거절한다. 그 이유는 바로 세상이 예수를 믿지 않기 때문이다. 아무튼 성령께서는 믿지 않는 이 세상에 대하여 그것의 죄를 책망하신다.

그 구절은 또한 성령께서 세상을 그것의 의에 대하여 책망하실 것이라고 가르친다. "그것의"라는 소유격이 본문에서는 발견되지 않으며 단지 성령께서 "의에 대하여" 세상을 책망하실 것이라고 기록되어 있다는 사실이 인정되어야 한다. 따라서 질문은 다음과 같다 : 누구의 의를 뜻하는 것인가? 만일 **예수님의** 의를 말하는 것이라면, 분명히 보혜사께서는 그가 세상을 **그 자체의** 죄에 대해 책망하시는 것과 아주 똑같은 방법으로 세상을 예수님의 의에 대하여 책망하시지는 않는다. 우리는 성령께서 세상을 그 죄로 인해 책망하시나 세상으로 하여금 예수님의 의를 **깨닫게** 하신다고 생각하거나 (그리하여 그 동사를 부당하게 바꾸어놓거나) 아니면 성령께서 세상을 그것의 죄에 대하여 책망하고 또한 예수님의 의에 비추어서 세상을 그것의 부족함에 대하여 책망하신다는 (그것은 그 본문에 대해 부적합한 설명을 하도록 만든다) 생각을 해야 한다.[2]

그러한 난제들은 성령께서 세상을 **그것의 죄**에 대하여 책망하시며 또한 세상을 **그것의 의**에 대해 책망하고 계신 것으로 해석한다면 극복된다. 이러한 접근은 그 구절에서 우아한 대칭을 이룬다. 오직 한 가지 질문은 의(righteousness)라는 단어가 그것이 지탱해야 하는 그 무게를 감당할 수 있는가 하는 점이다. 즉, "의"는 하나님께서 세상을 의롭지 못한 것으로 판단하신다 할지라도 세상은 의의 상태를 고수하고 있다는 사실을 반어적으로 가리키는 것으로 받아들여져야 한다는 것이다. 그 단어는 이처럼 반어적인 방법으로 이해되는 것이 타당한가?

그 대답은 분명히 긍정적이다. 제 4복음서에서는 반어법을 사용하고 있는 것들이 많다. 요한복음에서 가장 신성한 단어 **믿다**(to believe)도 별로 만족스럽지 못한 믿음을 언급하는 데 가끔 사용되고 있다(보기. 2 : 23-25). 다시 말해서 신앙에는 좋은 신앙과 나쁜 신앙이 있다. 또한 좋은 의와 나쁜 의도 함께 있는 것이다. 구약 성경에서도 "의"는 거짓되고 악할 수 있었다. 예를 들면, 이사야 64장 6절에서 우리는 그 백성들의 의(헬라어 칠십인역에서는 요한복음 '16장에서 발견되는 바로 그 단어가 사용되어 있다)가 더러운 옷 같다는 이야기를 읽게 된다.

더욱이, 비록 **의**라는 그 단어가 요한복음에서는 오직 한번만 발견되지만, 그 단어가 사용되지 않은 곳에서일지라도, 유대인들에게 자기 의에 대한 상당히 많은 책망이 퍼부어지고 있다. 그 드라마의 흐름은 그 요점을 고압적인 방법으로 내리누르는 일없이 매우 강력하게 드러내고 있다. 유대인들의 예배 중심지인 성전은 정결케 될 뿐만 아니라 예수님의 몸으로 대치되어진다(12 : 13-22). 즉, 의의 참된 의미는 성전 예배에 초점이 맞추어지지 않고 예수님의 죽음에 맞추어진다. 바리새인들은 안식일에 관한 규정들을 조심스럽게 지켰으나 38년된 중풍병자가 치유된 것을 보고서도 기뻐하지 않았다(5 : 16). 그들은 성경에 관해 경건한 연구를 많이 하였으나 그것의 참된 주제를 파악하는 데에는 결국 실패하였다(5 : 39 이하). 지도자들은 비록 모세의 율법을 소유하였다 할지라도, 예수님을 죽이고자 시도하였으며(7 : 19), 그들 가운데 몇몇은 은밀하게 예수님을 믿고 있었으나 출교당할 것을 두려워하였기 때문에 그를 고백하지 않았다[그들은 의에 대한 하나님의 관점을 택하기 보다는 인간적인 형태의 의를 따르기 원했던 것이다 (12 : 42 이하)]. 따라서 성령께서 세상을 **그것의**

의에 대하여 책망하셔야 한다는 것은 그리 이상한 일이 아니다.

그릇된 인간의 의에 대한 이 개념은 바울의 여러 구절들에 의해 대비된다. 바울은 유대인들이 "하나님의 의를 모르고 **자기** 의를 세우려고" 하였다고 주장한다(롬 10 : 3). 그렇게 하는 가운데 그들은 "하나님의 의를 복종치 아니하였다." 만일 하나님께서 우리를 구원 하셨다면, 그것은 "우리의 행한바 **의로운 행위**로 말미암지 아니하고 오직 그의 긍휼하심을 좇아"(딛 3 : 5) 된 것이다. 바울 자신도 그 리스도인이 되기 전에는 어떤 흠없는 의를 주장할 수 있었다. 그러나 그가 신자가 된 이후에는 무엇이든지 그에게 유익하던 것을 "그리 스도를 위하여 잃어버리고 배설물로 여겼다"(빌 3 : 6-9). 그는 이 렇게 기록하고 있다. "내가 그를 위하여 모든 것을 잃어버리고 배 설물로 여김은 그리스도를 얻고 그 안에서 발견되려 함이니 **내가 가진 의는 율법에서 난 것이 아니요** 오직 그리스도를 믿음으로 말 미암은 것이니 곧 믿음으로 하나님께로서 난 의라"(빌 3 : 8 하반절- 9).

성령께서는 오늘도 이 역사를 계속하시며 그것은 절실하게 필요한 일이다. 세상 남녀들은 보통 그들 자신을 잃어버려진 자, 곧 죄인으로 생각하지 않는다. 그들은 자신들이 본질적으로 옳다고 생각한다. 하나님의 어린 양이 세상 죄를 짊어지기 위해 오셨다면 분명코 그것은 어떤 다른 사람의 죄 때문일 것이라고 그들은 상상한다. 만일 우리가 좋은 시민이며 지역 사회에 도움을 주는 정직한 그리고 심지어는 철저하게 양심적인 사람이기만 하다면, 그것으로 충분치 않겠는가 ?

그렇지 않다. 그것으로 충분치는 않다. 니고데모와 같이 특별한 신임을 얻고 있는 그러한 사람(요 3장)도 거듭나야 할 필요가 있었다. 자신의 의에 만족하던 사람이 그것의 부적합함과 그것의 자기 중심성,

부족함 그리고 불완전함을 깨닫게 될 때 ─ 다시 말해서 그가 자신의
죄를 깨닫는 것과 꼭같은 방식으로 자신의 의를 자각하게 될 때
─ 에서야 비로소 복음은 그에게 기쁜 소식으로 받아들여지게 되는
것이다.

예수께서는 "내가 아버지께로 가니 너희가 다시 나를 보지 못할"
(16:10) 것이기 때문에 보혜사께서 의에 대하여 세상을 책망하실
것이라고 말씀하신다. 이 마지막 장에서 우리는 예수님의 지상 사역에
있어서 한 가지 중대한 역할은 세상의 죄를 드러내는 것, 비할 데
없는 그 자신의 의에 대하여 세상의 거짓된 의를 대비시키는 것이
었음을 우리는 보았다(특히 15:22-24을 보라). 그러나 이제 예수께
서는 이 지상의 배경을 떠나시고자 하시고 있다. 그렇다면 누가
계속해서 세상의 의의 실재를 보여주고 죄와 거짓된 의를 책망하
겠는가? 그 대답은 본문에 의해 제공되고 있다. 즉, 예수께서 아
버지께로 가실 것이기 **때문에** 성령께서 의에 대하여 세상을 책망하실
것이다. 이러한 점에서 보혜사께서 예수님의 사역을 인수하신다.

그렇다면 왜 10절은 "너희가 다시 나를 보지 못함이요"라는 말
씀으로 끝맺고 있는가? 왜 여기에서 3인칭 대명사 대신 2인칭 대
명사가 사용되고 있는가? 예수께서 떠나가시면 **세상**(제자들보다는)
이 더 이상 그를 볼 수 없기 때문에 성령께서 의에 대하여 세상을
책망하신다고 생각하는 것이 더 타당하지 않은가? 그것이 분명히
더욱 조리에 맞는 것 같다. 따라서 우리는 왜 제자들이 소개되어지고
있는지를 물어야 한다.

그 대답은 문맥 속에서 두드러지게 드러나는 두 가지 특징을 지니고
있다. 그 첫번째는 제자들이 세상에서 증인이 되어야 한다는 것이다
(15:26 이하와 17장의 많은 부분). 성령께서 증거하시나 **제자들도 또한**

증거하여야 한다는 것이다. 이러한 의미에서, 그들은 그리스도를 배척하는 세상에서 그리스도의 임재를 지키는 일에 성령과 함께 한다. 성령께서는 신자들을 변화시킴으로써 증거의 의무를 부분적으로 수행하신다. 두번째로 주목해야 할 사실은, 비록 그 구절이 세상에서의 성령의 사역에 관한 것이기는 하지만, 그것은 제자들에게 주어진 것이라는 점이다. 그러므로 동시에 그 구절은 신자들이 증거하는 일을 버리지 않도록 하기 위해 보혜사께서 무슨 일을 행하실 것이며 그들에게 무엇을 확신시켜 줄 것인지를 알려 준다.

이 두 가지 사실을 함께 연결시켜 볼 때, 제자들이 세상과 대결하는 방법을 주님과 그의 깨닫게 하시는 사역을 통해 배울 기회를 잃는다 할지라도(왜냐하면 그들은 더 이상 그를 보지 못하기 때문이다), 그럼에도 불구하고 그들은 버림받게 되지 않을 것임을(보혜사께서 오셔서 **신자들을 통해 부분적으로 역사하심으로써** 세상을 책망할 것이기 때문이다) 예수께서 그들에게 말씀하시고 있는 것으로 보인다. 예수님께서 그의 아버지께로 돌아가셔서 더 이상 이 사역을 행하시지 못할 것이므로 성령께서 세상을 그것의 거짓된 의에 대하여 책망하시게 된다. 더욱이 예수께서 떠나심으로 인해 제자들이 더 이상 그를 주목할 수 없게 되고 그리하여 이 사역을 본받지 못한다 할지라도, 보혜사께서 역사하심으로 말미암아 제자들은 깨닫게 하는 힘을 지니고 증거할 수 있게 된다. 따라서 이 주제에 대한 예수님의 가르침은 그를 따르는 자들을 크게 격려하는 것이 되어야 마땅하다.

이 해석은 제자들이 오순절 이후에 두드러진 변화를 보인 일과 부합된다. 그들은 초창기에는 특별히 그들 자신을 드러내 보이지 않고 있다. 그리고 그들의 삶과 사역과 행위는 세상을 책망하는 역할을 크게 수행하고 있지도 않다. 그 당시에 세상을 그것의 의에 대해 책망한 것은 예수님이셨으며 그것은 그의 생명을 요구하였다. 그러니 초대 교회에서 예수님은 더 이상 물리적으로 존재하시지 않는다. 오직 성령의 권능을 받은 제자들이 세상을 그 의에 대하여 책망하는 역할을 수행하고 있을 따름이다. 이제 베드로가 일어나서 거룩한 담대함을 품고서 이렇게 선포한다 : "그[예수]가 하나님의 정하신 뜻과 미리 아신 대로 내어 준 바 되었거늘 너희가 법 없는 자들의 손을 빌어 못 박아 죽였으나"(행 2 : 23). 또 그는 이렇게 외친다 : "너희가 저를 넘겨주고 빌라도가 놓아 주기로 결안한 것을 너희가 그 앞에서 부인하였으니 너희가 거룩하고 의로운 자를 부인하고 도리어 살인한 사람을 놓아 주기를 구하여 생명의 주를 죽였도다 그러나 하나님이 죽은 자 가운데서 살리셨으니 우리가 이 일에 증인이로다"(행 3 : 13-15). 질문을 받았을 때 베드로는 **성령이 충만하여**(행 4 : 8) 위와 같은 맥락에서 대답하면서, 그들이 예수님께 행한 일에서 입증되었듯이 관원들과 장로들의 거짓 의에 대해 책망하고 있다. 제자들은 매우 담대하게 기도하였다(행 4 : 29). 그 첫번째 그리스도인들이 세상을 말로만 책망하고 있다고 생각해서는 안 된다. 오히려 그 반대이다. 육신을 대적하여 싸우시는 성령으로 충만한 그들은 그들 삶 속에서 성령의 풍성한 열매를 맺기 시작한 것이다(갈 5 : 22-25). 종들이 어떻게 처신해야 할 것인지 지시를 받는 것처럼 그들도 그리스도 인으로서 어떻게 행동해야 할 것인지를 지시받고 있다. 필연적으로, 신자들의 행위는 그 시대의 우상숭배의 배경을 대항하는 위치에 서 있게 된다. 사람들은 그리스도인들의 신앙 증거에 의해서 뿐만이 아니라 그들의 삶에 의해서도 분열된다. 이러한 방법으로 성령께서는 신자들로 하여금 심원하고도 성경적인 의를 발휘하도록 역사하심 으로써 세상의 의를 책망하신다.

성령께서는 오늘날도 이 사역을 계속하신다. 성령께서는 자신의 은밀한 역사를 통해서든지 아니면 신자들을 통해서든지 간에 적극적으로 변형시키고 계시면서 세상의 부적합함과 그것이 호언장담하고 있는 의의 부패함을 대적하신다.

세상의 의는 예수님의 그것과 비교해 볼 때 얼마나 번지르르한가! 사람들은 너무도 많은 것을 숨긴다. 사회의 어느 계층에나 너무도 많은 칸막이가 쳐져 있어서 부패의 추악함이 드러나 보이지 않는다. 많은 인간들이 그들의 캄캄한 생각들을 그들의 동료에게 내보이기를 원치 않을 것이다. 깊은 증오심과 침묵 속에서 행하여지는 불경죄, 수시로 떠오르는 의심, 감상적인 욕정, 마음에 품은 악독 그리고 우리 가슴에 들끓는 헛된 야망들은 용납될 만한 행위와 진부한 판에 박힌 말투에 집요하게 달라붙음으로써 세인들의 눈에서 교묘하게 벗어나고 있다. 어떤 중세 수도사들과 청교도 목사들, 또는 흔히 자신의 더러운 옷을 내보이고 깨끗해지려고 발버둥 친 사람들에 관한, 공개된 그들은 너무도 예민하고 철저해서 현대인들을 당황하게 만든다(종교를 추구하는 현대인이라면 그들은 종교적 체면의 칸막이를 더 좋아할 것이다). 말하기 슬픈 일이지만 이러한 현대 풍조는 우리가 익숙해져 온 극적인 회심에 관한 이야기들에 의해서도 더 크게 만연될 수 있다. 회심시의 변화를 강조함으로써 때로 우리는 고의든 아니든 간에, 우리가 극복해야 할 어떤 거짓된 의가 남아있지 않다는 것을 시사한다.

그룹으로서, 혹은 사회 및 단체, 종족, 민족으로서 우리는 우리 자신의 의를 언명하고 옹호하도록 보증받은 것처럼 보인다. 우리는 참으로 칭찬받을 만한 우리의 과거의 면모들을 크게 나팔 불곤 하나 우리가 행한 부주의하고 더러운 일들은 쉬쉬하고 덮어버린다. 그러

고서 우리는 우리의 거짓된 의를 밖으로 끄집어내어 용서를 구하기
보다는 자신에 대한 의심과 은밀한 죄의식 가운데 몸부림치거나
인위적인 이론적 근거들 — 그럴듯한 자기 의의 토대들 — 을 만들어
낸다. 이 축적된 자기 칭의에 대해 성령께서는 책망의 말씀을 던
지신다. 사회 속에서 성령충만한 그리스도인은 순결하고 겸손하며
투명한 의를 지닌 사람으로 즉, 그리스도를 떠나서는 결코 얻어질
수 없는, 세상보다 더욱 나은 기준과 보다 더 순수한 의를 담고 있는
행동 규범을 보여주는 사람으로 드러나게 된다.

　보혜사 성령께서는 또한 심판에 대하여 세상을 책망하신다(16 : 8,
11). 이러한 진술은 예수를 배척한 세상의 심판 뿐만 아니라 예수께
대한 정죄를 가장 대표적인 것으로 보여주고 있는 모든 그릇된 심판도
혹평하고 있다. 세상은 영적인 모든 것에 대한 근본적인 평가에
있어서 그릇되며, 따라서 예수님과 그의 가르침 및 사역을 평가함에
있어서 참으로 그릇되다. 예수께서 앞에서 "외모로 판단하지 말고
공의의 판단으로 판단하라"(7 : 24)고 권면하고 계시는 것은 바로
그 이유에서이다. 세상의 그릇된 판단과는 대조적으로 예수님의 판
단은 항상 의롭고 옳다(5 : 30 ; 8 : 16).

　세상이 그릇된 판단을 내리는 경우에, 그 과오는 단지 인식상의
무지에서 생기는 것이 아니라 도덕적인 사악함에서 생기는 것이다.
즉, 무죄한 혼돈에서 생기는 것이 아니라 알기를 원치 않는 사악
함에서 생기는 것이다. 보혜사께서는 이러한 생각을 품고 있는 세상
사람들을 책망하신다. 만일 그들이 영적 실제에 대한 그들의 그릇된
판단을 미처 깨닫지 못하고 있다면, 어떻게 그들이 진리이신 그를
알게 될 수 있겠는가 ? 그는 사악하고는 그릇된 판단에 의해 미리
배척당하신다.

성령께서 세상을 그 심판에 대하여 책망하시는데 이는 "이 세상 임금이 심판을 받았음이다"(16 : 11). 미리 십자가에 대해 말씀하시면서, 예수께서는 일찍이 "이제 이 세상의 심판이 이르렀으니 이 세상 임금이 쫓겨나리라"(12 : 31)고 말씀하셨다. 세상은 십자가를 예수께서 정죄당하시는 곳으로 생각하나, 예수께서는 사실상 세상이 정죄당하며 세상 임금이 결정적으로 격파되는 곳이라고 주장하신다. 그 승리는 종말론적인 축복의 시대를 열어주게 된다. 즉, 영생의 완성이 그리스도의 재림을 기다릴지라도 신자들은 현재 지금 영생을 누리게 된다. 그러나 바로 그 표적으로 말미암아, 십자가의 그 승리는 종말론적 심판의 시작을 도래케 한다. 즉, 불신자들은 이미 하나님의 진노와 저주 아래 놓여 있으며 그 저주는 마지막 심판 때 완성될 것이다. "믿지 아니하는 자는 … 벌써 심판을 받은 것이니라"(3 : 18). 사실상 "아들을 순종치 아니하는 자는 영생을 보지 못하고 도리어 하나님의 진노가 그 위에 머물러 있느니라"(3 : 36).

예수 그리스도의 십자가 사역은 구속 역사상 결정적인 전환점이 되고 있다. 그것은 신자들의 구원의 근거가 되고 있을 뿐만 아니라 또한 세상 임금의 치명적인 패배가 되고 있다. 결과적으로 종말론적인 시대가 우리에게 임하고 있다. 즉, 모든 것들이 너무도 급한 시점이 되었다. 이 종말론적인 시급함에 비추어서 — 마귀가 이미 심판받는 자리에 서 있다는 사실에 비추어서 — 보혜사께서는 세상을 그 심판에 대하여 책망하신다. 여기에서 세상은 근본적인 평가를 내리는데 있어서 철저한 오류 속에 빠져있는 반면, 우주상의 가장 중대한 심판이 예수님의 십자가와 부활 사건을 통해 미처 깨닫지 못하는 바로 그 세상의 눈 아래에서 벌어지고 있는 것이다. 하나님 구원의 "오늘"이 여명밝았다(참조. 3 : 12-15). 그러므로 세상이 그것의 그

룻된 판단을 깨닫게 되는 것은 불가피하다. 이 목적을 위해 성령께서는 세상을 부지런히 책망하신다.

성령의 책망하시는 사역 가운데는 신적인 반어법이 들어 있다. 세상이 예수님을 믿지 않기 때문에 예수님을 죄인으로 몰아붙여 판단할 때, 성령께서는 세상을 그 죄에 대하여 책망하신다 : "우리는 저 사람이 죄인인줄 아노라"(9 : 24)고 유대인들은 확인하고 있으며, 그가 일반적인 범죄로 인해 사형에 처하게 되는 것을 보기 위해 모의하고 있다. 실제로, 세상은 너무도 부패하였기 때문에 죄와 의와 심판이 참으로 무엇인지 분별하지 못하며, 오직 성령의 깨닫게 하시는 심오한 사역을 통해서만이 세상은 그것의 그릇된 개념과 불신이 얼마나 어마어마한 것인지를 깨달을 수 있게 된다.

그러나 이 구절은 이 세상에서 보혜사께서 행하시는 일을 설명하는 것 이상의 구실을 하고 있다. 그것은 또한 신자가 증거해야 하는 책임에 직면하게 될 때 그의 가슴 속에 조용한 확신을 심어주는 역할을 하기도 한다. 우리는 세상을 둘러보며 어떻게 우리가 사람들을 설득하여 예수 그리스도의 복음을 믿게 할 수 있는지 의아해 한다. 우리는 속임수에 말려들기를 원치 않는다. 그리고 우리는 지적인 논쟁만으로는 아무것도 얻지 못한다는 것을 깨닫고 있다. 우리는 기독교에 대한 어떤 사실들은 믿고 있으면서도 그리스도를 의지하기를 거절하는 남녀들을 만나곤 하며, 그 불신앙의 장벽을 어떻게 하면 뚫을 수 있을는지 의구심을 품는다.

이 불확실함은 부활 사건 이후에 첫신자들이 된 자들이 특히 통렬하게 느껴왔던 문제임이 틀림없다. 지상 명령을 수행하는 책임을 감당한다는 것이 그 작은 무리에게 있어서는 좀 우스꽝스럽게 보였다. 분명히 그들은 장기간에 걸친 정책들을 만들어 내지도 않았고 목표가

되는 나라나 민족들의 순서를 나열하지도 않았으며 훈련학교를 설
립하지도 않았다. 오히려 그들은 예수께서 그들에게 하도록 분부하신
것을 행하였을 뿐이었다. 즉, 그들은 성령을 기다렸던 것이다. 성령
께서는 오셔서 신자들을 변화시키셨다. 그때에 신자들이 증가되었
으며 환호와 거룩한 열광보다는 끈기있는 헌신과 더불어 퍼져나갔다.
주 예수께서 그의 교회를 짓고 계시다는 것과 성부께서 그의 아들에게
백성들을 넘겨주셨다는 것 그리고 그 복되신 성령께서 세상으로
하여금 그것의 죄와 그것의 의와 그것의 심판에 대해 깨닫게 되도록
이 세상에서 역사하신다는 것을 만일 내가 확신하지 못하였다면, 나는
온갖 형태의 크리스천 사역을 즉시 그만두었을 것이다. 나 자신이
어떤 사람을 성공적으로 설득하여 그로 하여금 복음의 필요성과
진리를 깊이 깨닫게 될 수 있으리라는 것에 대해서는 내게 전혀
확신이 없다. 따라서 그 구절은 오늘날의 성도들이 증인의 사역을
수행할 때 버려진 바 되지 아니하고 오히려 성령께서 으레 그의 일을
수행하시는 도구로 그들을 선택하신 그 특권을 입고 있다는 사실을
재확인시켜 주고 있다. 그러한 전망은 우리의 수고에 탁월한 의미를
부여하며 실패의 두려움을 없애준다.

성령의 두번째 사역을 예수께서 이제 더 설명하시고 있다.

**보혜사 성령께서 예수님의 부재기간에 제자들에게 오셔서
예수 그리스도 안에 나타난 삼위일체 하나님께 대한 계시를
완성시키신다(16 : 12-25).**

"내가 아직도 너희에게 이를 것이 많으나 지금은 너희가 감당치

못하리라"(16 : 12)고 예수께서 그의 제자들에게 말씀하신다. 그들은 두 가지 요인으로 인해 더 감당할 수 없다. 첫째는 결정적인 사건들 즉, 십자가와 부활 사건이 아직 일어나지 않아 그들이 거의 그것들을 마음에 그려볼 수 없었으며 ─ 그것들의 심오한 의미만을 헤아릴 수 있었다 ─ 둘째로 제자들은 영적으로 아직도 너무 성숙하지 못하였던 것이다.

후자는 성경적 진리를 언어로 표현할 때 흔히 인식되는 것보다 더 많은 장애가 되곤 한다. 기독교 교훈의 유산을 갖지 못한 채 신자는 "'예수님이 하나님이시다'라는 말이 무슨 뜻인가요?"하고 물을 수도 있다. 그러나 그 신자는 신학대학원 4학년 교실에서 고급기독론을 배울 때의 경우보다 훨씬 더 간결하고 덜 궤변적인 대답을 기대한다. 앞의 형제에게 더 많은 것들을 답변해 줄 수도 있을 것이나 그는 그 대답들을 감당하지 못할런지도 모른다. 새 신자들을 훈련시킬 경우에 우리는 이러한 원리를 명심할 필요가 있다.

고별담화에서 예수님은 그의 사람들을 앞으로 닥칠 일들에 대해 가능한 한 많이 준비시키시고 있다. 비록 그들은 그가 말씀하신 모든 것을 파악할 수 없을지라도, 그는 그가 지적하시는 사건들이 일어난 후에 그들이 그의 가르침을 회상하고서는 신적인 통제와 목적에 의해서 상황들이 한순간에 완전히 바뀌는 것은 아니라는 사실을 깨달을 때, 그의 가르침이 그들의 삶 속에서 열매를 맺게 되리라는 것을 그는 알고 계셨다. 따라서 그는 그 순간에 그 자신이 그들에게 알려주어야 할 것들이 많이 있으나 그들이 더 이상은 감당할 수 없으리라는 사실을 감지하고 계셨다. 그러므로 예수께서는 보혜사께서 미래에 제자들을 향해 행하실 사역, 즉 앞에서 소개된 사역(14 : 25 이하)에로 다시금 이야기를 돌리신다. 여기에서 세 가지 진리가

제시되고 있다 :

1. 보혜사께서 예수 그리스도 안에 나타난 하나님의 계시를 완성시키고자 오신다. "그러하나 진리의 성령이 오시면 그가 너희를 모든 진리 가운데로 인도하시리니 그가 자의로 말하지 않고 오직 듣는 것을 말하시며 장래 일을 너희에게 알리시리라"(16 : 13).

예수께서는 진리의 영께서 예수님이 그들에게 가르치신 모든 것을 그들에게 상기시키실 것임을 이미 약속하신 바 있다(14 : 26). 그는 이제 그 이상의 사실을 약속하고 계시다. 즉, 성령께서 그들을 모든 진리 가운데로 인도하실 것이며 장차 임할 일들을 그들에게 말씀하실 것이다. 성령께서 이 최초의 그리스도인들을 모든 진리 가운데로 인도하실 것이라는 사실은 우리가 이미(본서의 3장에서) 살펴본 바 대로, 교회에 선생들이 필요없다거나 유한한 존재의 인간으로서는 전지성을 즐길 수 없다는 것을 뜻하고 있지는 않다. 오히려 그것은 제자들이 구원의 사건들이 발생할 때 그 사건을 진정으로 이해할 수 있게 될 것임을 확신시켜 주고 있다. 더욱이 그들은 미래를 어렴풋이 들여다 볼 수 있게 될 것이다. 세계 역사의 최종적인 묵시적 절정이 부분적으로 그들의 눈앞에 드러나 그들은 구속에 관한 신적 계획의 범위와 그 속에서 예수께서 차지하시는 결정적인 위치를 깨달을 수 있게 된다. 그것은 예수께 영광을 돌리게 될 것이다(16 : 14, 이에 관해서는 아래 문단을 보라).

여기에서는 보다 더 상세한 계시가 약속되고 있다. 그것은 어떤 명제 위에 제시된 계시이다. 즉, 단지 설명이 없는 적나라한 사건에 지나지 않는 것이 아니라 명제들 속에서 표현되어질 수 있는 계시인 것이다. 성령께서는 장차 임할 일을 제자들에게 "말씀하시고 알려

주실" 것이다. 우리 하나님께서 말씀으로 의사를 표현하실 수 없는 분이라고 우리가 생각하지 않는 한, 우리는 이러한 사실에 놀랄 필요가 없다. 성경은 그가 연설하실 수도 있고 또 이야기하실 수도 있다는 사실 모두를 주장하고 있다. 하나님께서 말씀의 온전한 능력으로 그리고 하나님 신성의 형상과 닮은꼴이 그 본성 위에 찍혀진 바된 지구상에 그가 창조하신 한 피조물에게 그가 어떤 명제를 통해서 그 자신을 계시하신다는 것이 이상한 일은 아니지 않는가? 하나님께서 옛적에 선지자들을 통해 **말씀하셨고** 성자 아들을 통해 **말씀하셨는데**, 그 아들은 **말씀**이라는 칭호로 일컬어지셨으며 아버지께서 그에게 말하게 하신 것만을 **말씀하셨다**. 마찬가지로 그는 그의 성령을 통해 말씀하셨는데, 성령께서는 제자들에게 신적 계시를 말하고 알림으로써 아들 안에 나타난 하나님의 계시를 완성하신다.

여기에는 우리가 신약성경이라 일컫고 있는 것이 암시적으로 예견되고 있다. 바울이라는 이름을 가진 한 회심한 유대인이 펜을 들어서 많은 편지들을 쓰고 그것들이 성경으로 인정되어질 때가 올 것이다(벧후 3 : 15 이하). 누가라는 한 의사가 신약성경의 사분지 일을 쓰게 될 것이다. 또한 그 당시에는 여전히 불신자였던 야고보라는 예수님의 이복형제를 비롯해서 그밖의 여러 사람들이 이에 기여하게 될 것이다. 장차 일어날 영광스러운 일들의 의미를 풀기 위해서 더 많은 계시가 필요하였으며 이 사역은 성령에 의해 수행되도록 되어 있었다.

   2. **예수께서 육체 가운데 계셨을 때 그의 아버지께 의존하였던 것처럼 보혜사께서도 계시의 사역을 수행하시는 동안 예수께 의존하실 것이라고 예수님은 말씀하신다.** "그가 자의로 말하지 않고 오직

들는 것을 말하시며 … 그가 내 영광을 나타내리니 내 것을 가지고 너희에게 알리겠음이니라 무릇 아버지께 있는 것은 다 내 것이라 그러므로 내가 말하기를 그가 내 것을 가지고 너희에게 알리리라 하였노라"(16 : 13-15).

줄곧 예수께서는 그가 자의로 말씀해오신 것이 아니라 오로지 하나님께서 그가 말하기를 원하시는 것만을 말씀하셨다고 주장하셨다(참조. 7 : 17 ; 12 : 49 ; 14 : 10 ; 본서의 2장). 이러한 예수님의 위치는 예수께서 아버지를 의지하고 순종하셨음을 반영할 뿐만 아니라, 그가 말씀하신 것이 신적인 것이며 아버지의 뜻과 완전히 조화를 이룬다는 사실을 보증하고 있다. 이제 성령께서 제자들을 인도하실 것이며 성령께서도 자의로 말씀하지 않을 것이라고 예수께서 말씀하신다. 오히려 성령께서는 그가 말씀하셔야 할 것에 대하여 그가 들으시는 바에 의존하신다. 성령의 가르침은 예수님의 가르침과 마찬가지로 하나님의 가르침 못지 않다.

더욱이 성령의 보편적인 주제는 어느 정도 제한되어 있다. 그러나 그것은 영광스러운 제한이다. 성령께서는 그리스도의 것에서 취하시어 그리스도의 제자들에게 알려 주실 것이다. 이 기묘한 구절은 세 가지 개념을 성공적으로 전달해 준다.

첫째, 그 초점이 전적으로 그리스도께 맞추어져 있다. 성령께서는 어떤 낡은 주제에 대해 오래 읊조리시지 않으며 아들과 겨루시지도 않는다. 성령의 역할은 예수 그리스도 안에 나타난 하나님의 계시를 완성시키는 것이다.

둘째, "내 것으로부터"(한글 개역에는 "내 것을 가지고"로 되어 있음)라는 표현에서 … 으로부터라는 전치사(16 : 14 이하). 성령께서 그리스도인들에게 제공하시는 계시가 그리스도에 관한 진리의 전부는 아니라는 것이다. 유한한 존재의 인간은 심지어 그것이 주어진다 할지라도 그것을 이해할 수 없었다. 그래서 성령께서는 이 한정된 내용으로부터 취하시어 제자들에게 그 진리를 전하시고 있는 것이다.

셋째, 성령께서 자의를 말씀하시지 않고 그리스도께 속한 것들 ─ 그의 인격, 사명, 가르침 ─ 을 말씀하신다면, 그리고 이것이 신약성경에 반영되어 있다면, 구약성경의 근본적인 통일성은 그리스도께 그 기반을 두고 있는 셈이다. 그리스도는 성령에 통일성을 부여하고 있는 중심이신 것이다. "옛적에 선지자들로 여러 부분과 여러 모양으로 우리 조상들에게 말씀하신 하나님이 이 모든 날 마지막에 **아들로 우리에게 말씀하셨으니**"(히 1 : 1, 2 상반절). 아들 계시가 신약 기자들이 감당해야 할 몫이었으며, 그들은 성령의 감동을 입어 예수님 자신의 계시에 어떤 것을 더한다거나 그 뒤에 새로운 자료를 연속해서 **집어넣는다거나** 하지 않고 단지 그 인격적 계시의 함축된 내용을 설명하고 명제를 달아 철저히 기록하였다.

3. 성령의 역할은 그리스도께 영광을 가져다주는 것이다. 이 사실은 명백하게 확인되고 있다 : "그가 내 영광을 나타내리니 내 것을 가지고 너희에게 알리겠음이니라"(16 : 14). 성령께서 임하기 전에 예수께서 영광받으시는 것 ─ 즉 십자가와 부활과 승귀를 통해서 그의 아버지의 영광스러운 임재에로 돌아가는 것 ─ 이 필요했다(7 : 39). 그러나 일단 그가 이처럼 영광받으시면, 그는 신자들 가운데서 성령의 사역을 통해 더 많은 영광을 받으신다.

우리의 승귀하신 주 예수께 있어서는 그의 추종자들이 그에게 관한 모든 진리에 깊이 몰입하는 일보다 더 많은 영광을 가져다 주는 것이 없다. 이러한 지식의 습득은 지적인 것이기는 하지만 단순히 지적인 것에 머무는 것이 아니다. 신자들이 하나님의 진리를 진정으로 흡수할 때, 그것은 그들을 변화시켜 그들로 하여금 주님의 영광을 반영하게 하고 그렇게 함으로써 그의 이름을 영화롭게 한다. 바울도 이렇게 말한다 : "우리가 다 수건을 벗은 얼굴로 거울을 보는 것 같이 주의 영광을 보매 저와 같은 형상으로 화하여 영광으로 영광에 이르니 곧 주의 영으로 말미암음이니라"(고후 3 : 18). 복음의 진리가 사람들의 삶 속에 자리잡을 때 예수께서 영광받으시게 된다.

따라서 오늘날 그리스도인들은 두 가지의 슬픈 극단을 피해야 한다. 한 가지 극단은 성경적 진리를 끈질기게 연구하는 일을 비난하고 그러한 것을 비영적인 일로 몰아붙이며, 마치 우리가 예수께 드리는 영광의 크기가 음향 강도의 수준(또는 자신이 고백하는 신앙에 의해 가면씌워진 무지의 깊이)에 따라 좌우되기라도 하는 것처럼 온갖 응수와 상투적인 표현들과 더불어 큰 소리로 찬양하는 일을 선호하는 것이다. 또 다른 극단은 예배 가운데서의 자연스러운 기쁨과 모든 종류의 협동적 열심을 반대하면서 그러한 것들을 일개의 감정에 지나지 않는 것으로 몰아붙이고, 마치 우리가 예수께 돌리는 영광의 크기가 오로지 어떻게 우리의 생각이 많은 진리들을 공식화 할 수 있는가에만 달려 있기라도 한 것처럼 예수님에 관한 명제들을 엄숙하고도 유달리 지적인 방법으로 묵상하는 것이다. 요한복음 16장 12－15절의 문맥에 따르면, 보다 짧은 속죄를 해야 하는 것은 전자의 경우이다. 그러나 성경 전체의 문맥을 살펴볼 때, 신자인 우리는 은혜롭게 계시된 진리들을 될 수 있는 한 많이 깨닫고 그것을 우리 삶 속에 적용시켜서 그 진리가 우리를 변화시키는 것은 물론이려니와 우리로 하여금 자발적이고도 열렬한 찬양을 올려 마침내 예수님을 영화롭게 해드리는 것을 배워야 한다. 완악하고 무지한 왁자거림은 쫓아버려야

한다. 지적인 면에서는 합당하게 여겨질지도 모르나 결코 받아들여
지거나 보완되어질 수 없는 무미건조한 진리는 내어 던져 버려야
한다.

어떤 의미에서, 성령께서는 신약성경에서 제 2인자의 진리를 차
지하고 계시다. 중심무대는 예수 그리스도께서 즐기고 계시다. 그러나
성령께서는 취사선택 되어질 수 있는 엑스트라가 아니다. 그는 아
버지와 마찬가지로 우리 구원에 필요불가결한 분으로, 예수님처럼
절대 중요한 분으로, 구속을 위한 신적 계획의 절대필요한 부분으로
우리에게 제시되신다. 어떻게 그렇지 않을 수 있겠는가 ? 여기에는
오직 한 분의 하나님 밖에는 없다. 아들이 사람이 되어야 하며 그만이
우리 죄를 속하실 희생 양이 되어야 한다는 사실을 하나님 삼위께서
그들의 영원한 계획과 조화를 시켜 정해놓으신 것이었다면, 그들은
이 결정에 의해 그로 하여금 홀로 그의 일을 수행하시도록 내버려둔
것은 아니다. 하나님은 오직 하나이시며 이 삼위일체 하나님께서 서로
나뉘지 않는 뜻 가운데서 온갖 계획들을 이루신다. 만일 하나님의
삼위께 **각자**의 사역을 위한 자리가 마련되어 있지 않았다면 신약
성경에 제시된 구원이 어떻게 완전하게 이루어질 수 있었겠는지
우리는 상상하기 힘들다.

요한복음 6장 5−15절에서는 성령의 두 가지 특정 사역에 관심이
주로 집중되고 있다. 이러한 상세한 설명에 대해 우리는 깊이 감
사하지 않을 수 없다. 그 설명은 신약성경 전체에 나타난 성령의
인격과 사역을 보다 더 폭넓게 묘사하고 있으며 신자들로 하여금
이렇게 찬송하고 기도하게 만든다 :

　　　우리의 복되신 구주께서

부드러운 고별인사를 하시기 전에,
인도자, 위로자를 보내시어
우리와 함께 거하게 하셨습니다.

그는 피난처되는 날개를 펴시고
비둘기의 모습으로 임하셔서
평화와 사랑의 거룩한 향유를
땅 위에 부으셨습니다.
두려움을 잠재우면서
천국을 이야기하십니다.

우리가 지닌 모든 미덕,
우리가 얻은 모든 승리,
그리고 모든 거룩한 생각이
오직 그의 것입니다.

순결과 은혜의 성령이시여,
우리의 연약함을 긍휼히 여기시고

그는 살아있는 불꽃같은 혀로 임하사
가르치시고 깨닫게 하시며 복종케 하시고
바람처럼 보이지 않게 오셨으나
온갖 능력을 갖추셨습니다.

그의 부드러운 음성은

황혼의 숨결처럼 고즈넉하고
각 사람의 잘못을 깨우치시며
우리의 마음이 당신의 거처가 되며,
당신께 더욱 합당한 자 되게 하소서.

— 오버(H. Auber ; 1773~1862)

주

1) 「Journal of Biblical Literature 98」(1979)에 게재된 D. A. Carson의 글 "요한복음 16장
7－11절에 나타난 파라클레테의 역할"(The Function of the Paraclete in John 16 : 7－11)
pp. 546－566을 읽어보라

2) 어떤 사람들은 그 동사가 **책망하다**로 풀이되어서는 절대로 안 된다고 주장하나, 나는
그것이 이 문맥에서 가장 좋은 해석방법이라고 생각한다. 이 입장을 상세히 옹호한 것
으로서는 앞의 각주에서 언급된 글을 보라.

그러나 첫째는 십자가

요한복음 16 : 16-33

^{16}조금 있으면 너희가 나를 보지 못하겠고 또 조금 있으면 나를 보리라 하신대 ^{17}제자 중에서 서로 말하되 우리에게 말씀하신 바 조금 있으면 나를 보지 못하겠고 또 조금 있으면 나를 보리라 하시며 또 내가 아버지께로 감이라 하신 것이 무슨 말씀이뇨 하고 ^{18}또 말하되 조금 있으면이라 한 말씀이 무슨 말씀이뇨 무엇을 말씀하시는지 알지 못하노라 하거늘 ^{19}예수께서 그 묻고자 함을 아시고 가라사대 내 말이 조금 있으면 나를 보지 못하겠고 또 조금 있으면 나를 보리라 하므로 서로 문의하느냐 ^{20}내가 진실로 진실로 너희에게 이르노니 너희는 곡하고 애통하겠으나 세상은 기뻐하리라 너희는 근심하겠으나 너희 근심이 도리어 기쁨이 되리라 ^{21}여자가 해산하게 되면 그 때가 이르렀으므로 근심하나 아이를 낳으면 세상에 사람 난 기쁨을 인하여 그 고통을 다시 기억지 아니하느니라 ^{22}지금은 너희가 근심하나 내가 다시 너희를 보리니 너희 마음이 기쁠 것이요 너희 기쁨을 빼앗을 자가 없느니라 ^{23}그 날에는 너희가 아무것도 내게 묻지 아니하리라 내가 진실로 진실로 너희에게 이르노니 너희가 무엇이든지 아버지께

구하는 것을 내 이름으로 주시리라 ²⁴지금까지는 너희가 내 이름으로
아무것도 구하지 아니하였으나 구하라 그리하면 받으리니 너희 기
쁨이 충만하리라 ²⁵이것을 비사로 너희에게 일렀거니와 때가 이르면
다시 비사로 너희에게 이르지 않고 아버지에 대한 것을 밝히 이르리라
²⁶그 날에 너희가 내 이름으로 구할 것이요 내가 너희를 위하여 아
버지께 구하겠다 하는 말이 아니니 ²⁷이는 너희가 나를 사랑하고 또
나를 하나님께로서 온줄 믿은 고로 아버지께서 친히 너희를 사랑
하심이니라 ²⁸내가 아버지께로 나와서 세상에 왔고 다시 세상을 떠나
아버지께로 가노라 하시니 ²⁹제자들이 말하되 지금은 밝히 말씀하시고
아무 비사도 하지 아니하시니 ³⁰우리가 지금에야 주께서 모든 것을
아시고 또 사람의 물음을 기다리시지 않는 줄 아나이다 이로써 하
나님께로서 나오심을 우리가 믿삽나이다 ³¹예수께서 대답하시되 이
제는 너희가 믿느냐 ³²보라 너희가 다 각각 제 곳으로 흩어지고 나를
혼자 둘 때가 오나니 벌써 왔도다 그러나 내가 혼자 있는 것이 아니라
아버지께서 나와 함께 계시느니라 ³³이것을 너희에게 이름은 너희로
내 안에서 평안을 누리게 하려 함이라 세상에서는 너희가 환난을
당하나 담대하라 내가 세상을 이기었노라 하시니라

이 장면을 상상하기란 쉽지 않다. 예수님과 그의 열한 제자가
아직도 기드론 골짜기를 향해 줄곧 좁은 길을 걸어가고 있는 것일까?
그 사람들은 좁은 길에 들어설 때마다 이렇게 저렇게 다양한 형태로
무리를 지어서 걸어가고 있는 것일까? 이것이 그 무리들의 머리
속에 스쳐지나간 질문이었는가? 그럴런지도 모른다. 이 시점에서의
물리적 배경을 우리가 확실히 알기는 어렵다.

그럼에도 불구하고, 그 개념상의 배경은 그리 모호하지 않다. 예

수께서는 그를 따르는 무리들이 품고 있는 두려움을 진정시키셨다. 이 사람들은 예수께서 곧 떠나실 것이며 배신과 죽음에 관해 줄곧 이야기하셨으나 그의 아버지께로 돌아가시는 일에 대해서도 이야기하셨다는 것을 깨닫고 있었다. 예수님은 그가 곧 떠나셔야 하는 그 사건 속에 함축된 광범위한 의미들의 일부를 그의 사람들에게 가르치기 위해 이 기회를 사용하셨다. 그는 그들에게 그가 또 다른 보혜사 성령을 보내시는 일에 대해 그들에게 말씀하셨다. 예수께서는 성령의 특별 사역 가운데 일부를 어느 정도 상세하게 설명하셨으며 통일성이 요구되면서도 서로서로 구분되어지는 관계 속에 아버지와 성령과 그 자신을 거듭해서 함께 묶어놓으셨다.

분명히, 예수께서는 그의 사람들에게 그가 떠나심에도 불구하고 발생하는 모든 뜻밖의 사고들을 인지하고 계시며 그들의 안녕을 위한 계획이 이미 세워져 있음을 확신시키기 원하셨다. 그의 떠나심 자체는 이 신자들에게 있어서 하나님과의 새로운 관계를 누리도록 영향을 미친다. 그리고 그들은 열매 맺는 삶과 승리의 기도, 기쁨과 사랑으로 인한 순종 등을 가능케 하는 승귀하신 그리스도와의 영적 친교를 누리게 될 것이다. 물론 그들이 반대와 핍박, 심지어는 고문과 죽음까지도 직면하게 된다는 것은 사실이다. 그러나 이것은 예수를 따르는 일의 일부이며, 어떤 경우에는 그것이 예수께서 친히 밟으신 길이기도 하다. 제자들은 예수께서 떠나신 후에 세상에 증인으로 남아야 한다는 사실을 예수께서 분명히 밝히신다. 그러나 그러할지라도 그들은 증거하고 세상을 책망하는 사역을 친히 담당하실 성령과 함께 있게 될 것이다.

비록 제자들은 예수께서 그들에게 말씀하시고 있는 모든 것을 파악하지 못한다는 것을 발견한다 할지라도, 일단 보혜사께서 오시면

더 상세하게 설명해 주실 것임을 예수께서 약속하시고 있다는 것을 그들은 깨닫고 있다. 보혜사 성령의 주요 임무들 가운데 하나는 예수 그리스도의 온전한 의미를 제자들에게 좀더 상세히 풀어주는 일이 될 것이다. 이러한 충만한 계시에 접한다는 것은 가히 상상할 수 없을 만큼 귀한 가르침과 전례없는 특권을 받는 것이다. 즉, 그것은 신자들에게 예수 그리스도의 친구로서 인치심을 받는 것이다.

간단히 말해서, 이러한 사실들이 예수께서 이 고별담화에서 다루신 주요 주제들 가운데 일부이다. 토론의 규모는 웅장하다. 예수께서는 자신이 말씀하신 많은 부분을 지금 흐릿하게 부각되고 있는 십자가 사건과 직접 혹은 간접적으로 연결시키셨다. 예를 들면, 예수께서 (십자가를 통해 아버지께로) "가시기" 전에는 성령께서 오실 수 없으며 그의 "가심"이 제자들에게 유익하다. 전체적으로, 예수께서는 미래를 바라다보며 구속에 관한 신적 계획의 단면을 어렴풋이 보여주는 파노라마적인 전망을 조금 제시해 주셨다. 그러나 예수께서 아직 다루시지 않은 한 가지는 임박한 십자가 사건의 위기, 즉 예수께서 사흘 동안 무덤 속에 계실 때 성령께서 아직 보내어지신 바 되지 않았기 때문에 제자들이 여전히 알지 못하는 부활 사건을 직면하게 되리라는 사실이다.

복된 진리의 영이신 보혜사께서 제자들에게 보내어지리라는 것은 사실이다. 그러나 첫째는 십자가이다. 제자들이 이 적대적인 세상에서 증인으로서의 역할을 배우게 되리라는 것도 사실이다. 그러나 첫째는 십자가이다. 그들은 물론 승귀하신 주님과의 깊은 영적 친교 속에 들어갈 것이다. 그러나 첫째는 십자가이다. 보다 더 많은 계시가 성령에 의해 주어질 것이다. 그러나 첫째는 십자가이다. 따라서 예수께서는 이제 십자가 곧 이 지극히 중대한 구원 약속에 그의 관심을 집중시키신다. 그리할지라도 그는 구원 역사의 전망이나 고난과 고통과 배척에 대한 그 자신의 유리한 관점에서 그것을 다루지 않고 오히려 그 다음 사흘 동안 임할 큰 슬픔과 혼란을 직면하게 될 그의 제자들의 관점에서 그것을 다루고 있다. 그러므로 그는 "조금 있으면 너희가 나를 보지 못하겠고 또 조금 있으면 나를 보리라"(16 : 16)고 말씀하신다.

많은 주석가들은 16장 16절이 예수께서 승천에서 재림 사이의 기간 동안 지상에 계시지 않는 것을 가리키는 것으로 생각하고 있다는 사실이 인정되어야 한다(14 : 19, 28에 사용된 언어와 비교해 보라). 또 다른 주석가들은 16장 16절이 예수님 자신이 육신의 몸으로는 "떠나시나" 약속된 보혜사를 통해 돌아오시는 것을 가리키는 것으로 주장한다(14 : 23을 비교해 보라). 또 어떤 주석가들은 그 언어가 의도적으로 모호하게 되어 있으며 예수님의 떠나심이 불명료한 형태로 설명되어 있는데 이것은 그 한 가지 떠나심／돌아오심이 그 모든 것들의 모형임을 시사하기 위해서라고 주장하고 있다.

그러나 그 구절이 그처럼 복잡한 것이 아님을 강하게 논증해 주는 여러가지 사실들이 있다. 즉, 그것은 십자가의 죽음을 통한 예수님의 떠나심과 부활을 통한 그의 돌아오심을 단지 가리키고 있는 것인데 그 이유는 다음과 같다 : (1) 단지 요한복음 16장 16절이 "너희가 나를 보리라"는 약속에 "조금 있으면"이라는 구절이 덧붙여져 있다. 이것은 우연적인 것이 아니다. (2) 세상이 기뻐하는 동안 제자들은 울고 애통할 것이라는 표현(16 : 20)은 예수께서 무덤 속에 계시는 그 기간 동안에만 해당된다. 부활 후에 "제자들이 주를 보고 기뻐할" (20 : 20) 것을 조심스럽게 지적하고 있다. 사도행전은 오순절 후에 초대 교회 교인들이 큰 기쁨을 맛본 것을 입증하고 있다(행 13 : 52 ;

참조. 5 : 41 ; 16 : 25). 예수께서 무덤 속에 계셨을 동안만 제자들은 슬픔에 잠겨 있었다. (3) 마찬가지로 해산하는 여인의 비유는 바로 그 직전 3일 동안의 예리하면서도 짧은 고통을 표현하기에 가장 적합하다. (4) 이러한 해석이 그 고별담화에 가장 알맞다. 예수께서 떠나신 직후 파루시아 때에 다시 돌아오시는 일은 성령으로 말미암아 그가 다시 오시는 일과 마찬가지로 이미 다루어졌었다. 그러나 여지껏 예수께서는 죽으신 후 사흘 동안 떠나가 계시는 일에 대해서 명백한 말씀을 전혀 하지 않으셨다. 그리스도의 수난과 죽음에 초점을 맞춤으로써 고별담화를 끝내는 것이 적합하며 요한복음 17장의 기도와는 별도로, 수난과 죽음은 그 뒤에 일어나는 시건들이다.

이 한 절, 즉 요한복음 16장 16절은, 연결되어 있으면서도 확대되어 나가는 다섯 가지 주요한 주제를 폭넓게 다루는 그 다음 작업을 인도하고 있다. 그리고 그것들 모두에 십자가의 그늘이 드리워져 있다.

**예수님의 갑작스러운 떠나심은
예수님의 제자들을 당황하게 만든다**(16 : 17 이하).

"제자 중에서 서로 말하되 우리에게 말씀하신 바 조금 있으면 나를 보지 못하겠고 또 조금 있으면 나를 보리라 하시며 또 내가 아버지께로 감이라 하신 것이 무슨 말씀이뇨 하고 또 말하되 조금 있으면이라 한 말씀이 무슨 말씀이뇨 무엇을 말씀하시는지 알지 못하노라 하거늘"(16 : 17, 18).

제자들은 "조금 있으면"이라는 문구에 관심을 쏟고 있다. 이때까지 그들은 예수께서 떠나가실 것임을 알고 있었으나 앞으로 있을 그의 여러가지 귀환, 즉 부활시의 귀환, 성령을 통한 귀환, 재림시의 귀환 등을 여전히 구분하지 못하고 있었다. 그러므로 그들은 자연히 오해하고 있는 것이다. 그들은 예수님의 귀환의 이 여러 단계들을 혼돈하고 있을 뿐 아니라 "조금 있으면"이라는 이 새로운 구절에 초점을 맞추면서 그리스도의 귀환에 얽힌 복잡성에 이 구절을 연결시키고 있기 때문에 그 구절을 부활시의 귀환에 관한 것으로 완전히 제한시키지 못하고 있다. 그들은 이 진술을 그가 앞에서 말씀하신 귀절 "내가 아버지께로 가니"(16 : 10)에 비추어서 이해하고 있다.

물론 우리는 그들의 오해에 대해 놀라서는 안 된다. 예수께서 이 모든 자료들이 주시고 있는 이유는 미래에 관한 상세한 청사진을 펼쳐놓고자 함이 아니라 장차 일어날 일에 대해 예수께서 이미 알고 계셨음을 그 사건들이 발생한 후에 그들로 충분히 깨닫게 되도록 설명하시기 위함이었다. 사실상 이 세 장(요 14-16장)의 내용의 진정성에 관한 가장 강한 논증 가운데 하나는 그것들의 모호성이다. 신학적으로 그것들은 단도직입적이고 명료하다. 그러나 그 담화 앞에 발생한 역사적 사건들을 언급하는데 있어서는 그 내용들이 놀랍도록 개략적이다. 만일 어떤 사람이 고별담화를 그 사건들 이후에 정리해 써내려가고자 하였다면, 예수께서 지상에 계셨을 때 흔히 그렇게 하고자 하셨던 것보다 훨씬 더 정확하게 하려는 유혹에 빠졌을 것이다.

16장 17절 이하는 제자들의 무리 전체가 골목을 따라 이리저리 걸어가면서 소그룹을 이루고 그 속에서 자기들끼리 질문을 주고 받는 광경을 묘사하고 있다. 그들은 "조금 있으면"이라는 예수님의 말씀이 무슨 뜻인지 또 그가 말씀하신 나머지 구절과 그 구절이 어떻게 연결되는지 이해할 수가 없어서 소근거리면서, 몸짓을 하면서 그리고 궁금해 하면서 이야기를 나누고 있다. 그들은 왜 예수께서 불명확하게 말씀하고 계신지를 묻고 있지 않다. 아마도 그들은 그러한 것을 질문하는 것이 자신들의 무지를 드러내는 일이라고 생각하였을지도 모르며, 이것은 그들 자신의 노력으로 파악해 보려고 하였을지도 모른다. 요한은 어떤 이유도 기록하고 있지 않다. 그가 밝히고 있는 전부는 이 시점에서 제자들의 생각이 온통 혼돈으로 가득 차있었다는 사실이다.

어떤 의미에서 그것은 위로를 주는 일이기도 하다. 신자들은 자라면서, 그들이 어느 기간 동안 이해하지 못하는 어려운 진리나 고통스러운 경험들을 때로 만나게 된다. 심지어 성숙하고도 잘 훈련된 신자들일지라도 그들의 머리 끝까지 물에 잠기는 경우를 때로 당하게 된다. 우리가 그리스도인이 된 지 6개월 혹은 3년 혹은 50년이 지난 뒤에도 우리는 하나님을 완전히 알지 못한다. 여전히 배워야 할 것, 이해해야 할 것이 많이 남아 있는 것이다. 우리는 최초의 제자들의 경우와는 달리 예수께서 육체로 우리 곁을 떠나시는 장면을 목격하지는 못할런지도 모른다. 그러나 수많은 선배 성도들은 그들 자신이 완전히 내어버려진 체험을 했던 것을 증거할 수 있다. 우리는 하나님 말씀을 읽고서 그가 "무엇을 말씀하시는지 우리가 알지 못하노라"며 항의하고 싶은 유혹을 받을 수도 있다. 이러한 경우에 우리는 혼란을 야기시키는 인격적 손상과 소외감을 맛보게 된다.

그러나 우리는 이 시점에서 제자들의 겪은 혼돈이 역사적으로 유일무이한 것이었음을 염두에 두어야 한다. 그들은 깊이 상심하지 않았다. 그들은 혼돈하고 불확실한 가운데 있었지만 눈물을 흘리지는 않았다. 예고된 예수님의 떠나심은 아직 위협에 지나지 않았기 때문이다. 그래서 그것은 혼돈을 야기시켰다.

이러한 혼돈은 슬픔으로 변할 것이고, 그 슬픔은 기쁨으로 변할 것이다(16 : 19-24).

이 단락에서는 세 가지 중요한 사항을 주시할 필요가 있다.

첫째로, 예수께서는 그들의 질문에 답하시기 보다는 그들의 필요에 답하시고 있다. 그들의 질문은 예수께서 말씀하신 것을 이해하느냐 못하느냐 하는 점에서 던져지고 있으나, 예수께서는 그들의 가장 큰 관심이 그의 떠나심에 있고 어떤 구절에 대한 의미에는 그들의 관심이 있지 않다는 것을 분별하시고 있다. 그들은 흥분과 혼돈 속에 있었으나, 무엇보다도, 그들은 장차 그들에게 임할 극심한 슬픔에 여전히 대비하고 있지 못했다.

예수께서는 이 임박한 슬픔을 정정당당하게 직면하도록 설득하시고 있으나 그들의 슬픔이 기쁨으로 변할 것임을 그들에게 계속 확신시키시고 있다. "내가 진실로 진실로 너희에게 이르노니 너희는 곡하고 애통하겠으나 세상은 기뻐하리라 너희는 근심하겠으나 너희 근심이 도리어 기쁨이 되리라"(16 : 20)고 그는 말씀하신다. 그 약속을 그들의 마음속에 간직한다면, 불과 수시간 내에 그들을 날카롭게 찌를 그 깊은 근심은 공포를 자아내게 하는 그러한 종류의 것이 아닐 것이다. 그 약속은 그들의 근심을 제거하지 못할 것이며·아마도 거의 그것을 완화시키지도 못할 것이다. 그러나 그것은 그 신자들에게 보다 더 넓은 전망을 제공해줌으로써 그들에게 안정을 가져다 줄 것이다.

때로 오늘날 주 그리스도께서는 우리의 질문에 답하시지 않고 우리

필요에 답하신다. 그리고 때로 그러한 응답은 보다 더 넓은 전망을
제공하는 것을 통해 온다. 따라서 히브리서 11장에서의 믿음의 영
웅들과도 같이 우리는 보이지 않는 자를 보이기라도 하는 것처럼
인내할 수 있게 된다. 일시적인 결별이 그 성읍에 하나님께서 설
계하시고 건축하시는 토대를 궁극적으로 마련해 줄 것임을 우리는
알고 있다. 비록 우리는 땅 위에서 타국인이며 나그네일지라도, 보다
나은 나라, 곧 하늘나라를 바라본다. 우리는 밤동안은 울음이 기숙
(寄宿)하나 아침에는 기쁨이 온다는 것을 발견한다.

　우리가 주목해야 할 두번째 사실은 제자들의 슬픔이 기쁨으로
대체되는 것이 아니라 오히려 그들의 슬픔이 **기쁨으로 변한다**는
것이다. "너희는 근심하겠으나 너희 근심이 도리어 **기쁨이 되리라**"
(16 : 20)고 예수께서 말씀하셨다. 예수께서 택하신 이 비유도 같은
사실을 강조한다 : "여자가 해산하게 되면 그 때가 이르렀으므로
근심하나 아이를 낳으면 세상에 사람 난 기쁨을 인하여 그 고통을
다시 기억지 아니하느니라 지금은 너희가 근심하나 내가 다시 너희를
보리니 너희 마음이 기쁠 것이요 너희 기쁨을 빼앗을 자가 없느니라"
(16 : 21, 22). 여인으로 하여금 근심하게 만든 바로 그 일, 즉 해
산하는 일이 또한 그녀에게 있어서 기쁨이 되기도 한다. 제자들의
경우도 마찬가지였다. 그들에게 근심을 초래한 바로 그 일, 즉 십자가
사건이 마침내 그들에게 기쁨을 가져다 줄 것이다. 그리고 그들의
기쁨은 결코 빼앗겨지지 않을 것이다.

　우리는 수많은 상황 속에서 이러한 전망을 지닐 필요가 있다.
일반적으로 우리는 부모가 자녀에게 가한 징계를 그 당장에는 자
녀들이 잘 음미하지 못한다는 사실을 성경과 경험을 통해 깨닫고
있다(참조. 히 12 : 4 이하). 그럼에도 불구하고 그 어린 아이는 훗날

그가 맞았던 매를 상고해 볼 때 감사한 마음을 품게 된다. 주의 제자들의 경우도 마찬가지이다. "무릇 징계가 당시에는 즐거워 보이지 않고 슬퍼 보이나 후에 그로 말미암아 연달한 자에게는 의의 평강한 열매를 맺나니"(히 12 : 11).

우리의 손실과 근심의 많은 부분이 때로는 극히 고통스럽기도 하지만, 우리의 삶에 큰 영적 성장과 안정된 기쁨을 가져다 주기도 한다. 그 사도들의 경우도 그러하였다.

아이를 해산하는 여인의 비유 속에는 또 다른 것이 암시되어 있을 수 있다. 그 묘사는 구약에서 메시아적 구원의 전조가 되는 재난을 묘사하기 위해 사용되고 있다(보기. 사 26 : 16-19 ; 66 : 7-14 ; 미 4 : 9 이하). 신구약 중간기에는 이러한 묘사가 매우 일반적이었으며, 랍비들은 "메시아의 산고"에 대해 이야기하였다(그것으로써 그들은 메시아 시대 이전의 고통스러운 기간을 언급하였다). 예수님의 죽음과 부활 및 승귀는 종말론적 사건이며, 그 속에서 그 사건들이 궁극적인 심판과 칭의를 선언한다. 따라서 이 종말론적 사건에 의해 시작된 메시아 시대가 통렬한 고통의 기간을 그 앞에 두고 있다는 것은 합당하다. 물론 어떤 의미에서 이러한 것들은 메시아 구원의 **완성** 바로 직전에 임하는 고통을 예시한다. 그러나 그 구원의 **출범** 이전에 그 고뇌를 간파하는 일은 결코 부적합하지 않다. 어느 경우에든, 사도들의 고뇌는 확고부동한 기쁨으로 변할 것이기 때문이다.

주목해야 할 세번째 사실은 다음 두 가지 축복이 이 기쁨과 결속되어 있다는 것이다. 첫번째는 그들이 이제껏 예수께 던진 질문이 더 이상 필요하지 않도록 그들이 충만한 이해력을 지니게 된다는 것이다(13 : 24 이하, 37 ; 14 : 5, 8, 22 ; 16 : 17 이하) : "그 날에는 너희가 아무것도 내게 묻지 아니하리라"(16 : 23 상반절). 여기에서의 동사는

"무엇을 구한다" 보다는 "질문을 던진다"를 의미한다. 예수께서 죽은
자 가운데서 살아나시고 성령께서 부어질 "그 날"에, 그들은 예수께
부지런히 퍼부으면서도 큰 혼돈을 겪었던 그 질문들을 더 이상 할
필요가 없게 될 것이다. 그들은 즐거운 깨달음 가운데서 그들이 현재
겪는 그 혼돈을 몽땅 삼키게 될 충만한 이해를 누리게 될 것이다.

두번째 축복이 "내가 진실로 진실로 너희에게 이르노니"라는 말
씀에 의해 새로운 생각으로 소개되고 있는데, 그것은 기도에 응답
하시는 아버지의 능력이 예수의 이름으로 나아갈 준비가 되어 있는
것이다 : "내가 진실로 진실로 너희에게 이르노니 너희가 무엇이든지
아버지께 구하는 것을 내 이름으로 주시리라 지금까지는 너희가 내
이름으로 아무것도 구하지 아니하였으나 구하라 그리하면 받으리니
너희 기쁨이 충만하리라"(16 : 23 하반절−24). 제자들은 아직 예수
님의 이름으로 아무것도(하나님께) 구하지 않았다고 예수께서 말씀
하신다. 본문에서 "구하다"라는 동사는 16장 23절 상반절에서 옮
겨왔다. 그러나 실제적인 강조점은 "내 이름으로"라는 구절에 있다.
물론 제자들은 예수님의 이름으로 아직 무엇을 구할 수가 없었다.
이러한 면에서 그리스도의 중보적인 역할은 그로 하여금 십자가
사역을 담당하시도록 만든다. 그러나 이제 그 완성된 사역을 예견하는
가운데에서 제자들은 아버지께 구하도록 — 예수의 이름으로 구하
도록 요청받고 있다. 그 구절은 14장 14절과 15장 7절 이하의 내용을
상기시킨다(이에 관해서는 본서 5장을 보라). 그러나 이 문맥에서는
열매 맺는 기도와 관련되어 있는 예수님의 중보적 역할 및 기쁨이
더 강조되고 있다. 이로써 예수께서는 그의 제자들에게 그들의 임박한
근심이 기쁨으로 변하게 되리라는 것을 다시금 약속하시고 있다.

이렇게 해서 얻어지는 기쁨은 아버지의 사랑을 개인적으로 알게 되는 순수한 기쁨과 긴밀하게 결속되어 있다(16 : 25-28).

이 시점에서 예수께서는 그가 가려진 형태로 이야기해 오셨음을 인정하시고 있다. 그는 이렇게 논평하신다 : "이것을 비사로 너희에게 일렀거니와(문맥상, "비사로"라는 말은 "비유적 표현으로"를 의미하지 않고 그 절의 끝 부분에서의 "밝히"라는 말과는 대조적으로 "베일에 싸인 표현으로"를 의미한다) 때가 이르면 다시 비사로 너희에게 이르지 않고 아버지에 대한 것을 밝히 이르리라"(16 : 25). 누가에 의하면, 밝히 이르는 그 때가 예수께서 부활 후에 나타나신 일과 더불어 시작되었다. 예수님은 그를 따르는 자들에게 "모든 성경에 쓴 바 자기에 관한 것을"(눅 24 : 27) 설명하기 시작하였으며 "그가 저희 마음을 열어 성경을 깨닫게 하셨다"(눅 24 : 45).

그렇다고 해서 예수께서 부활하신 다음에 새로운 가르침을 소개하시거나 그의 사명을 재정의하시리라는 것은 아니다. 오히려 그는 이미 설명해 놓으신 것을 더 분명하게 설명하실 것이다. 줄곧 예수께서는 아버지를 계시해 오셨으나(14 : 9 ; 참조. 1 : 18), 그의 사명의 본질은 마침내 그 결정적인 사건이 발생하기 전까지는 십자가/부활/승귀에 관한 것을 보다 더 명백히 설명하지 못하게 만들었다. 이 시점에서 아버지에 관한 그의 계시는 그를 따르는 자들에게 보다 더 잘 이해되게 될 것이었다.

일단 그 날이 이르면 신자들은 예수님의 이름으로 아버지께 구하는 것이 무엇을 뜻하는지를 명백하게 이해하게 될 것이다. "그 날에 너희가 내 이름으로 구할 것이요"(16 : 26 상반절)라고 예수께서 말씀하시고 있다. 우리가 이미 살펴본 대로, 그러한 특권적인 중보는 그리스도 부활 후에 제자들이 체험하게 될 그 기쁨과 결속되어 있다 (16 : 24과 위에 언급한 내용). 그러나 아버지와 함께 누리게 된 이 새로운 기도의 관계에서 예수님의 이름을 사용하는 일이 강조되고 있는데 거기에는 위험성이 내포되어 있다. 즉, 그것은 어떤 사람들로 하여금 아버지께서 예수를 따르는 자들에게 무뚝뚝하시고 본질적으로 그들과 거리가 먼 분이시라는 그릇된 생각을 하도록 만들 수도 있다. 그러므로 예수께서는 이 잠재적인 오해를 서둘러서 풀고 계신다 : "내가 너희를 위하여 아버지께 구하겠다 하는 말이 아니니 이는 너희가 나를 사랑하고 또 나를 하나님께로서 온 줄 믿은 고로 아버지께서 친히 너를 사랑하심이니라"(16 : 26 하반절-27).

제자들이 인식해야 할 사실은 그들이 앞으로 누릴 중보의 특권들은 아들의 중재에 의해서 아버지께로부터 얻어지는 것이 아니라는 점이다. 오히려 그것들은 아버지 자신과의 사랑의 관계에 그 기반을 두고 있는 것이다. 아버지와 아들은 구속 계획 속에서 하나이시다. 아들의 죽음과 부활과 승귀가 그 신적 계획을 효력있게 만들며 아버지와의 이 관계가 성립되도록 만들어 주는 그 기반 — 죄사함과 죄의식의 제거 — 을 제공한다는 것은 사실이다. 그러나 그리스도인들이 삼위일체이신 하나님과 친밀한 영적 관계를 누리는 것이지 단지 성령이나 아들과만 그러한 관계를 누리는 것은 아니라는 사실을 우리는 이미 살펴보았다(14 : 23).

이 구절(16 : 26 하반절-27)은 자신의 사람들을 위해 중보하시는 승귀하신 예수님을 묘사하고 있는 신약성경의 다른 본문들과 위배되지 않는다(롬 8 : 34 ; 히 7 : 25 ; 요일 2 : 1). 왜냐하면 이 구절들은 신자들의 간구와는 거의 관계가 없고 오히려 하나님 앞에서의 그들의 지위와 관련되어 있기 때문이다. 그 지위는 오로지 그리스도의 십자가 사역에 근거한다. 제사장과 희생으로서 그가 그의 백성들을 위해 그 자신을 하나님께 제물로 드리셨기 때문이다. 그 일로 말미암아 우리는 자유롭게 하나님께 나아갈 수 있게 되었다. 그러므로 우리는 "예수의 이름으로" 기도한다. 그러나 그것은 우리가 예수께 기도한 다음 예수께서 우리를 위해 그의 아버지께 우리의 간구를 올려주신다고 생각하는 것과는 좀 다르다. 그 사실의 진상은 예수님의 제사장적인 사역이 우리로 하여금 하나님 앞에서 용납하심을 얻게 만든다는 것이다. 그리고 일단 용납하심을 얻으면, 우리는 "예수의 이름으로" 직접 간구할 수 있는 특권을 누리게 된다.

아버지께서 우리를 사랑하신다(16 : 27). 그것은 우리가 배워야 할 놀라운 진리이다. 그는 그의 아들을 보내주실 만큼 우리를 사랑하셨다. 그리고 이제 역사적인 사실인 아들의 십자가 사역을 통해 우리를 사랑하셨다. 신적 거룩함을 더럽힌 우리의 죄악은 하나님의 어린 양에 의해 제거되었으며, 우리가 예수님을 사랑하기 때문에 아버지께서 우리를 사랑하신다. 그러므로 갈보리 이편에서 살아감으로써 얻게 된 그 기쁨은 아버지의 사랑을 개인적으로 알게 된 그 순수한 기쁨과 틀림없이 결속되어 있다.

고별담화에서 이 기쁨에 관한 주제를 더 상세히 숙고해 볼 만하다. 15장 9-11절에서 예수께서는 신자의 기쁨을 그리스도께 대한 개인적인 순종의 관계와 연결시키신다. 그 기쁨은 순종적인 헌신 없이는 맛볼 수 없다. 이제 16장 24절 이후에서 우리는 신자의 기쁨은 예수님의 이름으로 드려지는 열매 맺는 기도, 아버지께 공개적으로 나아갈 수 있는 기도를 일부 가능케 하며, 그것은 아버지의 사랑에 대한 특권적인 반응에 불과하다는 것을 더 발견하게 된다. 두 가지 경우 모두에서 기쁨은 그밖의 것과 연결되어 있음을 기억하는 것이 반드시 필요하다. 기쁨은 신자의 생활의 다른 국면들과 상관이 없는 독립적인 은사가 아니다.

실제적인 측면에서 이것이 의미하는 바는, 예수님과 지속적인 관계를 유지하지 않고 또 기도 생활을 중시하지 않고서도 기쁨이 자기 자신에게 퍼부어지기를 기대하는 신자는 속임을 당하고 있다는 사실이다. 우리는 무조건적으로 기쁨을 원하기 때문에 예수 그리스도를 믿어야 하는 것이 아니라 성경적으로 정의되어진 기독교가 참되기 때문에 믿어야 하는 것이다. 예수님은 그가 주장하시는 그대로의 분이시며 그분만이 하나님 앞에서 우리 죄를 제거하실 수 있는 수단이시다. 오직 믿음으로 말미암아 예수 그리스도 안에 있는 영생을 누릴 수 있으며, 아버지께 대한 개인적인 지식과 성령의 은사를 누릴 수 있다. 우리가 기독교 진리를 추구하고 믿어야 하는 주된 한 가지 이유는 그것이 **진리**이기 때문이다. 그러나 일단 그리스도의 진리에 헌신하기만 하면, 기쁨을 만들어내는 풍부한 샘을 맛보게 된다. 만일 기독교의 주장이 거짓되다면, **거짓된 가르침에 대한 믿음이 아무리 많은 기쁨을 가져다준다** 할지라도 그 가르침을 믿어서는 안 된다.

우리는 이것을 다른 면으로 살펴보면서 어떠한 것들이 개인적인 기쁨을 자라게 해주는지 물어볼 수 있다. 우리의 영적 건강은 우리의 대답들에 의해 평가될 수 있다. 만일 그리스도께 대한 순종이 우리를 기쁘고도 온유한 자로 만든다면, 그리고 우리의 사랑하는 하나님과 아버지께 드리는 열매 풍성한 간구가 우리의 기쁨을 완성시킨다면, 우리는 예수님의 제자들이 십자가의 이편에서 맛보아야만 하는 그것, 즉 예수께서 기대하시던 그것에 가까이 다가가고 있는 셈이다. 만일 순종이 혐오스럽게 여겨지고 마지못해 행해지는 것이라면, 그리고 기쁨보다는 불만이 더 커진다면, 혹은 기도하는 훈련을 늘상 해온 신자가 아무리 애써 기도해도 마음의 기쁨을 전혀 느낄 수 없다면, 그때에는 영적 건강과 관련된 육신적 건강의 위험도를 알리는 경종이 크게 울리게 될 것이다.

요한은 이 교훈을 잘 알고 있었다. 그는 생애 말기에 한 편지를 썼는데, "너의 자녀 중에 우리가 아버지께 받은 계명대로 진리에 행하는 자를 내가 보니 심히 기쁘도다"(요이 1:4)라고 기록하였다. 여기에서 그 연로한 사도는 하나님의 진리가 진보하는 것과 신앙을 고백하는 신자들이 그 진리를 전적으로 고수하는 것에 관심을 보이고 있다. 그는 이러한 목적들을 위해 수고하고 기도하였으며 자신을 헌신하였다. 따라서 그는 복음이 사람들의 삶을 진정으로 변화시키는 것을 깨닫고서 기쁨을 느꼈다. 이와 비슷한 맥락에서 그는 그의 절친한 친구 가이오에게 이렇게 글을 쓰고 있다 : "형제들이 와서 네게 있는 진리를 증거하되 네가 진리 안에서 행한다 하니 내가 심히 기뻐하노라 내가 내 자녀들이 진리 안에서 행한다 함을 듣는 것보다 더 즐거움이 없도다"(요삼 1:3, 4).

주 안에서 그리스도인들이 느끼는 기쁨은 주님과 밀접하게 관련되어 있다. 그리스도를 기쁘시게 해드리려는 욕구가 증가하고 기도가 점점 더 신실해질수록, 그리고 헤아릴 수 없는 아버지의 사랑을 더욱 더 깊이 깨달을수록, 그의 기쁨은 더 크게 자라날 것이다.

예수님의 제자들은 이 진리들을 남용하기 쉬우며, 그것에 비추어서 그들 자신을 그릇되게 평가할 수 있다 (16:29-32).

"제자들이 말하되 지금은 밝히 말씀하시고 아무 비사도 하지 아니하시니 우리가 지금에야 주께서 모든 것을 아시고 또 사람의 물음을 기다리시지 않는 줄 아나이다 이로써 하나님께로서 나오심을 우리가 믿삽나이다"(16 : 29, 30).

어떤 사람은 한평생 살면서 허세를 부린다. 몇 해 전 캐나다 텔레비전에서 한 탐방기자가 위니펙 도심지를 걸어가고 있는 몇몇 사람들에게 한 각료로서의 달시 맥기(D'Arcy McGee)의 정치적 수완을 어떻게 생각하느냐고 물었다. 그 기자는 맥기가 지난 19세기(1968년 4월 7일)에 죽었다는 것을 언급하지 못했다. 그래서 그 행인들은 그들이 현재 살아있는 한 정치적 인물의 업적에 대해 질문을 받고 있는가 보다고 당연히 생각했다. 그러나 그중 단지 한 두 사람만이 맥기가 누구인지 잘모르겠다고 답하였고 나머지 대부분의 사람들은 이렇게 대답하였다 : "아, 저는 그가 퍽 진보적이라고 생각합니다", 또는 "지독하지요. 아주 지독합니다. 그러나 그는 ○○ 처럼 나쁘지는 않아요", 또는 한 수 더 떠서, "나는 그가 전날 밤에 텔레비전에 나온 걸 보았는데, 그에 대해 어떤 판단을 내릴지 아직 결정하지 못했습니다."

지식이 힘이 되는 시대에는 어느 누구도 무지를 인정하려 하지 않는다. 구역성경 공부마저도 그들의 허풍을 나누는 모임이 되곤 한다. 그리스도께서 이루어 놓으신 **화목**은 확실히 유일무이하고도 **존재론적**인 차원에서 그리스도의 아들됨을 보여준다고 누군가가 언급하고서, 이 사실에 모두가 동의하지 않느냐고 물으면 즉시 모든 사람의 머리가 아래 위로 흔들린다. 심지어 **화목**이니 **존재론적**이니 하는 낱말이 무엇을 뜻하는지 모르는 사람들까지도 말이다. 학생들도 이 죄에서 제외되지 않는다. 그들이 전공하는 어떤 분야의 어떤 신간 서적을 읽은 사람이 누구인가 하는 질문을 받았을 때, 심지어 그 책 이름도 들어본 적이 없었던 사람들을 포함해서 얼마나 많은 학생들이 긍정적인 답변을 하겠는가?

공평하게 말한다면, 예수님의 제자들은 저들처럼 나쁘지는 않았다. 그들은 확실히 새빨간 거짓말쟁이들이 아니었다. 그러나 그들은 그들이 실제로 알고 있는 것보다 더 많이 알고 있다고 주장하였다. 16장 27절 이하에 나오는 예수님의 진술을 그들은 믿고 이해하고 있다고 주장했다. 예수께서 신속하게 지적해 주신 것을 그들이 사실상 얼마나 많이 이해할 수 있었겠는가? 그러나 우리는 그의 책망은 잠시 별도로 해두고, 제자들이 그들이 알았다고 주장한 바를 우리가 이해하도록 노력해 보자.

예수께서 하나님께로부터 오셨음을 제자들로 하여금 믿도록 만든 것은 그가 사람의 질문을 들으실 필요가 없다는 점이었다(16 : 30). 제자들은 질문을 그들의 입 밖에 내기도 전에 예수께서 이미 그것을 분간해 내시는 능력을 지니신 것을 알고서 깜짝 놀랐던 것 같다(참조, 16 : 30). 요한복음 앞 부분에서 예수께서는 어떤 사람들의 마음 속에 무엇이 있는지를 알 수 있는 능력이 있으심을 보이셨다(1 : 47, 50 ; 4 : 19, 29). 그리고 많은 유대인들 가운데서 그러한 능력은 신적인 어떤 것을 의미하는 것으로 생각되어지기도 하였다. 예를 들면 유대인 역사가 요세푸스는 요나단이 이러한 말들을 한 것으로 묘사하고 있다 : "이 하나님 … 께서는 내가 나의 생각을 말로 표현하기 전에 그것이 무엇인지를 이미 알고 계신다"(유대고대사, Ⅵ230). 예수님 자신도 이렇게 가르치시지 않았는가? : "구하기 전에 너희에게 있어야 할 것을 하나님 너희 아버지께서 아시느니라"(마 6 : 8). 그러

므로 예수께서 이러한 능력을 보이셨다면, 그가 하나님께로부터 오
셨음이 아주 분명하다. 적어도 제자들은 16장 30절에서 그렇게 추
론하였다.

물론 어떤 의미에서 제자들은 매우 옳다. 그들은 여기에서 진실된
신앙 고백을 하고 있다. 그들은 그릇된 것, 비정통적인 것은 전혀
입 밖에 내지 않았으며 예수께서 누구이신지를 서서히, 그러나 보다
더 정확하게 이해하기 시작하였다.

그럼에도 불구하고, 그들의 신앙고백은 다음 두 가지 근거에서
비난받아야 마땅했다. 무엇보다도, 그들은 예수께서 말씀하신 것
가운데 아마도 가장 하찮은 것에 그들의 관심을 집중시켰다. 그들은
그들의 질문을 예견하시는 주님의 능력을 간파하고 있다. 그러나
그들은 예수께서 말씀해 오신 이야기의 주요 내용은 파악하지 못
하였다. 더욱이, 그들은 보다 더 심각한 과오를 드러내 보였다. 즉,
그들은 그들 자신의 통찰을 근거로 해서 스스로를 높이 평가하고
있는 것이다 : "지금은 밝히 말씀하시고 … 우리가 지금에야 … 아
나이다." 그들은 자만에 차서 이렇게 주장하였다.

"이제는 너희가 믿는구나 ! "하며 예수께서 온화한 반어법을 써서
답하시고 있다(16 : 31). 아니면, 그 본문은 "이제 너희가 믿느냐 ? "는
질문으로 읽어야 한다. 어느 해석을 택하든 간에, 그들의 믿음이
부적합다는 사실이 예수님의 다음 말씀에서 밝혀지고 있다. 이제 곧
임하게 될 겟세마네 동산에서의 십자가 사건을 바라보면서, 예수께
서는 그들에게 이렇게 말씀하신다 : "보라 너희가 다 각각 제 곳으로
흩어지고 나를 혼자 둘 때가 오나니 벌써 왔도다 그러나 내가 혼자
있는 것이 아니라 아버지께서 나와 함께 계시느니라"(16 : 32). 제
자들은 나름대로 믿고 있으나, 예수께서 뜻하시는 바를 그들이 진

정으로 이해하고 있다는 착각에 빠져 비약적인 단정을 내렸다. 심지어는 예수님의 죽음과 부활과 승귀의 장면에 앞서서도, 그리고 그가 보내실 성령과 계시의 부어짐 앞에서도 그렇게 단정하였다. 예수께서는 실제로 그들의 믿음이 얼마나 적으며 얼마나 조금 이해하고 있는가를— 간단히 말해서 그들이 진리와 그들 자신을 얼마나 조금밖에 이해하지 못하는가를 단정적으로 입증하는 일로서, 그들이 수치스럽게 흩어지게 될 일을 예고하심으로써 답하시고 있다.

물론 어떤 의미에서 제자들이 당면한 그 문제는 유일무이하다. 예수께서 말씀하고 계신 그 모든 것을 그들이 완전히 파악하지 못하는 이유는 그들이 새 시대의 도래 가운데 살고 있다는 사실에 부분적으로 기인한다. 그들은 모세의 언약이 폐기되어가고 새 언약이 도래하는, 십자가와 부활과 승귀의 절정을 이루는 사건이 아직 일어나지 않았고 상상조차 거의 할 수 없었던 그 놀라운 시대에 살고 있었던 것이다. "그러나 첫째는 십자가이다." 그러한 의미에서 이 시점에서의 그들의 실패는 반복되어질 수 없다. 그러나 또 다른 의미에서, 현대를 사는 우리 신자들도 예수님의 첫번째 신자들의 과오를 노련하게 답습하고 있으며 요한복음 16장에서의 그 과오들도 배제되지 않고 있다. 예를 들면, 우리는 우리의 신학적 관심을 비교적 사소한 논점에 쏟는 바람에 성경적 진리의 큰 맥락과 영광을 놓쳐버리는 수가 있다. 우리는 우리의 이해가 실제보다 훨씬 더 성숙하고 정교하다는 착각에 빠질 수 있다. 우리의 진실된 신앙 고백마저도 그러한 영적 미숙으로 인해 속수무책으로 훼손되어지기 때문에 그 신앙은 극심한 실망이나 반대, 사별, 고통 등의 공격을 당할 경우에 버틸 수가 없게 된다.

동시에, 사도들의 무리 전체가 이러한 종류의 신자들로 구성되어 있다는 것을 생각하면 위로가 된다. 그러나 하나님께서는 그의 긍휼과 은혜의 때에 맞추어서 그들을 예수 그리스도를 위해 세상을 뒤집 어놓는 사람들로 마침내 변화시키셨다. 매우 초라한 이 시발점은, 기독교가 그 출범에 있어서 사도들에게 기인하지 않고 오직 그리 스도께 기인하고 있음을 우리에게 상기시켜 주는 역할을 하고 있다. 그리고 이 교훈은 매세대마다 새롭게 학습되어져야 한다. 도드(C. H. Dodd)는 통찰력있는 논평을 하고 있다 : "교회의 창립요원들이 신망을 지닌 사람들이 아니었다는 사실이 교회의 특성과 기조의 한 부분을 이루고 있다. 교회의 존재는 그들의 믿음이나 용기 또는 미덕에 기인한 것이 아니라 그리스도께서 그들과 더불어 행하신 그것에 기인하였다. 이 사실을 그들은 결코 잊을 수 없었다." 모리스 (Leon Morris)는 이렇게 부언한다 : "교회는 하나님께서 그리스도 안에서 행하신 일에 궁극적으로 의존하고 있는 것이지 그것의 첫번째 신자들의 용기와 기지에 의존하고 있는 것이 아니다." 오늘날 우 리에게 매우 중요한 것은 더욱 더 그를 알고 믿는 것이며, 반면에 우리가 지닌 적은 지식과 믿음이 우리를 영적 장사나 특급 성도로 만든다는 어떤 암시도 물리치는 것이다.

엄밀히 말해서, 십자가／부활／승귀 사건이 신적 계획에 의존하고 있고 그리스도를 따르는 무리들에게 의존하고 있지 않기 때문에, 예수께서는 "나를 혼자 둘 때가 오나니 벌써 왔도다 **그러나 내가 혼자 있는 것이 아니라** 아버지께서 나와 함께 계시느니라"(16 : 32 하반절)는 말씀을 덧붙이실 수 있었다. 따라서 예수께서는 십자가로 가실 준비가 되어 있으셨던 반면, 그를 따르는 자들은 자신들의 영적 수준을 높게 평가한 나머지 앞으로 있을 세상에서의 가장 위대한 자기 희생 사건을 계속해서 전혀 파악하지 못하고 있었다.

믿음에의 초대 :
예수님의 승리 면에서 살펴본 세상에 대한 전망(16 : 3)

왜 예수께서는 이 모든 자료들(요 14−16장)을 그의 제자들에게 주셨는가? "이것을 너희에게 이름은 너희로 내 안에서 평안을 누리게 하려 함이라"(16 : 33 상반절)고 그는 말씀하신다.

이 평안은 여러가지 다른 방법으로 오게 될 것이다. 첫째, 결정적인 구원 사건들에 앞서서 어떠한 일이 일어나게 될지를 예수께서 약속해 주셨기 때문에 그 사건들이 일어날 때 제자들은 예수께서 그것들을 주관하고 계시다는 사실을 깨닫지 않을 수 없게 될 것이다. 일단 그들이 그 시점에 이르게 되면, 이 모든 교훈들은 그들에 대한 그의 진실하심을 확증해 줄 것이고 그것으로 말미암아 그들의 믿음이 증가할 것이다. 더욱이, 부활 후에 그들은 후회와 죄의식으로 괴로워하게 될 것이다. 여기에서도 예수께서는 그들이 예수님을 버리는 일조차도 그가 이미 아셨다는 것을 그들로 하여금 깨닫게 하심으로써 그들이 궁극적인 평안을 누릴 수 있는 길을 닦아놓으셨다. 그들은 그들 자신의 실패를 보다 더 잘 이해하게 될 것이며, 예수 안에서 사는 것을 잘 배우게 될 것이다.

또다시 예수께서는 그들이 겪게 될 핍박을 예고하셨으며 그들에게 이 일들을 다시금 상기시키시고 있다 : "세상에서는 너희가 환난을 당하나." 그러나 그러한 환난의 참 면모들을 제시하심으로써(특히 15 : 18−16 : 4에서), 예수께서는 그들의 평안을 보증하시고 있다.

고별담화는 이렇게 해서 완전히 한 바퀴를 돈 셈이다. 그 이야기 첫머리에서 예수님의 제자들은 "너희는 마음에 근심하지 말라 하나님을 믿으니 또 나를 믿으라"(14 : 1)는 권면을 들었다. 이제 우리는 또다시 이러한 말씀을 듣는다 : "세상에서는 너희가 환난을 당하나 담대하라 내가 세상을 이기었노라"(16 : 33). 이 두 본문 모두가 예수 그리스도께 초점을 맞추고 있다. 두 본문 모두는 진심으로 그리스도를 믿는 신자에게 평안을 약속한다. 어떤 의미에서 고별담화 모두가 그리스도에 관한 것이었다. 그러므로 예수께서 말씀해 오신 모든 것이 그의 제자들로 하여금 예수님과 그의 승리의 관점에서 세상을 보도록 격려하고 있다.

예수님의 승리의 죽음/부활/승귀의 관점에서 볼 때 세상은 어떻게 보이겠는가 ? 한편으로 세상은 더욱더 악하고 혐오스럽게 보이나 또 다른 한편으로 볼 때, 이곳은 아버지께서 그의 아들을 보내실 정도로 사랑하신 세상이다. 하나님의 어린 양이 (세상을) 위하여 죽으신 세상이다. 한편으로 이 세상은 구세주를 배척하고 그를 정죄하여 죽으시게 만든 곳이나, 다른 한편으로는 바로 그 죽음을 통해서 구세주께서 이 세상 임금을 격파하신 곳이기도 하다. 한편으로 이 세상은 하나님의 백성들을 핍박하고 작은 괴롭힘에서부터 엄청난 채찍질에 이르기까지 그들에게 온갖 고문을 다 가한 곳이기도 하지만, 또 다른 한편으로는 이곳은 주님께서 걸어가신 길, 그러므로 그의 제자들도 따라가야 하는 길이다. 한편으로 세상은 환난을 초래하지만 다른 한편으로는 예수를 믿는 믿음 가운데 살아가는 우리로 하여금 장차 임할 세대에 동참하게 하고 그리하여 장차 이루어질 종말론적인 공동체의 일원으로 섬기고 자라나도록 도와준다. 그 결정적인 승리가 쟁취되었다. 예수께서 이기신 것이다 : "담대하라 내가 세상을 이기었노라." 우리는 예수님의 승리의 재림을 기다리면서 살아가고 사랑하고 봉사한다.

신자들이 올바른 전망을 키워가는 것은 매우 중요하다. 예수님의 십자가／부활／승귀의 전망에서 바라본 세상은 이러한 전망을 덧입지 않고 바라보는 세상과는 판이하게 다르게 나타난다.

전 망 들

징그럽고도 몸서리쳐지는 세상의 상처들과
　온갖 이기적인 탐욕으로 가득찬 사람들,
비전과 은혜가 없는 사람들이 퍼붓는 가시돋힌
　온갖 악의들,
양식이 없어 죽은 아이들,
　그리고 모태에서부터 찢겨져 나오는 아기들,
오물과 생쥐와 음울함으로 가득찬
　빈민가와 방불한 값싼 문화,
우리가 새로 산 멋진 장난감을
　단번에 녹여버릴 수 있는 미사일들,
너무도 죄가 중하여 죽을 수도 없는 사람들이 느끼는
　이질적인 두려움,
사람들의 끝없는 헛된 우상들과
　덧없는 박수 갈채에 대한 경배,
지혜와 법의 기반이 되고 있는
　달러와 독일 마르크와 엔화,
자신의 욕망만 채우고 저주받은 자에 대해서는 전혀
　개의치 않는 종교,
선반 위에 놓인 낡은 것들과 틀에 박힌 진부한 진리——

오, 그리스도시여! 이것들은 흉하고도 깊은 얼룩이며 곪아가는
　상처들입니다. 이것은 부패해져서
마침내는 패배와 추악한 자기 연민, 시간의 지체를 반복 초래하는 음모를
　꾸밉니다.
사람들의 반응은 극히 시원치 않게 보이며
　불순한 동기들을 유발시킵니다.
약속된 해결책은 곧 수포로 돌아가며
　여자 예언자 카산드라의 외침이
소수의 무리들에게 공포와 실망을
　안겨주는 거짓말이라고 여겨졌던 그 옛날의 추억 속으로 돌아갔습니다.
그러나 알지 못하는 새 세대들은
그녀의 새로운 경고에 코웃음칠 수 있고
우리가 새 세상을 세우겠노라 선언하지만,
새로운 폭군이 권좌에 오르게 됩니다.
진저리나는 이 악순환의 세계, 새로운 신이 어제
　모체로부터 분리·증식하여 생겨났습니다.

이 오류의 악순환을 극복하기 위해 우리가 지녀야 할 비전은
인간의 역사를 되돌아보고 떨어져 가는 해를 내다보는 것입니다.
골고다를 응시할 때 우리의 시계(視界)는 흔들리지 않습니다.
시간의 창조주가 그 속에 계시고 재판장이 심판하시며
육신을 입고 오신 그 사랑하시는 자께서
구름 속에 눈부신 영광으로 임하시나니
구속이 온전히 완성되며 배척당하였던 은혜가
다시금 부어집니다.

그러나 우리의 시선 위로 장엄한 정경이 펼쳐집니다.
한때 우리가 죽인 그 살아계신 자께서 이제 말씀하시며
그의 음성이 죽은 자를 깨웁니다.
그리고 우리가 조롱했던 그분이 좌정하사
그에게 합당한 예배를 받으십니다.
우리가 한때 거짓되다고 여겼던 그분께
신실하고 참되신 이라는 칭호가 붙여지는 것을 우리는 봅니다.
십자가에 못박히신 그분이 이제 재판장으로 서 계시니
그의 공의를 아무도 반박하지 못합니다.
오직 그의 죽음만이 우리의 중다한 죄를 지울 수 있고
땅과 그 하늘이 그늘없는 그의 밝은 빛 앞에서 설 수 없나니,
이것들은 그의 손으로 재창조되어
    다함이 없는 기쁨을 만들어냅니다.
어두운 그늘이 더 이상 보이지 않고
    흠없는 순결이 지배합니다.
그리고 끊이지 않는 은혜의 찬양이
    시내를 이루어 흘러갑니다.

자비하신 구세주시여, 간구하옵나니, 당신의 보좌 위에서 바라다보이는
    전망을 우리도 갖게 하사,
우리의 세상과 우리의 깊고도 사악한 길에
아직도 소중한 것이 남아 있고
버려둠을 당하지 않은 것을 보게 하소서.
십자가의 질고를 기쁘게 짊어지고 장차 임할 우주적인 갱신을 바라보면서,

온 힘을 다해 당신께 새로이 봉사하며
이제 영원의 노래를 부르게 하소서.

"이것을 너희에게 이름은 너희로 내 안에서 평안을 누리게 하려 함이라 세상에서는 너희가 환난을 당하나 담대하라 내가 세상을 이기었노라"(16 : 33).

9

예수께서 그 자신과 그의
제자들을 위해 기도하심

요한복음 17 : 1-19

¹예수께서 이 말씀을 하시고 눈을 들어 하늘을 우러러 가라사대
아버지여 때가 이르렀사오니 아들을 영화롭게 하사 아들로 아버지를
영화롭게 하게 하옵소서 ²아버지께서 아들에게 주신 모든 자에게
영생을 주게 하시려고 만민을 다스리는 권세를 아들에게 주셨음이
로소이다 ³영생은 곧 유일하신 참 하나님과 그의 보내신 자 예수
그리스도를 아는 것이니이다 ⁴아버지께서 내게 하라고 주신 일을 내가
이루어 아버지를 이 세상에서 영화롭게 하였사오니 ⁵아버지여 창세
전에 내가 아버지와 함께 가졌던 영화로써 지금도 아버지와 함께
나를 영화롭게 하옵소서 ⁶세상 중에서 내게 주신 사람들에게 내가
아버지의 이름을 나타내었나이다 저희는 아버지의 것이었는데 내게
주셨으며 저희는 아버지의 말씀을 지키었나이다 ⁷지금 저희는 아버
지께서 내게 주신 것이 다 아버지께로서 온 것인 줄 알았나이다 ⁸나는
아버지께서 내게 주신 말씀들을 저희에게 주었사오며 저희는 이것을
받고 내가 아버지께로부터 나온 줄을 참으로 아오며 아버지께서 나를
보내신 줄도 믿었사옵나이다 ⁹내가 저희를 위하여 비옵나니 내가

비옵는 것은 세상을 위함이 아니요 내게 주신 자들을 위함이니이다 저희는 아버지의 것이로소이다 ¹⁰내 것은 다 아버지의 것이요 아버지의 것은 내 것이온데 내가 저희로 말미암아 영광을 받았나이다 ¹¹나는 세상에 더 있지 아니하오나 저희는 세상에 있사옵고 나는 아버지께로 가옵나니 거룩하신 아버지여 내게 주신 아버지의 이름으로 저희를 보전하사 우리와 같이 저희도 하나가 되게 하옵소서 ¹²내가 저희와 함께 있을 때에 내게 주신 아버지의 이름으로 저희를 보전하와 지키었나이다 그 중에 하나도 멸망치 않고 오직 멸망의 자식뿐이오니 이는 성경을 응하게 함이니이다 ¹³지금 내가 아버지께로 가오니 내가 세상에서 이 말을 하옵는 것은 저희로 내 기쁨을 저희 안에 충만히 가지게 하려 함이니이다 ¹⁴내가 아버지의 말씀을 저희에게 주었사오매 세상이 저희를 미워하였사오니 이는 내가 세상에 속하지 아니함 같이 저희도 세상에 속하지 아니함을 인함이니이다 ¹⁵내가 비옵는 것은 저희를 세상에서 데려가시기를 위함이 아니요 오직 악에 빠지지 않게 보전하시기를 위함이니이다 ¹⁶내가 세상에 속하지 아니함같이 저희도 세상에 속하지 아니하였삽나이다 ¹⁷저희를 진리로 거룩하게 하옵소서 아버지의 말씀은 진리니이다 ¹⁸아버지께서 나를 세상에 보내신 것 같이 나도 저희를 세상에 보내었고 ¹⁹또 저희를 위하여 내가 나를 거룩하게 하오니 이는 저희도 진리로 거룩함을 얻게 하려 함이니이다

전통적으로 그리스도인들은 요한복음 17장을 예수께서 그의 수난에 앞서 올리신 "대제사장적인 기도"로 오랫동안 일컬어왔다. 그런데 이것은 약간 잘못된 명칭이다. 요한복음 17장의 주제들을 이 제사장적인 범주에 제한시키기에는 너무 넓기 때문이다. 만일 "주의

기도"라는 명칭이 "주의 모범 기도"(마 6 : 9-13 ; 눅 11 : 2-4)라고
일컬어지는 편이 더 나을 그 기도문에 전통적으로 적용되어오지
않았었다면, 우리는 이 기도를 "주의 기도"라고 부르는 것이 이상적일
것이다.

예수께서 그의 제자들에게 가르쳐 주신 기도와 그 자신이 친히
하신 기도 사이에는 적어도 몇 가지 필적되는 점들이 있다. "우리
아버지"라는 표현은 여기에서 단지 "아버지"(17 : 1)라는 말 속에
반영되어 있다. "이름을 거룩하게 하옵시며"는 17장 6, 11, 12, 26절
에서 하나님의 이름이 언급되어 있는 것 가운데서 조금 울려퍼지고
있다(NIV에서는 단지 17 : 11 이하에서. 아래의 설명을 보라). "나라이
임하옵시며"는 "아들을 영화롭게 하옵시며"(17 : 1, 5)와 주제상의
어떤 연관을 갖고 있다. 우리는 또한 "우리를 시험에 들게 하지
마옵시고"는 "내가 저희와 … 를 보전하와 지키었나이다"(17 : 12)
라는 표현과, 그리고 "악에서 구하옵소서"는 "저희를 … 악에 빠지지
않게 보전하시기를"(17 : 15)과 비교해 볼 수 있다.

물론 여기에는 많은 차이점들이 있다. 그러나 적어도 이 상이점
들은, 요한복음 17장에서 기도하시는 분이 그의 제자들에게 가르쳐
주신 모범 기도에 의해 이미 우리에게 낯익은 자가 되었음을 암시하고
있다.

예수님의 기도 습관은 복음서 기자들에 의해 자주 언급되고 있는데,
다른 기자들보다는 누가에 의해 더 언급되고 있다(참조. 마 11 : 25
이하 ; 막 1 : 35 ; 6 : 46 ; 눅 3 : 21 ; 5 : 16 ; 6 : 12 ; 9 : 18, 28 ; 11 : 1, 22 :
42 ; 23 : 34, 46 ; 요 11 : 41 ; 12 : 27). 그러나 그의 기도의 내용이 기록된
경우는 매우 드물며, 그 내용이 기록되어 있는 경우에도 그것은 보통
짧고 간결하다(보기. 마 11 : 25 이하 ; 요 11 : 41). 예수께서 길게 기

도하신 경우들은 복음서 기자들에 의해 특별한 주목을 받고 있으나, 일반적으로 예수께서는 길게 기도하실 때 혼자 기도하셨다. 따라서 요한복음 17장은 특이한 예외이다. 즉, 예수께서는 여기에서 비교적 길게 기도하셨으나 증인들 앞에서 기도하셨던 것이다. 그리고 예수께서는 비록 그가 아버지께 기도하시고 있을지라도, 그의 제자들이 그가 말씀하시는 바를 들을 수 있도록 기도하고 계심을 의식하고 계시다(17 : 13에 관해서는 아래를 보라).

17장은 "예수께서 이 말씀을 하시고 눈을 들어 하늘을 우러러 가라사대"라는 서론으로 시작하고 있다. "이 말씀"에서 "이"는 고별담화 전체를 가리키고 있으므로, 우리는 이 마지막 기도가 그 앞에 있는 교훈의 머릿돌임을 이해해야 한다. 더욱이 예수께서는 그의 승리에 대해, 세상에 대한 그의 승리에 대해 방금 말씀하셨으며, 바로 그 승리가 이 기도에 반영되어 있다. 암울하고 참담한 분위기는 전혀 보여지지 않은 채 이 기도는 투쟁이 전제가 되어 있는 상황 속에서도 궁극적인 승리를 기대하는 긴 안목을 채택하고 있다.

기도하는 동안 하늘을 우러러보는 것은 아마도 그 당시에 가장 흔한 자세였던 것 같다(참조. 11 : 41 ; 막 7 : 34 ; 눅 18 : 13에서 "하늘을 우러러 보지도 못한" 세리의 자세와 대조를 이룬다). 그와는 반대로 사람은 긴장이나 고뇌 속에 있을 때 꿇어 엎드린 자세로 기도 드릴 수 있는데 이것은 마태복음 26장 39절에 의하면 예수께서 바로 그 다음에 취하신 자세였다. 어느 경우에든 영과 마음의 자세가 몸과 손발의 자세보다 더 중요하다.

예수께서 자신을 위해 기도하시다(17 : 1-5).

이 기도 속에는 주제들이 서로 얽혀 있기 때문에, 핵심 개요를 파악하는 것이 때로는 힘들다. 그러나 우리는 예수께서 스스로 짊어지시는 기도의 짐과 그가 그것을 위해 제공하시는 원리를 유용하게 분간해 낼 수가 있다.

1, 기도의 짐 한마디로 예수께서 영광을 위해 기도하고 계시다 : "아버지여 때가 이르렀사오니 아들을 영화롭게 하사 아들로 아버지를 영화롭게 하게 하옵소서 … 아버지여 창세 전에 내가 아버지와 함께 가졌던 영화로써 지금도 아버지와 함께 나를 영화롭게 하옵소서"(17 : 1 하반부, 5).

그 때가 왔다. 그 시각이 왔다. 예수께서는 이 시간을 거듭거듭 말씀해 오셨으며, 마침내 그것이 그에게 닥친 것이다. 그것은 그가 십자가에서 죽으시는 시간, 그가 아리마대 요셉의 무덤에 장사되는 시간, 사흘간 침묵하시는 시간, 승귀의 부활을 하시는 시간, 극적인 해방 속에서 그의 아버지께로 승천하시는 순간인 것이다. 그 때가 왔다. 그리고 예수께서는 아버지께서 그의 아들을 영화롭게 해주시기를 기도하시고 있다.

조금 전에 예수께서는 십자가와 부활 그리고 승귀를 말씀하시면서 "인자의 영광을 얻을 때가 왔도다 내가 진실로 진실로 너희에게 이르노니 한 알의 밀이 땅에 떨어져 죽지 아니하면 한 알 그대로 있고 죽으면 많은 열매를 맺느니라"(12 : 23 하반절-24). 여기에서 인자가 영광받으시는 일은 그의 죽음과 명백하게 연관되어 있다. 그러나 17장 5절에서 인자가 영광받으시는 일은 그의 아버지의 임재의 영광에로 돌아오는 것과 연관되어 있다 : "창세 전에 내가 아버지와 함께 가졌던 영화로써 지금도 아버지와 함께 나를 영화롭게 하옵소서."

이 두 측면은 모두 예수님의 영광에 기여하고 있다. 예수께서는 영광을 위하여, 즉 십자가와 관련된 영광 및 승귀와 관련된 영광 모두를 위해 기도하시고 있다. 첫번째 연관은 그 두 가지 중 더욱 놀랄 만한 것이다. 예수님 시대의 사람들에게 있어서 로마의 십자가형은 폭력과 고문과 악의 상징이었다. 예수께 있어서는 그것이 영광의 수단이었다. 그것은 하나님과 그의 그리스도의 구속적 사랑에 대한 가시적인 표현이 되고 있으며, 우리 자신을 위한 하나님의 능력있는 구원 행위에 대한 최상의 명시가 되고 있다.

물론, 어떤 의미에서 제 4복음서는 예수께서 그의 사역 전체를 통해 영광을 나타내셨음을 명백하게 밝히고 있다. 성육신화 그 자체가 이 역할을 수행하고 있으므로, 사도요한은 "말씀이 육신이 되어 우리 가운데 거하시매 **우리가 그 영광을 보니** …"(1 : 14)라고 논평하고 있다. 가나에서의 그 기적은 예수님의 영광을 나타내는 것으로 이해되며(2 : 11), 나사로를 살리신 일도 역시 그러하다(11 : 4, 40). 그러나 예수님을 통해 아버지의 영광이 초월적으로 나타난 사건은 십자가/부활/승귀이다.

이 최상의 영광은 예수께서 창세 전에 그의 아버지와 더불어 나눈 영광과 연결되어 있다(17 : 15). 이것은 예수님의 선재(先在)하심을 가리키는 명백한 언급이다(참조. 또한 1 : 1 ; 8 : 58 ; 16 : 28). 그러나 더욱이 그것은 더 큰 영광을 예시한다. 즉, 그것은 하나님 영광의 현현 ─ 요한복음 14-16장에서 매우 많이 언급되었던 삼위일체 하나님의 현현 ─ 이 눈부시고 찬란한 섬광 속에서가 아니라 십자가와 빈 무덤의 고뇌와 승리 속에서 그 절정에 도달하는 것을 예시한다. 십자가의 영광은 예수님의 선재적인 영광의 한 단면을 나타내며, 예수님의 선재적 영광은 그의 사명이 수행되어졌을 때 그 승리에 찬 선포 속에서 그가 아버지와 함께 나누는 영광의 한 단면을 나타낸다.

그러나 그 두 절(17 : 1, 5)이 우리에게 단순한 **서술** 만을 알려주지 않고 **기도** 까지도 제시하고 있다는 점을 우리는 상세히 살펴야 한다. 예수께서는 아버지께서 그를 영화롭게 해주시기를 **기도하신다.** 이것은, 그 고난을 통해 사람들에 대한 그의 은총을 나타내는 동시에 그의 아들에게 성육신 이전의 영광을 회복시켜 주시는 것을 나타내시기를 아들이 간구하고 있다는 사실 뿐만 아니라, 아버지께서 아들의 자발적이고도 순종적인 고난을 받아주실 것을 간구하고 있다는 사실을 의미하기도 한다. 이 견해에는 약간의 문제점이 있다.

만일 예수께서, 아버지께서 그를 영화롭게 해주십사고 기도하신다면 그가 자신의 영화를 통해 그의 아버지를 영화롭게 해 드리도록 하기 위해 이러한 기도를 하시고 있다는 사실(17 : 1)을 우리는 주목해야 한다. 십자가에서 드려진 예수님의 희생이 열납되지 못했다거나 그 아들이 아버지의 눈부신 영광 앞에서 그의 합당한 지위를 돌려받지 못하셨다면, 그것은 아버지께 영광이 되지 못했을 것이다. 그것은 그 시적인 사명이 이루어지지 못했음을, 은혜의 목적들이 영원히 실패로 끝났음을 의미하였을 것이다. 따라서, 예수께서 이러한 식으로 기도하신 것은 본질상 "당신의 뜻이 하늘에서 이루어진 것처럼 땅에서도 이루어지게 하옵소서"하고 기도하신 것이다. 만일 그 과업이 성공되어져야 한다면, 만일 예수께서 예수님의 순종적 희생이 열납되어졌다는 것을 입증하는 승귀와 십자가 사건 모두를 통해서 영광받으신다면, 아버지께서 영광받으시고 그것으로 인해 그의 특별한 뜻이 성취되어질 것이다. 이러한 사실이 2-4절에 명백하게 표현되어 있다.

2. 예수께서 아버지께 제시하시는 이론적 근거 그를 영화롭게 해 달라는 예수님의 기도의 이론적 근거 가운데 일부가 그 기도 자체 속에 들어 있다. 우리가 방금 살펴본 대로, 예수께서는 그가 아버지를 그 다음에 영화롭게 해 드리기 위해 그 자신이 먼저 영화롭게 되기를 구하신 것이다. 이 궁극적인 목적이 그 자신의 영화에 대한 이론적 근거 역할을 하고 있다.

이 사실이 17장 2절에서 공식화되고 있다. 예수께서는 그 자신을 위한 영광을 간구하고 있는데, 이것은 그 자신이 아버지를 영화롭게 해 드리기 위함이었다(17 : 1). 그 다음에 그는 "아버지께서 아들에게 주신 모든 자에게 영생을 주게 하시려고 만민을 다스리는 권세를 아들에게 주셨음이로소이다"(17 : 2)라고 부언하신다. NIV성경에서 "for"로 번역된 전치사는 "… 와 꼭같이"(just as)로 해석될 수도 있다. 다시 말해서 17장 1절 하반절과 17장 2절 사이에 몇 가지 일치하는 점을 찾아볼 수 있다.

이 두 절들을 얼핏 볼 때 우리는 그것들이 정확하게 평행을 이루고 있지는 않다는 것을 알게 된다. 좌우를 살펴보면, "아들을 영화롭게 하옵소서"는 "아버지께서 만민을 다스리는 권세를 아들에게 주셨음이로소이다"와 거의 비슷하지 않은 것처럼 보인다. 그리고 "아들로 아버지를 영화롭게 하도록"은 "아버지께서 아들에게 주신 모든 자에게 영생을 주게 하시려고"라는 말씀과 똑같은 뜻을 의미하지 않는다. 그럼에도 불구하고 거기에는 어떤 합당한 연관성이 있다. "for"

(이는 … 임이라, 왜냐하면 … 때문이다)나 "just as"(… 와 꼭같이)로 번역되는 그 전치사가 그 사실을 명백하게 해준다. 그 연관성은 정확하게 무엇인가?

	17장 1절 하반절		17장 2절	
	진술 (명령문) : 아들을 영화롭게 하옵소서	는	진술 : 아버지께서 만민을 다스리는와 권세를 아들에게 주셨음이로 소이다	와 꼭같다
	목적 : 아들로 아버지를 영화롭게 하도록		목적 : 아버지께서 아들에게 주신 모든 자에게 영생을 주게 하시려고	

이 질문에 대한 대답은 우리가 아버지께서 아들에게 주신 그 권위의 본질을 파악할 때 가장 잘 이해할 수 있다. "만민을 다스리는 권세를 아들에게 주셨음이로소이다"(17 : 2 하반절)라고 예수께서는 그의 아버지께 말씀하신다. 그러나 언제 이 권세가 허락되었으며 그 특징은 무엇인가?

혹자는 아버지께서 영원 전에 그 아들에게 권세를 주셔서 그로 하여금 성육신의 사역을 감당케 하셨다고 주장한다. 그러나 예수께 서는 육체 가운데 계실 동안 만민을 다스리기 위해 어떠한 권세를 결코 휘두르시지 않았다. 또 혹자는 이 권세의 선물이 바로 신의 속성에 속하는 정당한 행위라고 시사한다. 즉, 아버지께서 그 아들의 영원한 세대 속에서 신성(神性)의 원천 역할을 하신다는 것이다. 그러나 이러한 암시는 그 본문을 시대착오적인 눈으로 읽고서, 신약에서는 충분히 논증되지 않고 훨씬 후 세대에 와서 논쟁거리가 된 요소들을 발견하는 데서 기인한다.

이 구절을 이렇게 이해하는 것이 더 낫다. 예수께서 "만민을 다 스리는 권세를 주셨음이로소이다"라고 이야기하실 때, 그는 그의 순종적인 겸손과 고난과 죽음, 부활, 승천 그리고 승귀를 근거로 하여 만민을 다스리는 권세를 그에게 주도록 영원 전에 결정되었음을 언급하시고 있는 것이다. 그 생각은 빌립보서 2장 5-11절과 유사하다. 예수께서는 죽음에 — 심지어는 십자가 상에서의 죽음에 순종적이셨다. "이러므로 하나님이 그를 지극히 높여 모든 이름 위에 뛰어난 이름을 주사 하늘에 있는 자들과 땅에 있는 자들과 땅 아래 있는 자들로 모든 무릎을 예수의 이름에 꿇게 하시고 모든 입으로 예수 그리스도를 주라 시인하여 하나님 아버지께 영광을 돌리게 하셨느니라"(빌 2:9-11). 그 결정은 영원 전에 내려졌다. 이것을 근거로 해서 예수께서는 "아버지께서 … 권세를 아들에게 주셨음이로소이다(과거 시제)"라고 말하실 수 있었다. 이것은 예수께서, 자기가 영생을 주는 자들을 아버지께서 자기에게 주신 자들로 언급하실 수 있었던 것과도 같았다. 만민을 다스리는 권세는 과거에 약속되어 있었으며, 오직 하나님께 있어서만 그 결정과 실행이 공존하는 것이 되기 때문에 그 선물은 그 시점으로부터 계속 주어지고 있는 것과 다름이 없다. 그럼에도 불구하고 예수께서는 십자가 사역과 승귀 이후에야 비로소 이 특별한 선물을 실제로 받으실 수 있었다. 따라서 마태복음에서 예수께서는 승천하시려는 순간에 이렇게 선

언하시고 있다 : "하늘과 땅의 모든 권세를 내게 주셨으니"(마 28 : 18).

이 권세를 선물로 주신 목적이 명백하게 진술되어 있다. 아버지께서 그리스도께 만민을 다스리는 권세를 주신 것은 그로 하여금 "아버지께서 아들에게 주신 모든 자에게 영생을 주도록 하기" 위해서였다 (17 : 2). 영생의 선물은 예수님의 십자가／부활／승귀에 의존한다. 십자가나 부활, 승귀가 없었다면, 죄가 용서받을 수 없었다. 하나님의 어린 양께서 그것을 제거하시지 못했기 때문이다. 그렇게 되면, 예수께서는 영광스러운 부활의 새 몸을 입으신 최초의 사람이 되실 수 없었을 것이다. 그러면 누가 이렇게 변화될 수 있었겠는가 ? 복되신 보혜사께서도 세상을 그 죄에 대하여, 그 의에 대하여, 그 심판에 대하여 책망하시기 위해 또는 신자들에게 새 생명을 주시기 위해 보내어질 수 없었을 것이다. 대위임명령은 그 의미뿐만 아니라 그 근거마저도 상실했을 것이다. 예수께서 주어진 모든 권세가 그 토대이기 때문이다(마 28 : 18-20). 만민을 다스리는 이 포괄적인 권세가 예수께 부여된 것은 그로 하여금 아버지께서 그에게 주신 모든 자들에게 영생을 주시도록 하기 위해서이다.

필자는 이것이 17장 2절에 대한 바른 해석이라고 생각한다. 그러므로 우리는 앞에서 제기된 질문으로 다시 돌아와야 한다. 17장 1절 하반절과 17장 2절을 본질적으로 연결시켜 주는 것은 무엇인가 ? 그 대답은 당연히 명백하다. 17장 2절에 의하면 예수께서는 원칙적으로 이미 그에게 주어진 것을 위해 17장 1절 하반절에서 기도하신다. "아들을 영화롭게 하옵소서"라고 그는 기도하시는 것이다. 즉, 나의 순종적인 고난을 받으시고 십자가를 통해 당신의 밝히 드러난 광채의 존전에로 돌아갈 수 있게 해주십사고 기도하시고 있다.

바로 "당신이 아들에게 만민을 다스리는 권세를 주신"대로 즉, 당신이 이 승귀의 상태를 이미 약속하신 대로 말이다. 더욱이 아들을 영화롭게 하는 목적은 아버지께서 그에게 주신 모든 자들에게 그가 영생을 주도록 하기 위해서이다. 이 두 가지 목적은 일치한다. 아버지께서 사람들 앞에서 영광을 받으실 때, 그가 아들에게 주신 사람들이 참 신앙과 영생에 이른다. 역으로, 아버지께서 아들에게 주신 자들이 영생에 이르게 될 때 아버지께서 영광받으신다.

따라서 요청의 근거가 요청 그 자체와 관련되어 있기 때문에 2절이 1절 하반절과 관련되어 있는 것으로 보인다. 사실상 예수께서는 이렇게 기도하시고 있는 것이다 : "아버지, 당신은 원칙적으로 당신이 내게 모든 백성을 다스리는 최고의 지위, 내가 죽기까지 순종하였으므로 내가 받도록 되어 있는 그 지위를 부여하셨다는 것을 알고 계십니다. 권세의 이 자리가 내게 배당된 것은 당신이 내게 주신 모든 자들에게 내가 영생을 주도록 하기 위함임을 당신은 알고 계십니다. 이제 아버지시여, 이 위대한 사건들을 이룰 시각이 되었습니다. 그러므로 당신께서 당신의 말씀을 이루시기를 나는 기도합니다. (당신이 약속하신대로) 당신의 아들을 영화롭게 하시고, 아들이 당신에게 영광돌리도록 하심으로써 당신이 그에게 주신 자들로 구원을 얻게 해주십시오."

1절 하반절과 2절 사이의 관계를 이렇게 이해할 때에만 3절을 바로 깨달을 수 있다. 대부분의 주석가들은 17장 2절에서 "영생"이 언급되어 있기 때문에, 예수께서는 영생의 본질에 관해 짧게 논하셨다고 생각하여 17장 3절을 단순한 부언으로 취급한다. 그러나 1절 하반절과 2절이 필자가 시사한 방식으로 서로 연결되어 있다면, 3절도 불가피하게 그 문맥과 관련되어 있다.

그 이유를 파악하기 위해서 우리는 하나님에 관한 얼마나 중요한 지식이 성경 안에 들어있는가를 제일 먼저 상기하여야 한다. 호세아 선지자에 의하면, 하나님의 백성들이 지식이 없어서 망한다(호 4 : 6). 역으로, 선지자들은 무제한적으로 부어지는 축복의 때를 내다보면서 이렇게 표현한다 : "대저 물이 바다를 덮음 같이 여호와의 영광을 인정하는 것이 세상에 가득하리라"(합 2 : 14). 새 언약의 진수는 하나님의 백성 모두가 가장 작은 자로부터 가장 큰 자에 이르기까지 그를 알게 되는 것이다(렘 31 : 34 ; 참조. 히 8 : 11). 예수께서는 아버지께 기도로써 이렇게 말씀하신다 : "영생은 곧 유일하신 참 하나님과 그의 보내신 자 예수 그리스도를 아는 것이니이다"(17 : 3). 그밖의 다른 정의가 필요치 않다. 영생은 영원토록 지속되는 생명으로서가 아니라 영원하신 자에 관한 지식으로 보는 것이 가장 좋다. 하나님을 아는 것이 사람을 변화시키며, 그것은 그가 다른 방법으로는 경험할 수 없는 삶을 그에게 알려준다. 하나님에 관한 지식이 영생이다. 하나님을 아는 것이 영생을 소유하는 것이다.

물론, 하나님을 아는 것이 영생인데 이 하나님은 진실로 존재하시는 하나님, 참 하나님, 유일하신 하나님임에 틀림없다. 우리가 다루고 있는 본문이 이 사실을 명백하게 해준다. 영생은 "유일하신 참 하나님"을 아는 것이다(17 : 3). 어떤 옛 신을 선택하는 것은 가능하지 않다. 마찬가지로, 우리가 그를 알게 되는 방법을 택하는 것도 가능하지 않다. 오직 그가 규정해 놓으신 방법만이 용납될 수 있는데, 그것은 그가 보내신 예수 그리스도를 아는 것이다(17 : 3).

사람들이 영생을 얻는 길은 예수님을 알게 됨으로 하나님도 알게 되는 것을 통해서이다. 그것이 17장 8절의 요지이다. 아들에게 만민을 다스리는 권세가 부여된 까닭은 아버지께서 그에게 주신 모든 자들에게 그가 영생을 주시도록 하기 위해서이다. 이것이 17장 2절의 요지이다. 따라서 아들이 자신의 임무를 수행하려면, 그는 사람들로 하여금 그 자신을 알도록 이끌어줌으로써 하나님을 알도록 인도해야 한다. 다시 말해서, 그는 그의 아버지께서 그에게 주신 백성들에게 하나님의 영광이 보이도록 하셔야 한다.

물론 어떤 의미에서 그것은 예수께서 줄곧 해오신 일이었다. 그것이 그가 육신을 입고 오신 목적이다 : "말씀이 육신이 되어 우리 가운데 거하시매 **우리가 그 영광을 보니**…"(1 : 14). "본래 하나님을 본 사람이 없으되 아버지 품 속에 있는 독생하신 하나님이 나타내셨느니라"(1 : 18). 예수께서는 지상 사역 전체를 통해서 사람들이 믿을 수 있도록 그의 아버지의 영광을 계시하셨다. 왜냐하면 그 자신의 영광을 계시하시는 가운데(보기. 2 : 11), 그는 그의 아버지의 영광을 동시에 계시하셨기 때문이다. 따라서 예수께서 이제 "아버지께서 내게 하라고 주신 일을 내가 이루어 아버지를 이 세상에서 영화롭게 하였사오니"(17 : 4)라고 기도하시는 이유가 바로 그것이다. 그가 아버지께서 그에게 하라고 주신 그 일을 이루었다고 말씀하시는 것은 (17 : 4) 그의 아버지를 계시하신 일련의 지상 사역을 회고하시는 것이다. 그러나 영광에 대한 가장 큰 계시는 아직 오지 않았다.

예수께서는 최상으로 그의 영광을 계시하시고 그의 아버지를 알리시는 것은 십자가 상에서이다. 아버지와 아들을 가장 명료하게 알린 것이 십자가 사건이다. 예수께서는 십자가에 달리신 지 얼마 안 되어서 "다 이루었다"라고 외치셨을 것이다(19 : 30). 아직은 손에 잡혀지지 않은 영광을 이처럼 극적으로 계시하시면서, 예수께서는 그의 아버지께 임박한 죽음/부활/승귀 속에서 아들을 영화롭게 하사 아들이 아버지를 영화롭게 하도록 해주십사고 요청하고 있다(17

: 1). 이 영광은 아버지께서 그에게 주신 자들에게 영생을 제공하는 특별한 목적을 위해 원칙적으로 그 아들에게 이미 준 것이나 다름 없었기 때문이다(17 : 2). 다시 말해서, 이제 곧 발생하게 될 "들어 올림"의 사건 속에서 아버지와 아들이 영광받으시고 그 일을 통해서 아버지와 아들이 가장 선명하게 알려지시게 되는 것이다. 그리고 그들이 참되게 알려지시는 곳에 또한 영생이 있는 것이다(17 : 3). 이처럼, 이 위대한 구속 사역 속에서 아들이 영화롭게 되는 일 자체가 아들의 사명 목표를 달성하는 수단, 곧 아들의 손에 들어온 자들에게 영생을 부여하는 수단이다.

그 논리는, 16장 7-11절에서의 보혜사의 사역에 대한 진술과 마찬가지로, 지극히 함축적이다. 그러나 그것의 주요 개요는 명백하다. 따라서 예수께서 매우 특별한 의미에서 그 자신을 위해 기도하고 계시며 "예수께서 자신을 위해 기도하심"이라는 표제로써 이 단락(17 : 1-5)을 요약하는 데에는 매우 주의깊은 단서가 필요하다. 아마도 우리는 예수께서 자신을 위해 기도하신 것과 우리가 우리 자신을 위해 기도한 내용을 대조시킬 때 그것의 독특함을 매우 쉽게 발견할 수 있을 것이다. 우리는 몇 가지 특정한 분야에서 우리 자신을 위해 기도하는 경향이 있다. 예를 들면, 우리는 우리의 외적 문제들이 실재적이건 아니면 상상에 의한 것이건 간에, 우리의 건강과 사회적 및 직업적인 어려움들, 그리고 우리의 경제적 압박 등의 외적 문제들에 관해 기도한다. 또 우리는 우리의 죄에 대해 기도한다. 즉, 우리는 개인적인 성결과 보다 더 즉각적인 순종, 보다 더 깊은 믿음과 사심없는 사랑을 위해 기도한다. 또 한편으로는 진리를 분별할 수 있는 지혜를 위해서, 또는 어떤 논제나 일련의 갈림길 앞에서 올바른 선택을 하기 위해 기도한다.

자신을 위한 이러한 모든 기도는 어느 정도 성경적인 근거에 의해 뒷받침되나, 그 어느 것 하나도 사실상 예수께서 자신을 위해 올리신 기도와 부합되지 않는다. 이 절들 가운데 어느 곳에서도 그는 자신의 "문제들"이나 그가 택해야 할 선택에 대해 언급하지 않으신다. 그는 보다 나은 건강을 위해 또는 사회적 문제들의 해결을 위해 간구를 올리시지는 않는다. 그리고 말할 필요도 없이, 그 완전한 구세주께서는 자기 향상이나 자인된 어떤 죄를 버릴 수 있는 은혜를 위해 기도하시지 않는다(참조. 8 : 46).

예수님의 기도의 내용은 아버지의 약속이 그의 생애 가운데 실현되어 하나님께서 온전히 알려지시도록, 그리고 그것을 통해 영생이 사람들에게 이를 수 있도록 하고자 하는 것이다. "아들을 영화롭게 하옵소서"라는 기도를 드리실 때, 예수께서는 사람들이 그렇게 하듯이 어떤 자기 중심적인 욕심에 이끌려 명예를 간구하시는 것은 아니다. 그것과는 거리가 멀다. 전체 문맥은 그러한 해석을 반박하고 있기 때문이다. 결국 그는 영원 전부터 그의 것이었던 바로 그것(17 : 5), 그가 구원 사역을 수행하기 위해 그가 일시적으로 버리셨던 바로 그것만을 구하시고 있는 것이다. 더욱이, 그가 구하시는 그 영광은 십자가의 길을 통해서 성취되며, 그것은 아버지의 영광과 사람들의 회심을 그 목적으로 하고 있다. 그밖에도 예수께서는 아버지의 명령에 의해 그에게 원칙적으로 이미 부여된 어떤 것을 구하시고 있다. 그것이 바로 예수께서 또 다른 경우에 "나는 내 영광을 구치 아니하나 구하고 판단하시는 이가 계시니라"(8 : 50)고 말씀하실 수 있었던 이유이다.

간단히 말해서, 예수께서는 아버지의 뜻이 하늘에서 이루어진 것 같이 땅에서도 이루어지기를 간구하시고 있다. 그는 겟세마네 동산에서(공관복음서에 기록된 바와 같이) "나의 원대로 마옵시고 **아버지의 원대로** 하옵소서"(막 14 : 36 ; 참조. 마 26 : 39 ; 눅 22 : 42)라고 기도하신 것과 똑같이 자신을 위해 기도하시고 있는데, 여기에서는 그의 망설임과 두려움이 다른 복음서 기자들에 의해 생생하게 묘사된 그의 개인적인 번민 가운데서 아직 표면화 되지 않고 있을 뿐이다(이것은 물론 요한복음의 역사적 신빙성을 반박하는 주장으로는 거의 사용될 수 없다. 왜냐하면 공관복음서 기자들 자신이 예수께서 최후의 만찬이 진행되고 있는 동안 자신을 완전히 통제하고 계셨음을 시사하고 있기 때문이다. 예수께서 그의 아버지의 뜻과 관련되어 있는 그의 최대의 암흑기를 비로소 직면하시기 시작한 것은 겟세마네 동산에서 였다).

자신을 위한 예수님의 기도는 본래 우리 기도의 모범으로 제시 되도록 의도된 것은 아니다. 예수께서 자신을 위해 올리신 그 기도를 본따서 우리가 우리 자신을 위해 기도할 수 있는 가장 최선의 방법은 가장 신실하게 하나님께 부르짖는 것이며 그의 뜻이 우리의 삶 속에서 온전히 이루어지기를 솔직하게 간구하는 것이다. 그러한 기도는 대가를 치루는 것이 될 수도 있다. 극단적인 경우에는 순교도 불사하게 만들 수 있다. 때로 그것은 동료들이 미처 알아차리지 못하는 힘든 봉사를 우리에게 강압할 수도 있고 개인적인 고통과 수난을 조용히 감수하도록 만들 수도 있다. 그러나 그것은 어느 누구도 감히 취할 수 없는 최선의 길로 항상 인도한다. 하나님의 길은 그의 용납하심과 축복을 누릴 수 있는 유일한 길이며 따라서 궁극적인 의미를 지니고 있기 때문이다.

예수께서 그를 따르는 자들을 위해 기도하심(17 : 6-19).

예수님의 마지막 기도의 이 긴 중심 단락은 예수께서 이미 이루신 일(그가 방금 시사하신), 지금 완료되어진 일(17 : 4)을 잠시 고찰하게 해준다. 그러나 우리는 약간 다른 관점에서 바로 이 절들을 살펴볼 수 있다.

1. 그의 제자들이 누구인가에 대한 간략한 고찰(17 : 6-10). 예수께서는 그를 따르는 자들을 위해 특정한 간구를 올리시기 이전에, 하나님의 구속적 목표 가운데서의 그들의 위치를 설정해 주는 몇 가지 특징들을 다음과 같이 약술하심으로써 그들의 신분을 규명하시고 있다 :

그들은 아들 안에 나타난 아버지의 계시를 파악하였다. 예수께서는 이렇게 말씀하신다 : 세상 중에서 내게 주신 사람들에게 내가 아버지의 이름을 나타내었나이다 저희는 아버지의 것이었는데 내게 주셨으며 저희는 아버지의 말씀을 지키었나이다 지금 저희는 아버지께서 내게 주신 것이 다 아버지께로서 온 것인 줄 알았나이다 나는 아버지께서 내게 주신 말씀들을 저희에게 주었사오며 저희는 이것을 받고 내가 아버지께로부터 나온 줄을 참으로 아오며 아버지께서 나를 보낸 줄도 믿었사옵나이다"(17 : 6-8).

예수께서는 단지 높은 도덕적 모범을 보이기 위해 오시지는 않았다. 그는 아버지께서 그에게 주신 말씀을 주기 위해 오셨다(17 : 8 ; 참조. 7 : 16 ; 12 : 48). 그러므로 예수님의 말씀을 받을 때 제자들이 하나님의 말씀을 받았다는 결론을 내릴 수 있다. 물론 그것은 예수께서

의도하였던 바였다. 즉, 그의 목적은 그에게 주어진 자들에게 하나
님의 이름을 계시하는 것 ― 하나님의 계시된 특성과 본질적인 성
품이 알려지게 하는 것이었다. 그는 하나님께서 알려지도록 하기 위해
오셨는데, 이것은 그 머리말(1 : 18)과 이 기도 직전에 하신 말씀(17 : 1
-5) 모두가 명백히 밝히고 있는 사실이다. 그리고 사역의 끝무렵인
"지금"(17 : 7) 제자들은 예수께서 그들에게 주신 모든 것이 참으로
하나님께로부터 온 것임을 깨닫게 되었다.[1] 그들은 아직 원숙한
이해와 심오한 믿음을 누리지 못하였을지도 모른다. 그러나 적어도
예수께서는 제자들이 "내가 아버지께로부터 나온 줄을 참으로 아오며
아버지께서 나를 보내신 줄도 믿었다"(17 : 8)는 것을 알게 되었다고
말하실 수 있었다. 제자들은 아들 안에 나타난 아버지의 본질적인
계시를 파악하고 있었던 것이다.

　예수님의 사역 이전에도 제자들은 하나님의 것이었으며, 하나님
께서는 그들을 예수께 주셨다. 이 요지는 거듭 반복되고 있다. 예
수께서는 "세상 중에서 내게 주신 사람들에게"(17 : 6) 아버지를
계시하셨다고 말씀하시고 나서 "저희는 아버지의 것이었는데 내게
주셨으며 …"(17 : 6)라고 덧붙이신다. 하나님께서 제자들을 그의
자녀로 예정하셨기 때문에 그들은 처음부터 하나님께 속하였다. 이
사상은 요한복음서에 반복해서 자주 나타난다(17 : 2 ; 6 : 37, 44, 65 ;
그리고 본서 5장에서 15 : 16에 관한 설명을 보라). 그러한 사상은 하나님의
주권의 무한성을 거의 깨닫지 못하는 인간의 교만에 대한 건전한
해독제 역할을 해준다.

　그리스도인들은 예수님을 하나님께서 우리에게 주신 선물로 흔히
생각한다. 그러나 우리는 우리 자신을 하나님께서 예수께 선물로
주셨다고는 거의 생각지 않는다. 이 두 선물은 필적될 수 없다. 하

나님께서 우리에게 예수님을 선물로 주신 것은 받는 사람들의 유익과
주시는 자의 영광을 위한 것인 반면, 하나님께서 우리를 예수께
선물로 주신 것은 그 선물의 유익(마치 고아를 양부모에게 주는 것은
"선물"의 입장에 있는 그 입양아의 유익을 주로 위한 것인 것과도 마찬가지로)
과 받으시는 자의 영광을 위한 것이기 때문이다. 우리는 하나님께서
주시는 예수님을 선물로 얻기 위해 아무것도 하지 않으나, 예수께서는
하나님께서 주시는 우리를 선물로 받기 위해 모든 것을 치루셨다.
하나님은 하나님이시므로 그의 아들에게 어떤 복된 인간들을 선물로
주실 수 있는 권한과 능력을 지니고 계시며 그가 그렇게 행하셨다는
것을 아는 것은 전도의 어마어마한 자극이 된다. 아버지의 "백성이
많다"(행 18 : 10)면, 심지어 그들이 아직 진리로 오지 않았다. 그들은
궁극적으로 그렇게 될 수밖에 없으며, 그렇지 않고서는 그 표현이
적합하지 않다는 사실을 우리는 확신할 수 있을 것이다.

제자들은 예수님의 말씀에 순종하였다(17 : 6). 비록 예수께서 예
정적인 언급을 하시긴 하였지만 제자들이 단지 로봇이나 꼭두각시에
불과하다고 생각되어서는 안 된다. 그들은 믿고 듣고 순종하였다.
그 믿음은 그들의 믿음이었으며, 들음은 그들의 믿음이었고 순종은
그들의 순종이었던 것이다. 구원에 있어서의 하나님의 절대적인 주
권과 하나님의 우주의 한 피조물로서의 인간의 자유의지적인 행위가
어떻게 공존하는가를 이해하기란 쉽지 않다. 그러나 그것들은, 성경에
의하면 공존한다. 이 진리들을 표현할 때, 하나님의 행위와 인간의
행위가 서로 각각 제한적인 성격을 띠도록 만드는 어떤 공식화된
틀은 피하는 것이 중요하다. 성경은 그러한 함정을 피한다. 이에 대한
멋진 많은 예들 가운데 아마도 빌립보서 2장 12, 13절보다 더욱
명백한 것은 없을 것이다 : "그러므로 나의 사랑하는 자들아 너희가

… 항상 복종하여 두렵고 떨림으로 너희 구원을 이루라 너희 안에서 행하시는 이는 하나님이시니 자기의 기쁘신 뜻을 위하여 너희로 소원을 두고 행하게 하시나니." 잘 분석해 보면, 이 문제에서 하나님의 주권은 답답하고 숙명적인 억압보다는 오히려 복종을 자극하고 성장에 박차를 가하는 역할을 한다. 따라서 여기에서 예수님의 마지막 기도는 이렇게 받아들여진다 : 그 본문은 아버지의 예정적인 사역을 뛰어넘어 제자들의 순종을 결코 부적합하거나 당혹스러운 면이 없이 자연스럽게 언급하고 있다.[2]

혹자는 이 초기 단계에서 제자들을 하나님 말씀에 순종하는 백성으로 묘사하는데 큰 어려움을 겪는다. 그러한 묘사가 사실에 부합되지 않는다는 주장이 있다. 이 진술은 이 기도가 있은 지 여러 해 후에 즉, 제자들이 초대 교회의 초창기(또는 수십 년 동안)에 충성된 증인으로 입증된 그때에나 사실일 수가 있었기 때문이다. 따라서 (논증에 따라), 예수께서 역사의 이 시점에서 이러한 내용이나 이와 비슷한 내용을 기도하실 수 없었다는 결론이 내려진다. 그것들은 전도자 요한이 그 구절에 시대착오적으로 삽입해 놓은 것으로서, 훨씬 후에 제자들이 보여준 행위를 서술함으로써 수난기에 그들이 보여 주었던 행동보다 더 나은 행동을 통해 그들이 보다 더 낫게 보이도록 만든 것임에 틀림없다.

이 해석을 무가치하게 만드는 두 가지 요인이 있다. 첫째는, 이 학설에 의해 상상될 수 있는 어떤 서투른 편집자가 제 4복음서라는 문학적 걸작을 우리에게 남겨놓기란 거의 불가능하다는 것이다. 요한복음 17장에서의 대부분의 절들은 예수님과 그의 제자들을 십자가 바로 앞에 두고 있는데, 여기에 시대착오적인 흔적은 거의 없고 오히려 신빙성있는 역사적 흔적들이 많이 있다. 그 기도는 예수님의 임박한 떠남을 끈질기게 언급하고 있으며, 제자들의 불확실성, 두려움 그리고 변절의 위험을 완곡하게 표현하고 있다. 이러한 모습들 (마지막 것의 가능성은 배제하고서) 가운데 그 어느 것도 오순절 이후 초창기의 교회의 모습을 나타내고 있지 않다. 이 장면에다 후기 교회의 모습을 삽입하는 것은 문학적인 무능력을 드러낼 뿐이었을 것이다.

두번째로 더 중요한 요인이 있다. "저희는 아버지의 말씀을 지키었나이다"(17 : 6)라는 구절을 면밀히 조사해 보면, 그것이 시대착오적인 표현이 아니었으며 또한 지난 숙명적인 밤 동안의 제자들의 모습을 부정확하게 묘사한 것도 아니었다는 사실이 나타난다. 요한복음에서 예수님의 **말씀들**이나 하나님의 **말씀들**(복수)을 지킨다는 것은 그 거룩한 교훈들과 가르침과 명령들을 모두 준수한다는 것을 암시한다. 반면에 그 거룩한 **말씀**(단수)을 지킨다는 것은 제자들에게 있어서 일반적으로 예수께서 선포하신 복음을 신봉하는 것을 의미하며 그밖의 부수적인 뜻은 없다. 제자들의 신앙과 순종은 아직도 놀랄 만큼 미성숙 상태였다. 이 사실은 앞장 끝부분(특히 16 : 31)의 대화에서 분명하게 드러난다. 그러나 우리가 보았듯이 거기에서도 제자들의 믿음은 실재하고 있었으나 사실상은 매우 얄팍한 것이었다. 결국, 어떤 자들은 오래 전에 예수를 배반하였고(요 6 : 61-66), 사도 중 하나인 가룟 유다는 마침내 결정적인 순간에 그 무리에서 이탈하여 주님을 배신하였다. 그러나 잊지 못할 그날 저녁에 예수님과 함께 있었던 또 다른 사람들은 예수께서 하나님께로부터 오셨다는 사실만큼은 적어도 믿었다(16 : 30). 그리고 그것이 바로 "저희는 아버지의 말씀을 지키었나이다"(17 : 6)라는 말씀이 뜻하는 전부였다. 그들의 믿음과 순종은 여전히 약하고 변덕스럽고 미숙하긴 하였지만 실제로 존재하고 있었다. 그리고 예수께서는, 그의 말씀에 충실하게, 상한 갈대도 꺾지 아니하시고 꺼져가는 심지도 끄지 않도록 주의하셨던 것이다.

제자들은 세상과 구분되어져야 한다. 그들이 한때 세상에 속하였던 것은 사실이다. 그러나 예수께서는 그들을 **세상으로부터**(15 : 19) 택하여 내셨다. 또는 다른 표현처럼, 아버지께서는 그들을 **세상 중에서**(out of the world) 예수께 주셨다(17 : 6). 그리고 나서 예수께서는 이 구분을 가능한 한 최대한으로 분명하게 하실 뜻이라도 있는 것처럼 이렇게 말씀하신다 : "내가 저희를 위하여 비옵나니 내가 비옵는 것은 세상을 위함이 아니요 내게 주신 자들을 위함이니이다 저희는 아버지의 것이로소이다 내 것은 다 아버지의 것이요 아버지의 것은 내 것이온데"(17 : 9, 10 상반절).

이 구절을 파악하기 위해서는 두 가지 상반되는 오류를 피해야 한다. 그 첫번째 오류는 예수께서 여기에서 오로지 그의 제자들을 위해서만 기도하시고 있으므로 세상에 대한 관심은 없으시다고 상상하는 것이다. 이것은 바로 이 장(章) 속에서 조금 더 구체적으로 부인되고 있다. 즉, 예수께서 그의 제자들이 세상에 증인으로서의 기능을 수행할 수 있도록 하기 위해, "세상이 아버지께서 나를 보내신 것을 믿도록" 하기 위해(17 : 21 ; 참조. 17 : 18, 23) 기도하신다는 사실을 우리는 알 수 있다. 다시 말해서 예수께서는 세상에 대해 관심을 갖고 계심에 틀림없다. 그렇지 않다면, 그는 그의 제자들이 세상에 대해 합당한 증인이 될 수 있도록 기도하시지 않았을 것이다.

피해야 할 두번째 오류는 예수님의 기도가 어떤 **배타적인** 의미를 지니고 있지 않다고 상상하는 것이다. 예수께서는 매우 솔직하게 "내가 저희를 위하여 비옵나니 내가 비옵는 것은 세상을 위함이 아니요"(17 : 9)라고 말씀하신다. 물론 예수께서는 그의 제자들을 위해 기도하시는 것과 같은 방식으로 세상을 위해 기도하실 수는 없었다. 그는 세상이 악한 자로부터 보호받기를 기도하실 수 없었다. 요한의 작품 속에서 "세상"이라는 어휘는 하나님을 대적하는 것으로 제시되어 있기 때문이다. 예수께서 세상과 관련하여 기도하실 수 있었던 유일한 것은 바로 세상이 더 이상 세상이지 않기를 구하는 것이었다. 달리 말해서, 예수께서는 그들이 비록 지금은 세상에 있을지라도 후에는 믿게 되고 그렇게 함으로써 세상에 속하는 것을 멈추고 그의 제자들과 연합하게 되기를 나중에 기도하신다.

예수님과 그의 제자들 사이에는 특별한 혈족 관계가 있으며 그는 그들을 위해 특별한 기도를 올리신다. 그들이 하나님의 것이기 때문이다(17 : 9). 그는 여기에서 하나님의 예정에 다시금 호소하신다. 그리고 바로 이와 같은 요지가 다음 절에 되풀이 되고 있다 : "내 것은 다 아버지의 것이요 아버지의 것은 내 것이온데"(17 : 10 상반절).[3] 이 표현은 제자들을 위한 예수님의 특별한 기도가 제자들에 대한 아버지의 소유권이 제자들에 대한 예수님의 소유권과 동등하다는 사실 위에 근거하도록 만든다. 예수님은 그의 것이 된 그들에게 관심과 사랑을 품고서 기도하시매, 동시에 그들이 그의 기도를 받으시는 자에게도 똑같이 속하여 있기 때문에 그들을 위한 이 기도가 무시되어질 수 없다는 사실을 확신하시고 있다. 물론, 암암리에 이 표현은 거대한 의미를 지닌 그리스도론적인 진술을 또한 담고 있다. 일개의 유한한 인간은 하나님께 "제가 가진 모든 것은 당신의 것입니다"라고 기도할 수 있으나 "당신이 가지신 모든 것이 제 것입니다"라고 기도할 수는 없다.

이 절들 속에 담긴 진리가 우리의 마음판에 깊이 새겨지기를 바라는 마음 간절하다. 기도를 올리실 뿐만 아니라 그의 탄원을 위한 **근 거들**을 만드시는 하나님의 거룩하신 아들을 관찰하는 것은 진귀하고도 거룩한 특권이다. 이 근거들은 아버지와 아들의 필연적인 통합을 반영해 주며, 자신의 백성들을 위한 예수님의 기도가 신성(神性)의 측량할 길 없는 목적들에게까지 거슬러 올라간다는 사실을 밝혀 준다. 하나님의 아들께서 그의 제자들을 위해 이와 같은 기도를 친히 올리실 때, 그리고 그 기도들이 이와 같은 근거 위에 자리잡고 있을 때, 연약함과 의심의 한복판에 놓여있는 순간에 패역스럽게도 우리가 자신의 백성을 위한 하나님의 사랑에 대해 여전히 의구심을 품고 있다는 사실을 기억하는 것은 끔찍스러운 일이다 이 구절은 오히려 가장 깊고도 튼튼한 믿음을, 그리고 가장 감동어린 감사를 유발시키는 것이 되어야 마땅하다. 예수님의 제자들은 세상과 그들을 구별지어 주는 어떤 특별한 사랑을 받는 자들이다(참조. 본서 3장에서 14장 16-21 절에 관한 내용).

제자들은 예수께 영광돌리는 방편이 되고 있다. 예수께서는 "내가 저희로 말미암아 영광을 받았나이다"(17 : 10 하반절)라고 명백히 단언하신다. "아버지여 때가 이르렀사오니"(17 : 1)라는 구절에서와 마찬가지로, 그 동사도 예기법적(proleptic)인 뜻을 지녔을 것이다. 아마도 사역 기간 동안에도 예수께서는 그들이 그에 대해 보여드린 순종과 믿음으로 말미암아 영광받으셨을 것이다. 그러나 그 때가 이르른 것은 새로운 승리를 예고한다. 그리스도인들은 그들의 신앙 고백과 즐거운 순종, 무럭무럭 자라나는 믿음 그리고 기꺼이 고난과 봉사를 감당하려는 삶을 통해서 예수님을 영화롭게 한다.

따라서 이러한 점에서 예수께서는 그들을 위해 그의 천부께 간 구하시기에 앞서서 그의 제자들이 누구인가를 간단하게 요약하시고 있다.

2. 예수께서 그의 제자들을 보호해 주십사고 기도하신다(17:11 이하, 14 이하). 여기에는 두 가지 요소가 있다 :

첫째, 예수께서는 제자들이 불화로부터 보호되기를 기도하신다. "나는 세상에 더 있지 아니하오나 저희는 세상에 있사옵고"라고 기도하신 다음에 예수께서는 임박한 십자가/부활/승귀 사건을 낯익은 용어로 이렇게 언급하신다 : "나는 아버지께로 가옵나니 거룩하신 아버지여 내게 주신 아버지의 이름으로 저희를 보전하사 우리와 같이 저희도 하나가 되게 하옵소서"(17 : 11).

예수께서 제자들이 "하나가 되기를" 기도하신다. 헬라어로는 이 것이 "하나가 되다"(become one)를 명백하게 가리키지 않고 단지 "하나이다"(be one)를 가리킨다. 그 개념은 그들이 점진적으로 연합을 이루어나가는 것이 아니라 계속적으로 연합을 유지하는 것을 뜻한다.

예수께서 그의 제자들의 연합만을 요청하시지 않고 그의 아버지께서 그들을 보호하시어 그들이 하나되도록 요청하고 계시다는 사실을 주목하는 것이 이 탄원을 이해하는 데 있어서 매우 중요하다. 이것은 여러 어둠의 세력들이 이 연합을 깨뜨리고자 애쓸 것임을 암시하고 있는 듯하다. 그리고 아버지의 이름의 권세 — 즉 하나님의 계시된 특성 — 이외에는 그 어느 것도 그들을 보호하는 임무를 감당하지 못할 것이다. 예수님은 사역 기간 동안 그에게 주어진 이름 — 하나님의 계시된 특성 — 으로써 그의 제자들을 안전하게 지키셨다 : "내가 저희와 함께 있을 때에 내게 주신 아버지의 이름으로 저희를 보전하와 지키었나이다"(17 : 12 상반절). 그러나 이제 예수

께서는 이 세상을 떠나실 때가 임박하자 그의 아버지께서 이 책임을
맡아주시기를 부탁하고 있다.

만일 어떤 사람이, 열두 제자 중 하나가 탈락한 것을 지적하면서
예수께서 그의 것을 지키시는 능력에 결정적인 흠이 생긴 것이 아
니냐고 묻는다면, 예수께서는 대답하실 말씀이 있다. 즉, 그는 그의
보호하심의 결과로서 "그 중에 하나도 멸망치 않고 오직 멸망의 자식
뿐이오니 이는 성경을 응하게 함이니이다"(17 : 12 하반절)라고 알려
주신다. 따라서 아버지의 뜻 ― 그리스도께서 그에게 맡겨진 자들을
보전하는 것(6 : 38 이하) ― 이 완전히 이루어졌다는 결론이 내려진다.
유다는 하나의 참 예외가 아니라 자신의 패역함과 사악함을 통해
성경이 응하여지게 만들었고 그것으로 인해 또한 신적인 뜻 안에
있게 되었기 때문이다.

그 항구적인 목표는 예수님과 그의 아버지께서 하나이신 것처럼
제자들도 하나가 되는 것이다. 어떤 유추와 마찬가지로 여기에도
분명히 한계성이 있다. 예수님과 그의 아버지께서 누리신 단일성은
신자들 사이의 연합에서는 복사되어질 수 없는 수많은 특징들이 있다.
예를 들면 예수님과 그의 아버지는 단 둘뿐이지만 신자들은 많다.
예수님과 그의 아버지께서는 그들의 창조 사역에서 함께 하셨지만(1
: 1-3) 이것은 제자들의 경우에 적용될 수 없다. 예수님과 그의
아버지께서는 선시간적(先時間的)인 찬란한 영광을 누리셨지만(17 :
5), 덧없는 피조물들은 그들의 연합 가운데서 그러한 종류의 특성을
분명히 나눌 수가 없다. 그 이외에도 그러한 많은 구분들이 제 4
복음서만을 근거로 하여 암시되고 있다.

그러나 분명히 그 유추는 중요하며, 양파를 계속 벗겨내는 것처럼
모든 내용을 남김없이 도적질 당하여서는 안 된다. 요한복음에 의해

묘사된 예수님과 그의 아버지 사이의 많은 연결끈들은 본래 기능적인 측면을 지닌다. 더욱이 본서 2장이 예증한대로 예수께서 계시와 권위에 대해 아버지와 병립하시는 동시에, 의존과 순종에 있어서도 아버지께 대해 인간들과 병립하신다. 이러한 테두리 안에서 아버지와 아들은 사랑과 목적과 거룩함과 진리에 있어서 완전한 연합을 누리신다. 따라서 예수께서는 당신께서 내게 주신 이 사람들을 보호하시어서 우리가 하나이듯이 그들도 하나일 수 있게 해 달라고 말씀하신다. 즉, 사랑(13 : 34 이하 ; 15 : 13 에서 이미 강조된 주제임)에서 하나일 수 있기를, 목적(순종, 열매 맺음, 증거 — 이 장들 모두에서 유력하게 대두되는 주제)에서 하나일 수 있기를, 거룩함(여기에서 예수께서는 아버지를 "거룩하신 아버지"라 칭하시고 바로 그 다음에 아버지께 신자들을 거룩하게 해주십사고 청하고 계시다)에서 하나일 수 있기를 그리고 진리(세상과는 달리 그들은, 예수께서 하나님의 계시라는 근본적인 진리를 인식하게 되었다)에서 하나일 수 있기를 간구하신다.

이 단일성의 주제는 예수님의 기도에 있어서 중요하다. 그것은 기듭기듭 다루어졌으며(17 : 21 — 23), 본서의 마지막 장에서 다시 언급되어질 것인데, 그때에 우리는 그것이 현대 교회와 어떠한 관련이 있는지를 효과적으로 살펴보게 될 것이다. 만일 그 기도가 예수님의 제자들이 사랑과 목적, 거룩함 그리고 진리에서 하나일 수 있도록 보호되기를 바라는 요청이라면, 가장 큰 위험들은 바로 그 사랑과 목적과 거룩함과 진리 안에서의 연합을 파괴하려는 것들 가운데 들어있다는 결론을 주목할 필요가 있다.

만일 그러한 악들의 목록을 적합하게 만들고 그것의 위험성을 신중히 분석 평가한 내용을 여기에 덧붙인다고 한다면, 본서의 길이는 즉시 배로 불어날 것이다. 그러한 목록에는 시기, 미움, 마찰, 교만한 고립주의, 이기심, 신랄함, 용서 못하는 옹졸한 마음, 불쾌한 언어 등이 포함될 것이다. 왜냐하면 이 악덕들은 사랑의 연합을 파괴하고자 노력하기 때문이다. 그 목록에는 무슨 수를 써서라도 남을 꺾으려는 마음, 비협동적인 정신, 어떤 일을 극단까지 밀고가는 태도와 성급함 (그것은 목적의 연합을 위협한다), (거룩함을 혐오하는) 온갖 종류의 죄, 거짓말, 교리상의 반쪽 진리, 과오를 기꺼이 인정하려 하지 않거나 다른 사람으로부터 쉽사리 배우려 들지 않는 태도, 고질적인 불신 (이것은 진리 안에서의 연합을 말살해 버리기를 꾀한다) 등이 추가될 수 있을 것이다. 이러한 모든 악에서부터, 선하신 주님이시여, 우리를 구원하소서.

예수께서 그의 제자들을 위해 이러한 종류의 연합을 간구하실 필요가 있다고 생각하셨을진대, 하물며 우리가 우리 자신을 위해 이렇게 기도할 필요가 더욱 있지 않겠는가? "형제가 연합하여 동거함이 어찌 그리 선하고 아름다운고 … 거기서 여호와께서 복을 명하셨나니 곧 영생이로다"(시 133 : 1, 3)라고 시편 기자는 기록하고 있는데, 대부분의 신자들도 그러한 연합에 기초하는 거룩한 능력과 기쁨에 대해 증거할 수 있다.

둘째로, 예수께서는 제자들이 악한 자로부터 보호받기를 기도하신다. "내가 아버지의 말씀을 저희에게 주었사오매 세상이 저희를 미워하였사오니 이는 내가 세상에 속하지 아니함 같이 저희도 세상에 속하지 아니함을 인함이니이다 내가 비옵는 것은 저희를 세상에서 데려가시기를 위함이 아니요 오직 악에 빠지지 않게 보전하시기를 위함이니이다 내가 세상에 속하지 아니함 같이 저희도 세상에 속하지 아니하였삽나이다"(17 : 14-16). 악한 자는 흔히 세상의 증오를 통해 역사하는 것처럼 보이며(참조. 15 : 18-16 : 4), 제자들은 그러한 악에 대항하여 보호받을 필요가 있게 될 것이다. 결국, 그들은 예수께서 떠나신 후에 세상에 남게 될 것이다. 세상으로부터 선택되어졌고 성령의 보이지 않는 행위에 의해 거듭났기 때문에(요 3장), 그들은 더 이상 세상에 속하지 않는다. 따라서 세상이 그리스도의 특성에 손대지 못하듯 그들의 특성에도 더 이상 손대지 못할 것이다. 그러므로 세상은 당연히 그들을 미워한다(참조. 15 : 18 이하와 본서의 6장).

비록 그러한 악에 직면할지라도, 그리스도인들은 죽음이나 은둔 생활을 통해 세상을 도피하려 해서는 안 된다. 예수께서는 제자들이 그 갈등에서 제외되도록 해 주십사고 기도하시는 것이 아님을 명백히 밝히시고 있다. 또한 6장 1-4절에 비추어 볼 때, 예수께서는 그의 제자들이 달래기 힘든 세상의 증오로부터 야기될 수 있는 온갖 고통과 고난을 면하게 해 달라고 기도하시지도 않는다. 오히려 그는 그의 백성들이 세상의 반대에 직면할 때에도 그들이 악한 자로부터 보호받게 해달라고 기도하신다. 핍박이 그중의 하나이다. 마음과 영을 겨냥하는 악한 자의 음흉한 공격을 막아내지 못하는 핍박은 또 다른 하나이다. 예수께서는 후자로부터의 보호를 위해 기도하신다.

여러 해가 지난 후 요한은 주님의 기도를 기억해 내었으며, 그의 주위에 있는 자들을 살펴보고서는, 당대의 젊은이들이 여전히 악한 자를 이기고 있음을 증거하였다(요일 2 : 13 이하). 진실로 하나님께로부터 태어난 자는 악한 자가 만질 수 없다고 그는 주장하였다(요일 5 : 18).

예수님의 이 기도는 영적 차원에서 일관성이 있으며 압도적인 면을 지니고 있다. 대조적으로, 우리는 악한 자에 대해 기도하는 것 보다는 우리의 건강과 계획, 결정, 재정 문제, 가족 그리고 심지어는 우리의 경기에 대해 기도하는 것에 더 많은 시간을 보낸다. 내심으로 물질주의자들인 우리는 바울이 매우 절실하게 깨닫고 있었던 그 영적 투쟁(엡 6 : 10 이하)을 너무도 희미하게 인식하고 있는 경우가 종종 있다. 주님의 (모범)기도 역시 우리에게 "우리를 악한 자에게서 (이것이 정확한 번역일 가능성이 가장 높음) 구하옵소서"라고 기도하도록 가르치신다. 분명히 교회는 그것의 최대의 적을 식별하지 못할 때, 영적인 장부들을 많이 배출하지 못할 것이다.

간단히 말해서, 예수께서는 그를 따르는 자들을 보호하시기를 기도하신다. 즉, 대부분의 경우에 자신들의 죄에 의해 촉발되곤 하는 불화로부터 그들을 보호해 주시기를 기도하시며, 어떤 유혹과 대항의 외적 근원인 마귀 자체로부터 그들을 보호해 주시기를 기도하신다.

3. 예수님의 기도에 담긴 또 다른 목적(17 : 13). 예수님은 여전히 예기법적인 표현으로 그의 아버지께 이렇게 말씀하신다. "지금 내가 아버지께로 가오니 내가 세상에서 이 말을 하옵는 것은 저희로 내 기쁨을 저희 안에 충만히 가지게 하려 함이니이다"(17 : 13).

"이 말"이 요한복음 14-17장 전부를 가리키는 것인지 아니면 단지 요한복음 17장의 기도만을 가리키는 것인지는 그렇게 분명치 않다. 아마 후자가 개연성이 더 클 것이다. 만일 그렇다면, 예수께서는 그의 제자들이 언젠가 가장 충만한 기쁨을 누릴 수 있도록 하기 위해서 십자가를 통해 그의 아버지께로 돌아가시기 이전에 "이 말"을 즉, 이 기도를 하고 계신 것이다. 예수께서 배반당하시던 날 밤에 그의 제자들을 위해 기도하셨다는 것을 그들이 상기할 때, 그들의 기쁨은 보다 더 커질 것이다. 그들을 위한 그의 요청들이 그들의 삶 가운데서 이행되어지고 있다는 것을 장차 깨닫게 될 때, 그들은 이 기도를 회상하고서 특별히 감사하는 마음으로 충만할 것이며 즐거운 소망으로 가득하게 될 것이다.

　그 구절에 대한 이러한 해석은, 비록 예수께서 그의 아버지께 기도하시고 있을지라도, 그의 제자들이 듣도록 기도하신다는 사실을 암시해 준다. 그는 이러한 일을 한 번만 하신 것이 아니다. 나사로의 무덤에서 그는 "아버지여 내 말을 들으신 것을 감사하나이다. 그러나 이 말씀하옵는 것은 둘러선 무리를 위함이니 곧 아버지께서 나를 보내신 것을 저희로 믿게 하려 함이니이다"(11 : 41, 42).

　틀림없이, 사적이고도 은밀한 기도는 공적인 기도보다 더욱 중요하다(마 6 : 5 이하). 그러나 성경에는 공적인 공동 기도도 언급되어 있다. 그러한 경우에 기도하는 사람이 그 기도를 듣고 있는 자들을 향하여 기도하는 것은 아니지만 그들을 염두에 두는 것이 좋다. 기도 모임이나 공적 기도가 필요한 모임에 나갈 때 미리 생각을 정리해 놓으면 그러한 기도의 합당한 공적 측면들을 강화할 수 있게 될 것이다. 교회가 함께 기도하기 위해 모일 때, 영적인 자기 도취에 빠지거나 순전히 사적인 문제들을 길게 나열하거나, 또는 경건한 내용을 담고 있긴 하지만 회중이 들을 수 없게 입 속에서 웅얼거리는 듯한 기도는 거의 용납되기 어렵다.

　4. 예수께서 제자들의 성화(聖化)를 위해 기도하신다. "저희를 진리로 거룩하게 하옵소서 아버지의 말씀은 진리니이다"(17 : 17). 거룩하게 되는 것은 하나님과 그의 목표들을 위해 따로 구별되는 것이며, 여기에서 예수님은 하나님께서 신자들을 거룩하게 하시기를, 즉, 친히 사용하시기 위해 따로 구별해 주시기를 기도하고 계신다. 그러한 성화를 위한 방편은 진리, 곧 하나님의 말씀이다.

　그러한 방편과 동떨어져서 진정한 성화가 있을 수 있다는 것은 생각하기 어렵다. 하나님의 말씀을 점점 더 많이 섭취하고 그것이 진실인 까닭게 소중히 여길 때, 사람들은 하나님의 목적을 위해 따로 구별되어진다. 결국, 사람이 어떤 생각을 하는가가 그 사람을 결정 지어준다. 그러므로 하나님 말씀을 영구적으로 묵상하는 일이 그 사람을 진실로 하나님의 사람으로 만들어 준다. 그리고 성화가 열한 제자를 위한 예수님의 뜻만은 아니다. 하나님의 모든 백성들이 거룩하게 성화되어야 한다는 것은 바로 하나님의 뜻이기도 한 것이다 (살전 4 : 3).

　문맥상으로 살펴보면, 여기에서의 성화는 개인적인 거룩함만을 의미하고 있지는 않다. 이 첫번째 신자들을 특별히 구별되게 만든 하나님의 그 목적은 다음 절에 표현되어 있다 : "아버지께서 나를 세상에 보내신 것 같이 나도 저희를 세상에 보내었고"(17 : 18). 예수님은 세상에 오시는 이 사명을 위해 그 자신을 따로 구별하셔야 했다. 그의 아버지의 뜻을 행하기 위해 자신을 따로 구별해 놓으셔야 했던 것이다. 간단히 말해서, 그는 자신을 거룩하게 하셔야 했다. 그러나 그 사명은 이제 절정에 이르게 되었는데 그것은 다름아닌 십자가, 오직 십자가였던 것이다. 그래서 예수께서는 아버지의 뜻을 행하려고 새로이 결심을 굳히신다. 그러나 예수님은 십자가를 짐으로써 아버지의 뜻을 행하는 자신의 성화가 제자들의 성화와는 조금 다르다는 것을 인식하신다. 그 자신의 성화는 그를 더 거룩하게 만드는 수단이 아니라 제자들의 성화를 위해 기초를 마련하는 수단이 된다 : "저희를 위하여 내가 나를 거룩하게 하오니 이는 저희도 진리로 거룩함을 얻게 하려 함이니이다"(17 : 19). 그리고 그들의 성화는 세상에 증거하는 것을 그 목표로 삼고 있다. 더욱이(17 : 20을 살펴볼 때) 그의 사도들이 이 점에 있어서 제 1차적인 고려의 대상이 되고 있긴 하지만, 그럼에도 불구하고 예수께서 성도들 모두가 세상에 어떤 영향을 끼치게 되기를 기도하시고 있으므로(17:21-23), 그 사실은 모든 성도들에게 적용된다.

따라서, 예수께서는 그 자신을 따로 구별하여 십자가 위에서 구속 사역을 수행하심으로써, 그 사역의 수혜자들도 그들 자신을 구별하여 선교 사역을 담당하게 만드시고자 한 것으로 보인다. 예수님은 그들의 성화를 위해 기도하신 그 내용이 단순히 인격적이고도 경건주의적인 목적만을 뜻한 것은 아니었음을 부활 후에 그들에게 상기시키셨다 : "아버지께서 나를 보내신 것 같이 나도 너희를 보내노라"(20:21).

> 그처럼 내가 너희를 보내노니 너희는 보답받지 못하며
> 대가와 사랑과 환영과 명성을 얻지 못하고
> 비난과 조롱과 비웃음을 받으리라.
> 그처럼 내가 너희를 보내노니
> 너희는 오직 나만을 위해 수고하라.
>
> 그처럼 내가 너희를 보내노니
> 너희는 멍들고 상하여 방황하는 심령들에게로 가서
> 일하고 울며 깨어서 곤한 세상의 짐들을 지라.
> 그처럼 내가 너희를 보내노니
> 너희는 나를 위해 고난받으라.
>
> 그처럼 내가 너희를 보내노니
> 너희는 사랑과 인정에 갈하여

외로워하고 갈망하는 자들에게 가라.
집과 친척과 친구와 사랑하는 이들을 버리고
오직 나의 사랑만을 전하라.
그래서 내가 너희를 보내노라.

그처럼 내가 너희를 보내노니
증오로 마음이 굳어진 자들에게
보려하지 않으므로 눈멀게 된 자들에게로 가라.
피흘려 생명을 버리게 될지라도
그처럼 내가 너희를 보내노니
갈보리 십자가를 맛보라.

→ 마가렛 클락슨(E. Margaret Clarkson ; 1915~)

그러나 이 기도에서 울려퍼지는 음조가 결코 어둡지만은 않다. 핍박에 관한 앞에서의 경고들처럼(15 : 17-16 : 4), 이 기도는 참담함을 불러일으키려는 것이 아니라 승리의 신앙이 듬뿍 담긴 현실을 고무하려는 의도를 지니고 있다. 우리의 성화를 위한 예수님의 기도가 우리를 미워하는 세상을 향한 선교사명을 깨우치기 위한 것이라면, 그 사명은 그것이 아버지의 뜻이라는 이유만으로도 우리에게 참 기쁨이 된다. 예수님 자신의 경우처럼(15 : 11), 우리의 기쁨도 하나님의 뜻을 행하는 데서 샘솟기 때문이다.

주

1) 만일 17장 17절이 "지금 저희는 아버지께서 내게 주신 것이 다 아버지로서 온 것인줄

알았나이다"라는 중복적인 표현 대신에 "지금 저희는 내가 가진 것이 다 아버께로 온 것인줄 알았나이다"라는 말로 표현되었다면 덜 혼란스러웠을지도 모른다. 그러나 전자의 어법은 예수께서 그의 아버지를 의존하고 계시는 사실을 강조하고 있는데, 이것은 요한복음의 주요 주제이다(본서의 2장을 참조하라).

2) 나는 이 문제를 보다 더 분투적인 차원에서 다른 곳에서 논한 바 있다.
   p. 166 각주 1)을 참조하라.

3) 헬라어에서 "다"(all)는 (사람들을 언급할 때 생각될 수 있듯이) 남성이 아니라 중성 복수이다. 다른 곳에서 요한이 택함받은 자를 중성으로 언급할 때 그는 보통 단수를 사용한다. 이 절에서 중성복수로 표현된 것은 모든 것을 표용하는 의도를 지니고 있다. 즉, 택함받은 모든 자들이 아버지와 아들 모두에게 속한다는 것은 아버지께서 가지신 모든 것(everything)이 아들에게 속하며 그 역도 성립한다는 보다 더 큰 사실에 근거하고 있다.

10
모든 신자의 세상을 위한
예수님의 기도

요한복음 17 : 20-26

²⁰내가 비옵는 것은 이 사람들만 위함이 아니요 또 저희 말을 인하여
나를 믿는 사람들도 위함이니 ²¹아버지께서 내 안에, 내가 아버지 안에
있는 것같이 저희도 다 하나가 되어 우리 안에 있게 하사 세상으로
아버지께서 나를 보내신 것을 믿게 하옵소서 ²²내게 주신 영광을 내가
저희에게 주었사오니 이는 우리가 하나가 된 것 같이 저희도 하나가
되게 하려 함이니이다 ²³곧 내가 저희 안에, 아버지께서 내 안에 계셔
저희로 온전함을 이루어 하나가 되게 하려 함은 아버지께서 나를
보내신 것과 또 나를 사랑하심 같이 저희도 사랑하신 것을 세상으로
알게 하려 함이로소이다 ²⁴아버지여 내게 주신 자도 나 있는 곳에
나와 함께 있어 아버지께서 창세 전부터 나를 사랑하시므로 내게
주신 나의 영광을 저희로 보게 하시기를 원하옵나이다 ²⁵의로우신
아버지여 세상이 아버지를 알지 못하여도 나는 아버지를 알았삽고
저희도 아버지께서 나를 보내신 줄 알았삽나이다 ²⁶내가 아버지의
이름을 저희에게 알게 하였고 또 알게 하리니 이는 나를 사랑하신
사랑이 저희 안에 있고 나도 저희 안에 있게 하려 함이니이다

엄밀히 말해서, 앞절(본서 9장, 17 : 6-19)에서의 제자들을 위한 예수님의 기도는 그 숙명적인 마지막 날 밤에 그의 제자로서 이미 세우심을 받은 자들에게만 해당된다. 그 기도의 많은 요소들이 나중에 믿은 신자들에게 동등하게 적용되는 것도 사실이며 사실상 그 요소들 가운데 일부는 바로 본장 첫머리에 제시된 절들 속에 반복되어 있는데, 그것은 후에 그의 제자들이 될 자들을 위한 예수님의 기도를 기록하고 있다. 그러나 엄격한 의미에서 17장 6-9절은 확대가 필요한 영역들을 지니고 있으며, 17장 20-26절은 이 목적을 돕고 있다. 예수님은 이렇게 말씀하신다 : "내가 비옵는 것은 이 사람들[그의 현재 제자들]만 위함이 아니요 또 저희 말을 인하여 나를 믿는 사람들도 위함이니"(17 : 20).

예수께서 이 다음 단계로 나아가실 수 있다는 사실은 증인들이 복음의 놀라운 진리를 전파하게 될 때를 그가 예견하시고 있음을 강하게 뒷받침해 준다. 혹자는 예수님의 다음과 같은 말씀을 상기할 수 있을 것이다. "이 천국 복음이 모든 민족에게 증거되기 위하여 온 세상에 전파되리니 그제야 끝이 오리라"(마 24 : 14). 또 예수님의 단호한 선언도 기억할 것이다. "내가 이 반석 위에 내 교회를 세우리니 음부의 권세가 이기지 못하리라"(마 16 : 18). 예수님은 십자가 저 너머로 신자들의 지속적인 공동체를 내다보시고 있다. 간단히 말해서 예수께서는 자신의 교회를 설립하기시 위해 그의 제자들을 남겨두고자 하셨다.

예수께서 미래를 바라보시고 증인들의 범위가 이렇게 확대된다는 것을 인지하신 사실이 17장 20-23절의 내용을 주도하고 있다. 그들의 연합을 위해 기도하실 때에도, 그는 그 연합에 의해 이루어지는 증거를 기다리고 있는, 아직 회심하지 않은 세상을 그들의 연합

저너머로 내다보신다. 이러한 방법으로 이 절들은 신자들의 성화를 통한 세상에 대한 증거라는 주제를 전개시키고 있는데, 이것은 바로 앞 절(17 : 16-19)에서 이미 소개된 주제이다.

본문이 성도들 집단의 존속에 이처럼 많은 관심을 기울이고 있는 만큼 미래의 종말론에 대해서 전혀 관심을 기울이고 있지 않다고 생각해서는 안 된다. 예수님은 여기에서 제자들의 궁극적 축복을 위해 또한 기도하신다. 그 축복은 승귀 상태에서 영화롭게 되신 예수님을 바라볼 수 있는 이루 말할 수 없는 특권인 것이다(17 : 24). 이처럼 숨막히는 절정에 이른 후, 그 기도는 과거와 미래에 걸친 예수님의 사역에 대한 개관으로써 끝을 맺는다(17 : 25 이하).

예수님은 그의 제자들이 될 모든 자들의 연합을 위해 기도하신다(17 : 20-23).

앞의 문단(17 : 20-23)은 그 짜임새가 단단하나 우리는 그 중심 주제를 다음의 세 가지 표제 하에 서술할 수 있을 것이다 :

1. **연합의 확장** 현재의 이 제자들을 위한 기도 속에서 이미 예수께서는 그들이 하나일 수 있도록 기도하셨다(17 : 11). 예수께서 간구하시는 이 단일의 문제는 이제 두 가지 면으로 전개된다. 첫째, 예수께서는 이 단일체에 현 제자들의 메시지를 통해 "믿게 될 사람들" (한글 개역, "믿는 사람들")이 포함되는 것임을 주장하시고 있다(17 : 20). 그는 "아버지께서 내 안에, 내가 아버지 안에 있는 것 같이 저희도 다 하나가 되게" 해달라고 기도하신다(17 : 21).

교회의 연합이라는 면에서 볼 때, 사도들이 어떤 특별한 이점을 지니고 있지는 않았다. 20세기의 신자도 그 최초의 신자들과 마찬가지로 이 단일체에 속하게 된 것이었다. 예수께서 그렇게 기도하고 계시기 때문이다. 따라서 예수께서 관심을 가지시는 그 연합은 확대되는 단일체이지 정적인 것은 아니다. 여러 종족들, 곧 문화와 언어와 가치체계가 다양한 남녀들이 예수 그리스도의 신자가 되고 결과적으로 예수께서 간구하시는 이 확대되는 단일체 속에 들어와 연합된다는 것은 놀라운 사상이다.

이 연합이라는 주제가 두번째로 어떻게 전개되어 있는지 살펴보자. 본 단락에서 이 문제가 보다 더 상세하게 설명되고 있기 때문에 우리는 하나됨의 성격을 보다 더 정확하게 살펴볼 수 있게 되었다. 이 연합을 이루게 될 개심자들이 증가하게 된 것을 가리키시면서, 예수께서는 이렇게 기도하신다. "내게 주신 영광을 내가 저희에게 주었사오니 이는 우리가 하나가 된 것 같이 저희도 하나가 되게 하려 함이니이다 곧 내가 저희 안에, 아버지께서 내 안에 계셔"(17:22, 23 상반절). "저희도 우리 안에 있게 하사 …"(17:21) 이 말은 무엇을 뜻하는가?

우리는 이러한 질문을 던짐으로써 시작할 수 있을 것이다 : 만일 예수께서 "내게 주신 영광을 내가 저희에게 주었사오니"라고 말씀하실 수 있다면, 아버지께서 아들에게 주신 영광의 본질은 무엇인가? 그 질문에 대한 대답은 단도직입적이다. 아버지께서 아들에게 주신 영광은 성육신의 비하의 영광으로서, 아들의 십자가 상에서의 영화와 그의 부활과 승귀의 영광 속에서 절정에 이르게 되었다. 신자들은 그리스도께서 지금 누리시는 영광 이외에, 이러한 종류의 영광을 이미 보았으며, 앞으로도 언젠가 또 보게 될 것이다. 예수께서 그 목적을 위해 기도하시고 있기 때문이다(17 : 24).

그러나 "내게 주신 영광을 내가 저희에게 주었사오니"라는 말은 모호한 점이 있음에도, 내가 이상에서 암시한 것 이상의 사실을 이야기할 수도 있다. 그것은 우리가 지금 이해할 수 있는 의미에서 그리스도께서 우리에게 그의 영광을 주셨다는 것 뿐만 아니라 우리가 그것을 소유하고 있다는 의미에서 그의 영광을 우리에게 주셨다는 것을 가리킬 수도 있을 것이다. 만일 후자의 생각을 받아들인다면, 본문은 우리의 참 영광이 십자가의 길임을 우리에게 말해주고 있다. 그 길은 후에 있을 승리의 영광으로써 입증된다. 그러나 우리는 예수님처럼 현재 세상의 적개심을 감당하고 고난받는 종으로서 걸어가야 하는 한, 예수님의 영광의 일부를 이미 누리고 있는 것이다. 이것은 우리의 영광이지 수치는 아니다. 바클레이(W. Barclay)의 논평처럼, "우리는 결코 우리의 십자가를 형벌로 생각해서는 안 된다. 오히려 그것을 영광으로 생각해야 한다… 학생이나 기능공 또는 외과의사가 부여받는 과제가 힘들면 힘들수록, 그는 더 많은 영예를 얻게 된다… 그러므로 그리스도인으로 살아가는 것이 힘들게 여겨질 때, 우리는 그것을 우리의 영광으로, 하나님께서 우리에게 주신 영예로 간주해야 한다."

참 신자들 간의 연합은 예수님과 그의 아버지 사이에 존재하는 연합(17 : 22)에 비견되고 있을 뿐 아니라(17 : 11, 이것은 사랑과 목적, 거룩함 그리고 진리의 연합임을 앞에서 이미 보여주었다) 상호적 내주에 의존하는 연합이기도 하다. 예수님은 "아버지께서 내 안에, 내가 아버지 안에 … 내가 저희 안에, 아버지께서 내 안에"(17 : 21, 23) 있는 것 같이 그들 모두가 하나되게 해달라고 기도하신다. 더 나아가서 예수께서는 "저희로 온전함을 이루어 하나가 되도록"(17 : 23)

기도하시고 있는데, 이것은 그 연합이 성장하고 완전해져야 할 것임을
시사해 준다.

신자들의 연합과, 예수님과 그의 아버지께서 누리신 연합 사이의
유추는 요한복음의 기독론이 지닌 기능적 측면들(본서 2장에서 약술됨)
을 염두에 둘 때에만 성립될 수 있다. 우리는 예수님의 일들을 수
행하시는 분은 예수님 안에 살아계시는 아버지임을 살펴본 바 있다
(14 : 10). 비록 아들이 아버지 안에 있으면서 삼위일체의 연합 가운데
영원히 그와 함께 공존할지라도 그는 자기를 비우시는 그 사명에
있어서 아버지께 의존적이며 순종적이시다. 아버지와 아들은 하나
이긴 하지만 여전히 구별된다. 마찬가지로 아버지와 아들은 약속된
보혜사를 통해 제자들 안에 살아계시므로(14 : 23), 제자들은 예수
님과 마찬가지로 하나님의 활동 영역이 된다(114 : 12). 그들은 포
도나무 안에 거하므로 열매를 맺는다(15 : 1 이하). 그들은 그들 안에
사시는 분을 의지하고(15 : 4) 순종하기(15 : 10 이하) 때문에 열매를
맺을 수 있는 것이다.

그리스도의 제자들이 누리게 될 연합은 상호 간의 내주에 기초한
연합이다. 즉, 제자들 각자 속에 성령께서 내주하시고 그들이 하나님
안에 사는 것에 기초한 연합인데, 이로써 그들은 하나님을 의존하고
의지하며 순종하면서 그들에게 맡겨진 그리고 그들을 구원해 준
거룩한 복음을 보전해 나간다. 이러한 일은 모든 참 신자가 동시에
겪게 되는 경험과 헌신이다.

성화와 마찬가지로, 이 단일성은 이미 이루어진 것임과 동시에
완전함을 요하는 그 어떤 것이다. 한편, 신자들은 그들이 참 신자
들이라면 이미 하나이다. 삼위일체 하나님께서 이미 그들 안에 거
주지를 정하셨으며 그들은 믿음으로 말미암아 예수 그리스도 안에

살고 있는 것이다. 이것은 그들 모두에게 공통적이다. 그들 모두는 은혜를 공통으로 체험하며, 믿음의 대상이 공통적이고, 공통적인 영원한 목적을 지니고 있으며 공통적인 개심의 단계를 거쳤고 공통적인 "세상"의 적대를 당하면서 또한 주님의 영광을 공통적으로 인지하고 있는 것이다. 이 모든 것들이 그들을 하나로 묶는다. 참 그리스도인들을 결합시키는 그것들은 너무도 깊고 영원하므로 그들은 그들의 사이를 가르는 것들을 초월한다. 그리스도인들은 참으로 하나이기 때문이다.

반면에, 그리스도인들은 그들의 연합 가운데서 자랄 필요가 있다. 이것을 위해 예수께서는 "저희로 온전함을 이루어 하나가 되게"(17 : 23)하시기를 간구하신다. 여기에는 그들의 연합이 실재이기는 하지만 완전하지 않다는 의미가 함축되어 있다. 말하기 슬픈 일이지만, 너무도 흔히 그리스도인들은 그들을 다른 참 신자들과 하나되게 만드는 것들을 참으로 소중하게 여기지 않는다. 반대로 그들은 그들을 불화하게 만드는 것들을 열망한다. 어떤 양심상의 문제가 걸려있는 경우에도 우리는 우리가 진리라고 생각하는 것을 옹호하면서 사랑의 연합을 증거하는 그 내실성을 위태롭게 할 위험이 있다. 관습의 측면, 태도의 측면, 사랑의 측면, 참 교리를 더욱 더 알아가는 측면 등 이 모든 측면에서 기독교는 온전한 연합을 이룰 필요가 있다. 이것을 예수께서 친히 간구하셨으며, 언젠가 그는 이 기도가 아무런 제한없이 완전하게 응답되는 것을 보시게 될 것이다. 그런데 그 연합은 확장되고 완전하여질 것이다.

2. 확산되는 증거 예수께서 간구하시는 연합은 또 다른 목표를 염두에 두고 있다. 예수님은 "세상이 아버지께서 나를 보내신 것을

믿도록"(17 : 21) 하기 위해 이 연합을 간구하신다. 그는 이렇게 부언하신다 : "저희로 온전함을 이루어 하나가 되게 하려 함은 아버지께서 나를 보내신 것과 또 나를 사랑하심 같이 저희도 사랑하신 것을 세상으로 알게 하려 함이로소이다"(17 : 23).

그 연합의 확장은 증언의 확산을 가져온다. 이것이 교회가 자라는 방법이다. 최초의 제자들이 메시지를 선포하였고 다른 사람들이 이것을 듣고 믿음을 가지게 되었다(17 : 20). 이 확장된 집단은 증거하고 사랑하였으며, 다른 사람들을 믿게 만들었다. 세상 자체가 끊임없이 표적이 되고 있으며, 세상의 남녀들이 교회의 증언에 접할 때, 적어도 일부의 사람들은 하나님께서 그의 아들을 보내셨으며 그가 그의 아들을 사랑하시는 것과 마찬가지로 그의 백성들을 사랑하신다는 사실을 깨닫게 된다.

교회의 증거가 확산되는 데에는, 이 구절에 의하면, 적어도 두 가지 요소가 들어 있다. 첫째는 사람들이 믿게 될(17 : 20, 21, 23) 메시지의 선포이다(17 : 20). 두번째는 예수께서 "새 계명"의 목적을 상기시키면서 간구하시는(17 : 21, 23) 연합에 대한 공적인 실증이다 : "너희가 서로 사랑하면 이로써 모든 사람이 너희가 내 제자인 줄 알리라"(13 : 35). 증거의 이 두 측면은 매우 중요하다. 변화된 사랑의 삶으로 복음의 능력을 실증하는 일 없이 선포된 복음의 진리는 메마른 것일 수밖에 없다. 황무지가 아름답게 보일 수 있는 식으로 그것이 미화될 수도 있으나 거기에서는 많은 것들이 자라날 수 없다. 한편, 믿음의 공동체 내에서의 사랑의 증거 그 자체가 그 사랑의 근원이나 원천을 선포해 주지는 않는다. 그러한 사랑은 기름진 남해 섬처럼 매력적으로 보일지 모르나, 그럼에도 불구하고 그것은 잘 연마된 순종이나 지식에 근거한 믿음을 가져다주지 못하며 다른 사람들도 참 믿음을 갖도록 도울 수 없다. 그것은 휴식할 곳에 불과한 것이다. 예수께서 염두에 두고 계시는 증언의 확산은 전제적이며 전형적이고, 고백적이며 실증적이다. 그것은 말과 사랑에 의한 증거인 것이다.

3. 계시되신 그리스도 이 주제, 즉 계시되시는 그리스도에 관한 이 주제가 이 단락의 짜임새 속에 정교하게 엮어짜여져 있다. 연합의 확장 중심부에 확산되는 증거에 관한 주제로서 예수께서 잃어버려진 세상에 계시되어지고 있다. 그는 계시될 메시지의 내용이시며, 그의 영광은 제자들에게 주어지는 영광이다. 무엇보다도, 그는 아버지의 계시이시다. 따라서 제자들이 바르게만 증거한다면, 세상이 알게 되는 것은 (예수께서 그의 아버지께 말씀하시는 바와 같이) "아버지께서 나를 보내신 것과 또 나를 사랑하심 같이 저회[제자들]도 사랑하셨다"(17:23)는 사실이다. 제자들이 사랑으로 연합하는 것은 너무도 비(非)세상적인 것이므로 그리스도의 진리로써 밖에는 그것을 설명할 수가 없다.

따라서 비록 그리스도인들이 전제적인 조건 하에서 증거한다 할지라도, 그들은 상호관련된 진리 체계를 단순하게 약술하고 있는 것이 아니라 그리스도를 가리키고 있는 것이다. 그리고 그들이 사랑과 목적과 거룩함과 진리 안에서의 연합을 명시한다 할지라도, 바로 그 연합은 그들 뒤에 있을 뿐만 아니라 그리스도를 보내신 일 가운데서 최상으로 드러나는 하나님의 사랑을 입증해 준다. 또한 교회의 증거 가운데서 계시되는 분은 바로 그리스도인 것이다.

무엇보다도 중요한 것은 교회가 받는 궁극적인 보상이 그리스도의 영광의 궁극적 계시라는 점이다(17:24). 그러나 이 진리를 탐구하기에 앞서서 우리는 요한복음 17장에서의 연합의 주제가 현대 교

계에서 때로 어떻게 사용되고 있는가를 잠시 숙고해 보는 것이 좋을
것이다.

어떤 사람들은 **에큐메니칼 운동**(ecumenism)이라는 용어가 단지
좋은 것만을 내포하고 있는 것으로 생각한다. 그 단어를 입밖에
내어보라. 그리하면 그들은 그것을 하프 연주와 천사들의 노래로
듣는다. 하프와 천사들이 너무도 천상적인 것으로 간주된다 할지라도,
적어도 그들의 눈에는 일말의 섬광이 번뜩이게 된다. 또 어떤 사
람들에게는 바로 그 단어가 단지 악만을 연상시킨다. 에큐메니칼
운동은 본질적으로 복음을 무력하게 하고 배교 행위와 사악하게 발을
맞추며 불신앙의 형태와 조화를 이루는 타협의 교리이다. 첫번째
그룹은 요한복음 17장을 자기들 구미에 맞게 인용하는 경향을 띤다.
두번째 그룹은 요한복음 17장을 무시하거나 아니면 연합 안에서 매우
작은 집단만을 포함시키는 경향이 있는 반면, 그처럼 해독이 없는
용어들로써 그 연합을 규정지으면서(보기. 그것을 행위가 수반되지 않는,
전적으로 위치상의 연합으로만 봄), 그러한 연합이 세상에 어떤 것을
증거하는 역할을 어떻게 감당할 수 있었는가 하며 의아하게 여기는
경향이 있다. 본문은 무엇이라고 말하는가?

본문은 모든 참 신자들의 연합을 언급하고 있다. 우리가 살펴보
았듯이 이 연합은 예수 그리스도의 제자가 지니는 기능이기도 하며
또 우리의 성장 목표로서 우리가 그 안에서 완전케 되어야 하는 그
어떤 것이다. 이 연합은 **단지** 위치상의 것만은 아니다. 왜냐하면
그것은 주시하는 세상 앞에서 하나의 증거 역할을 하는 것이기 때
문이다. 사실상 혹자는 그것이 믿음의 공동체의 특징이라고 주장할
수도 있다.

한편, 우리는 본문이 조직적인 연합만을 고려하고 있는 것은 아

니라는 사실을 주목하지 않을 수 없다. 그렇다고 해서 예수께서 간구하시는 그 연합이 조직상의 단일성에서는 이루어질 수 없다는 말이 아니라 조직상의 단일성이 근본적이고도 본질적인 것은 아니라는 말이다. 이 영적 연합의 외적 표출은 가지런한 하나의 조직표가 아니라 하나의 강력한 증거이다.

문제는 오늘날 기독교계가 그리스도인이라는 단어나 "그리스도의 제자들"이라는 표현을 매우 다양하게 사용하고 있다는 사실이다. 어떤 사람들에게 있어서는, 그리스도인이란 기독교 유산과 어렴풋이 연관된 어떤 초월적인 존재를 믿는 사람이다. 또 어떤 사람들에게 있어서는 그리스도인이란 시시한 도덕가이다. 또 어떤 사람들은 그 용어를 아버지와 아들과 성령의 이름으로 세례받는(방법과 연령을 불문하고) 사람들을 가리키는 것으로 본다. 그러나 어떤 사람들은 그 단어가 "거듭났다"고 주장하는(그것이 그들에게 무엇을 의미하든지 간에) 자들이나 "그리스도를 구세주로 영접한"(이것은 신약성경의 범주가 아니다) 자들을 가리키는 것으로 사용한다. 그리스도인이라는 단어가 우리의 여러 견해에 따라 이처럼 다양한 의미를 지닌다면, "그리스도인의 연합"이 어떻게 명확한 것을 가리킬 수 있겠는가?

여기에서 그리스도인이라는 단어가 적합하게 사용되었는가를 규명하기 위해 일련의 중요한 신조들과 실천 사항들을 일일이 열거할 필요는 없다. 그러나 만일 그 용어가 그 신약성경의 의미와 같은 것을 뜻하고 있다면, 어떤 사람이 그리스도인이기 위해서는 신약성경이 명백하게 불허하는 신앙 체계는 마땅히 고수할 수 없으며 또한 신약성경이 명백히 금하고 있는 행위를 받아들일 수 없다. 가장 긍정적인 측면에서 말한다면 그는 적어도 신약성경 자체가 주장하고 있는 것은 최소한의 고백이거나 본질적인 실천사항임을 고수해야 한다. 그렇게 하지 않는다면 그는 **그리스도인**이라는 용어를 악용하는 것이다.

실례를 들어보자. 어떤 사람이 "예수님은 주님이시다"(참조. 고전 12 : 3)라고 고백했다고 하자. 이것은 그 당사자가 그리스도인임을 보증하는가? 애석하게도 그렇지 않다. 물론 고린도교회에서도 이러한 고백은 필요하고도 충분한 테스트 기준이었다. 예수님이 진정 누구셨는가에 관한 논쟁은 거의 없었다. 그리고 그러한 배타주의적인 주장이 두드러지게 드러나 보이는 다신교적 사회의 와중에서 이 예수님을 주로 고백하는 일은 참으로 명백한 성령의 역사였다. 그러나 오늘날 예수께서 어떤 분이신가하는 질문은 어떤 고정적인 것으로 여겨져서는 안 된다. 고전적 자유주의자들에게 있어서는 예수님이 가장 위대한 도덕가이다. 그를 주님으로 고백하는 것은 높은 도덕적 기준들을 따르겠다고 동의하는 것에 지나지 않는다. 불트만 학파는 역사적 예수에 관한 사실들을 거의 긍정하지 않는다. 이 예수님을 주로 고백하는 것은 예수께서 확실히 존재하셨다는 개연성을 받아들이는 것에 불과하다. 어떤 사람들에게 있어서, 예수님은 하나님인 동시에 사람이시나 그들은 그가 십자가에서 희생제물이 되신 일이 우리의 죄를 충분히 대속해 줄 만한 것은 아니었다고 생각한다. 그들은 추가적인 희생과 참회가 있어야 한다는 것이다. 그럼 사람들의 "예수님은 주님이시다"라는 고백이 예수님의 **인격**과 관련된 이 고백적인 기준은 통과할 수 있을지 모르나, 그럼에도 불구하고 그것은 예수님의 **사역**을 제한하는 또 다른 기준의 저주 아래 놓이게 된다(보기. 갈 1 : 8 이하). 또 어떤 사람은 "예수님은 주님이시다"라고 고백함으로써 자신이 정통교리에 형식적으로 동의하고 있음을(사도신경을 피상적으로 읊조리는 사람과도 같이) 나타낼 수 있으나, 항상

이기적인 사생활 태도와 사업상의 처신 등을 포함한 그의 윤리적
행위에 대해서는 예수님의 주권을 인정하지 못할 수 있다. 그러한
사람은 고린도전서 12장 3절의 테스트를 단지 교리적인 관점에서
통과할 수 있으나 주권이 함축하고 있는 바에 복종하지 못하므로
도덕적 순종과 자라나는 사랑을 알아보는 테스트에서는 합격하지
못할런지도 모른다(그 예로 요한일서를 보라). 이러한 각각의 실례에서
"예수님은 주님이시다"라는 고백은 진정한 신자, 그리스도의 제자,
또는 그리스도인을 알아내기 위한 **필요한** 기준은 되나 **충분한** 기준은
되지 못한다.

　기본적인 신약 테스트들이 잘 보전되고 현 기독교계에 적용된다면,
그리스도인임을 자칭하는 단체나 개인이 모두 그 이름에 합당한
자격을 모두 갖추고 있는 것은 아니라는 사실을 인식하는 데에는
현재의 교회적 및 신학적 현장에 대한 지식이 그리 많이 필요치 않다.
아무리 자애로운 사람이라 할지라도, 예수님 ― 역사 속에 자신을
계시하시고 거룩한 성경의 각 장마다 계시된 그 예수 그리스도의
참 신자와 제자의 요건으로 성경이 제시하고 있는 그 영을 명백하게
넘어간다면 그 사람은(신약성서적 의미에서) 그리스도인이 아니다.
이것은 놀랄 만한 일이 아니다. 결국, 예수께서 세상에 오시어 그
자신의 종족에게 하나님의 본질을 설명해 주셨을 때, 그의 백성 중
오직 남은 자만이 그가 누구인지를 인식하였던 것이다. 유대교는 많은
교리를 주장하였으며 지극히 다양한 믿음의 체계를 보여주었다. 그
러나 유대교를 신봉한 모든 유대인들이 그리스도를 신봉한 것은
아니었다. 오직 남은 자만이 그리스도를 믿게 되었던 것이다. 기독
교계의 경우도 마찬가지이다. 거기에는 많은 믿음의 체계들이 있고
탁월한 윤리적 및 신학적 규범이 있지만 "기독교"(넓은 의미에서의)

안에 있는 모든 사람이 우리에게 자신을 계시하신 그 그리스도를 신봉하고 있지는 않다. 밀과 함께 뿌려지는 가라지는 항상 있게 마련이며 그것들을 최종적으로 분리시킬 하나님의 때가 이르게 될 것이다. 반면에, 우리가 잡초와 밀 사이에 다른 점이 없다고 생각한다면, 우리는 매우 어리석거나 아니면 너무도 순진한 자일 것이다.

만일 이러한 고찰들이 타당하다면, 그것들은 우리가 에큐메니칼 운동을 평가하고자 할 때 도움이 될 수도 있을 것이다. 만일 에큐메니칼 운동가들이 기독교계로 알려진 각양각색의 "교회적"인 단체들을 한 조직체로 통합하고자 한다면, 그들은 밀과 가라지를 단일화하려고 노력하는 것이다. 심지어 우리가 교회마다 그 속에 참 신자들을 어느 정도 두고 있다고(나는 이것을 확신할 수가 없다) 생각한다 할지라도, 그 교회가 성경이 요구하는 진리를 조직적으로 부인하거나 어떤 그룹에서 성경이 명한 행위를 전면적으로 무시한다면 우리는 그 교회를 신뢰할 수 없다. 요한복음 17장은 신자들과 "세상"에 속한 자들로 이루어진 연합을 언급하고 있지는 않다. 참 신자가 아닌 자는 누구나 교회 연합과 대립적인 관계에 있는 세상의 일부를 구성하고 있다. 신자와 배교자, 제자와 변절자 그리고 개심한 자와 개심하지 못한 자를 기꺼이 포용하는 어떤 단일성을 합리화하기 위해 요한복음 17장을 인용하는 자는 누구나 이 구절을 남용하는 자이다. 그러한 에큐메니칼 운동은 성경에 그 뿌리를 두지 않고(좋은 의도를 지닌 것이라 할지라도) 신약성경에서 기독교에 관해 이야기하고 있는 바를 왜곡하고 있는 그릇된 견해에 뿌리를 두고 있다.

한편, 참 신자들을 함께 묶어두는 것들은 그들을 분열시키는 것들보다 훨씬 더 중대한 의미를 지니고 있다. 분열시키는 것들도 반드시 중요하지 않은 것만은 아니다. 때로 그것들은 좋건 나쁘건

간에 교회에 장기간의 영향을 미치는 신앙이나 행동 규범의 쟁점이
되어, 진리에 관한 어떤 주된 모순이나 오해를 반영할 수도 있다.
그럼에도 불구하고 우리를 함께 결속시키는 것들은 한층 더 근본적인
중요성을 띠고 있다. 교파적 친분과는 상관없이 그리스도의 사람들
사이에는 신실한 동족성과 상호적 사랑, 공통적 헌신, 서로에게 와서
배우고자 하는 깊은 열망 그리고 가능하다면 모든 점에서 진리를
함께 나누는 자세가 있어야 한다. 그러한 연합은 다른 사람들을
사로잡을 정도로 투명하고도 강력한 것이어야 한다. 그러한 성경적인
에큐메니칼 운동(그렇게 이름을 붙일 수 있는지는 모르나)에는 적합한
반론이 제기될 수 없다. 사실상 그것은 주 예수님 자신의 마지막
기도가 강력하게 시사하는 바인 것이다.

예수께서는 그의 제자들이
궁극적인 축복을 누리도록 해달라고 기도하신다(17 : 24).

"아버지여 내게 주신 자도 나 있는 곳에 나와 함께 있어 아버지께서
창세 전부터 나를 사랑하시므로 내게 주신 나의 영광을 저희로 보게
하시기를 원하옵나이다"(17 : 24).

1. **그 축복의 내용.** 한마디로 그 축복의 내용은 가려지지 않은
영광 가운데서 나타나신 예수 그리스도 자신이다. 예수께서는 시대의
종말을 예견하신다. 제자들은 "지금" 그를 따를 수 없다(13 : 33, 36).
사실상 예수께서는 그가 아버지께 그들을 세상에서 데려가시기를
구하고 있는 것이 아님을 명백히 밝히신다(17 : 15). 그러나 상황이

바뀌게 될 때가 올 것이다. 사실 예수께서는 그가 다시 오셔서 제자들을 데려가 자기와 함께 있도록 하실 것임을 이미 약속하셨다(14 : 3). 그와 같은 전망이 이제 다시 제시되고 있다. 즉, 예수께서는 그에게 주어진 자들이 그가 계신 곳에 그와 함께 있어서 그의 영광을 보게 되기를— 즉, 삼위일체 안에 있는 그의 영광을, 그가 하나님이시기 때문에 그의 것이기도 한 바로 그 영광을 그들이 보게 되기를 원하신다.

이것은 그리스도인에게 감동적인 것이 아닐 수 없다. 신학자들은 이 궁극적인 축복을 비시오 데이(visio Dei), 즉 하나님을 뵙는 것으로 언급한다. 그것이 없다면, 천국은 공허한 승리에 불과할 것이며, 그것이 있다면 그 장소는 그리 중요한 것이 아니다.

나의 구주 그리스도를 직접 대면하게 될 때,
나를 위해 죽으신 예수 그리스도를 내가 황홀중에 뵈올 때,
그 기쁨은 어떠하리 ?

어둠의 베일을 그 사이에 두고
지금은 오직 희미하게만 그를 보게 되나
그의 영광을 보게 될 축복의 날이 마침내 오리라.

— 브렉 부인(Mrs. Frank A. Breck ; 1855~1934)

그리스도의 영광은 이중적이기 때문에 더욱 찬란하다. 그는 우리를 구원해 저 높은 하늘로 우리를 이끄시어 우리로 하여금 이루 형언할 수 없는 그의 신적 영광을 볼 수 있도록 하기 위해서 오히려 역설적인

굴욕의 영광을 가지고 우리 안에 거하시는 편을 택하셨다.

    온갖 찬양을 받으시기에도 부족하신 하나님,
    당신께서 오직 사랑을 위해 사람이 되셨습니다.
    당신의 영원한 계획에 의해 그처럼 자신을 낮추시고
    하늘을 향해 죄인들을 일으키셨습니다.
    온갖 찬양을 받으시기에도 부족하신 하나님,
    당신께서 오직 사랑을 위해 사람이 되셨습니다.

                    — 프랭크 휴톤(Frank Houghton ; 1894~   )

2. 그 축복의 근거로서의 하나님의 사랑. 24절은 주 예수께서 이 마지막 축복의 중심이 되심을 우리에게 상기시키고 있다. 우리가 보게 되는 것은 바로 그의 영광이다. 그러나 그의 영광은 삼위일체 하나님 안에서의 사랑의 관계에 기초하고 있다. 예수님의 영광은 "아버지 께서 창세 전부터 나를 사랑하시므로 내게 주신 나의 영광"(17 : 24) 이라고 그는 아버지께 말씀하신다. 바렛(C. K. Barrett)은 이렇게 논평한다 : "인간의 최후 소망은 궁극적으로 아들에 대한 아버지의 사랑에 그 뿌리를 두고 있다. 즉, 이처럼 성삼위일체의 본질로서 나타나는 영원한 사랑의 관계에 그 뿌리를 둔다." 이 사랑의 관계는 영원부터 영원까지 "창세 전부터" 예수님의 영광이 그 자신의 백성들, 곧 아버지께서 그에게 주신 자들에게 완전히 계시될 최후의 완성 시까지 이어진다.

예수께서 자신의 사역을 조망하신다'(17 : 25 이하).

요한복음 17장의 이 마지막 두 절에서 예수께서는 아버지께서 그에게 주신 자들을 향한 자신의 사역을 약술해 놓고 계시며, 그의 과거 사역 뿐만 아니라 그의 미래 사역에도 관심의 초점을 맞추시고 있다.

과거와 관련하여 그는 이렇게 기도하신다 : "의로우신 아버지여 세상이 아버지를 알지 못하여도 나는 아버지를 알았삽고 저희도 아버지께서 나를 보내신 줄 알았삽나이다. 내가 아버지의 이름을 저희에게 알게 하였고"(17 : 25, 26 상반절). 예수님은 세상과 대립상 태에 계신다. 세상은 하나님을 알지 못하고 그리스도를 인식하지 못하였으나(1 : 10), 그리스도께서는 친히 하나님을 완전히 알고 계신다. 그러므로 그리스도께서는 중보적인 역할을 수행하셨으며 그에게 주어진 자들에게 하나님을 알리셨다. 그리고 이들은 역할을 수행하셨으며 그에게 주어진 자들에게 하나님을 알리셨다. 그리고 이들은 그가 진실로 하나님께로부터 보내어지셨음을 알게 되었다. 하나님에 관한 예수님의 지식은 직접적인 것인 반면, 그들의 지식은 예수께로 말미암은 것이다.

예수께서는 이제 종결지어지려고 하는 그의 사역 기간 전체를 통해서 하나님을 알리셨다는 것을 말씀하고 계시며, 더 나아가서 "또 [내가 계속해서 당신을] 알게 하리니 이는 나를 사랑하신 사랑이 저희 안에 있고 나도 저희 안에 있게 하려 함이니이다"(17 : 26)라고 말씀하신다. 이 계속되는 사역은 약속된 성령을 통해 수행될 것이다. 계속되는 이 사역을 통해, 아들에 대한 아버지의 사랑이 제자들에게 미치게 되고 그들 안에 가득하게 될 것이며, 예수 자신께서는 보혜사의 역할을 통해 그들 안에 임재하시게 될 것이다(참조. 14 : 23). 예수님의 떠나심은 제자들을 고독하게 내버려두는 것을 목표로 삼고 있지 않다. 오히려 그 반대이다. 그의 목표는 아버지께서 그에게 주신 자들을 삼위일체 하나님의 인격들 안에 존재하는 사랑의 풍성함 가운데로 그들을 이끌어들이는 것이다. 동시에 그는 그가 뒤에 남겨놓으신 성령의 역할을 통해서 그 자신의 구속받은 백성들 안에 그리고 그 가운데 살아계신다.

> 영화로운 생명의 임금이시여,
> 더 이상 우리는 당신을 의심치 않습니다.
> 당신 없이는 생명도 헛되오니
> 투쟁 가운데 있는 우리를 도우소서.
> 당신의 불멸의 사랑을 통해
> 우리를 정복자보다 더 큰 자로 만드소서.
> 요단강 건너 저 위에 있는
> 당신의 집으로 우리를 안전하게 인도하소서.

　　　　　- 에드몬 루이스 버드리(Edmon Louis Budry ; 1854~1932)

고든 맥도날드
Gordon MacDonald

메사추세츠 주 그레이스 채플에서 담임목사로 사역중인 고든 맥도날드는 「영적인 열정을 회복하라」를 비롯하여 많은 양서를 써낸 탁월한 저술가이다.

그는 한 인격체로서의 인간에 깊이 마음을 쓰며 삶의 중요성을 놓치지 않으려 부단히 노력하는 사색가이며 복음사역의 행동파로서 영적인 모델이라 할 수 있다. 그의 저서들을 통해 영혼의 소중함을 독자들에게 일깨워 주며 보이지 않는다고 하여 내면세계와 영혼을 무시하는 신앙생활이 얼마나 위험한가를 경고하며 현대인들에게 아무런 훈련과 고난이 없이 얻어지는 영적체험이 아니라 진정한 영성을 위해 노력하라는 저자의 권면이 그의 저서 곳곳에 나타난다.

참된 부흥은
현실세계에 나타나야 한다.

현실세계, 믿음, 진정한 그리스도인

믿음이란 현실세계를 살면서 그리스도를 따르는 과정이라 주장하는 이 책은 진실된 믿음을 갖고 살고자 하는 진정한 그리스도인들에게 꼭 필요한 지침서가 될 것이다.

박가영 역/값 9,800원

아버지가 가져야하는
진정한 리더십은 무엇인가?

좋은 아빠가 되기까지

이 책은 좋은 아빠가 되는 6가지 원칙을 통하여 자녀들의 삶에 좋은 영향을 끼칠 수 있는 아버지를 원하며 무엇보다도 예수 그리스도의 힘에 영향을 입은 아버지가 좋은 아버지임을 이야기 한다.

정규운 · 김원영 역/값 7,000원

건강한 리더십을 위하여

영혼이 성장하는 리더

리더의 진정한 성장은 영혼의 성장에 달려 있음을 강조하는 이 책은 이땅의 리더들의 내적 상태를 점검하는데 많은 도움이 될 것이다.

박가영 역/값 4,000원

하나님의 성경적이고 능력있는 구원의 길

무너진 세계를 재건하라

마음속에 품었던 이상과 소망, 계획들이 모두 엉망이 되어 내면의 영적인 상태가 파괴되어버린 현대인들에게 성경이 주는 소망에 근거한 능력과 이해를 제공해 준다.

박가영 역/값 6,000원

영적 침체에 빠진 이들에게
회복의 길 제시

영적인 열정을 회복하라

고든 맥도날드는 본서에서 크리스천에게 만연된 영적 침체와 피로를 극복하고 영적 열정을 회복하는 방법에 대해 믿음의 조상들이 그들의 영적 침체를 대했던 방법들을 통해 우리의 영적인 열정을 회복할 수 있는 방법을 제시한다.

박가영 역/값 6,800원

능력있는 사역자가 되기 원하십니까?

열정적인 사역자입니까

이 책은 "내면의 불꽃"을 소중히 키워 하나님과의 교제 시간을 늘리고 영혼의 새힘을 얻어 사역이라는 최상의 부르심에 기꺼이 동참하는 길을 제시한다.

게일 맥도날드 저/윤정길 억/값 5,000원

코넬리스 반더발
반더발 성경연구

하나님의
구원 계획에 대한
통찰력을 비롯하여
성경의 분명한 핵심과 주제를
객관적으로 제시한 책!

코넬리스 반더발지음/명종남 옮김/각 권 15,000원

본서 는 성경의 바른 영감론, 성경의 절대 권위를 인정하여 기록되었으며 역사의 흐름과 간결하고 이해하기 쉽게 기록되었고 성경 전 권을 "성경신학(구속사)적 관점"에서 단시간내 통독할 수 있기 때문에 신학생, 목회자들과 평신도들에게 매우 귀한 참고도서가 될 것이다.

인간관계
이렇게 하면
쉬워진다

예수님과 바울에게서
어려운 인간관계를
쉽게 하는 방법을 배우십시오!

이 책은 인간의 성격을 네 가지로 분류하고 각 성격별 장·단점을 파악 하여 유형별로 쉽게 접근하는 방법을 제시해 주고 있다.
교회 성도 및 지도자, 상담전문가, 각급 학교 교사들에게 인간관계에 대 한 훌륭한 지침서 역할을 할 것이다.

플로렌스 리토어 지음/ 박진호 옮김/6,000원